臺灣的媽祖信仰

蔡相煇 著

目錄

第一章　媽祖信仰與臺灣社會

一、媽祖信仰的傳入與類型

　　華人進入臺灣的澎湖約在元朝，政府並設置巡檢，防止海盜嘯聚。明朝開國後放棄澎湖，至萬曆初年倭寇猖獗，始分銅山、浯嶼游兵於春秋巡警，萬曆25年增設澎湖遊兵。萬歷年間明朝官員董應舉即提及澎湖有天妃（媽祖）廟，此為臺灣最早有媽祖廟的記載。其後因外寇迭至，荷蘭人入據38年，被基督教視為異端的土著信仰被掃除一空，至鄭成功佔領臺、澎，華人信仰始重新建立。

　　鄭成功是藉海上武力崛起，並以海上貿易維其經濟命脈；鄭成功的家鄉泉州地區自宋代即有於南安九日山祭拜北極玄天上帝以祈求海上貿易順風的習俗，因自漢代漢人即視玄天上帝為北方之神（水神），兼以臺灣安平鎮（鄭成功駐守之地）、七鯤身被堪輿家視為天關，鹿耳門、北線尾為地軸，兩地地形酷似龜蛇，需藉玄天上帝鎮之，因而鄭氏治理時期，臺灣廣建玄天上帝廟為官方主要信仰，以關聖帝君（關羽）、保生大帝等神為輔助信仰，媽祖信仰並未受到應有重視。[1]

　　鄭氏三代忽略在閩、粵兩省以海維生信徒頗多之媽祖信仰，此一疏漏，遂為清軍所乘，利用民眾信仰媽祖之心理，於明清澎湖海戰時對明鄭官民發動心戰攻勢，並獲得成功。而此一謀略運用，是由清水師提督萬正色開其端，總指揮官靖海將軍施琅總其成。

　　施琅為福建晉江縣人，其家族原信奉玄天上帝甚篤。《泉州府志》曾記載施琅祖父施濟民「尚義好施，家無餘儲，僅收數斛麥。萬曆間，值年荒，有告匱者，輒取麥分給之，升合不留。妻許氏，同心

---

[1] 見乾隆17年（1752），王必昌等修《臺灣縣志》，卷六〈祠宇志〉，真武廟條云：「邑之形勝，有安平鎮、七鯤身，為天關；鹿耳門、北線尾為地軸，酷肖龜蛇。鄭氏踞臺，因多建真武廟以為此邦之鎮。」

行善，虔祀北斗。」[2]

　　而施琅亦曾自謂是北斗七星之第七顆星，[3]其原非媽祖信仰者甚明。但施琅一發覺可利用媽祖信仰之後，信仰態度即完全改變。當時莆田人在軍者頗眾，尤其率領所部二萬水師降清的朱天貴更是攻臺海軍的主要將領，莆田人這股勢力，自是施琅所欲極力爭取者。

　　康熙21年冬施琅奉命專征臺灣後，即選莆田縣平海衛為水師基地，並於部隊駐進平海後，立即散布平海天妃宮媽祖湧泉給師及燈光引護其軍隊之說以鼓舞士氣；康熙22年6月，施琅率師攻澎湖，復於交戰前後，大肆散播媽祖顯靈托夢、助戰傳說，終於6月22日在澎湖克捷，8月初旬，臺灣降清。[4]

　　康熙23年4月，清廷決定將臺灣納入版圖，莆田人正式在臺灣建立開基天妃宮（以後隨媽祖被封為天后改稱天后宮），施琅也將明宗室寧靖王府改為天妃宮，水師也都建廟奉祀。

　　臺灣媽祖廟，可依創建者之不同，分為官方、民間創建二大類。官方建廟一般均為政治體制規定相關祀典之需要，清朝將天后列為政府祀典，中央政府及沿江沿海各府州縣政府所在地均需建廟，因此臺灣各府、州、縣所在地都有天后廟。祀典廟宇之主要功能，為教化百姓，希望百姓有了宗教信仰得安居樂業。

　　第二個原因，清朝佔領臺灣以後，因恐漢人反抗，居於治安之需要於航運要衝設立媽祖廟，媽祖廟皆由官方聘請僧人為住持，為政府蒐羅情報。臺灣政府當局更任命臺灣府大天后宮住持和尚為僧綱司司事總管各地僧侶，各地天后宮得聲氣相通，而總匯之府城大天后宮，一地有事，政府旋可掌握。清朝臺灣曾發生幾次大規模抗清事件，清

---

[2]　見乾隆28年，懷蔭布修，《泉州府志》，卷六十一，明，樂善，施濟民。民國53年，臺南，朱商羊影印刊本。

[3]　鄭成功本人心理上可能以北極星自居。臺南延平郡王祠原藏有鄭成功披髮仗劍圖像一幅。披髮仗劍為玄天上帝塑像之基本型態，鄭成功模仿之，可見玄天上帝在鄭成功心目中必甚重。又施琅之叛離成功，亦與北極星有關。施德馨（施琅從任）撰「襄壯公（施琅）傳」，載其事云：「鄭成功托故明藩封棲海上，素悉公（琅）英明，欲倚以為重，遯之海，禮遇初甚渥，凡軍事必咨商。及有人告以：公嘗夢為北斗第七星者，鄭心忌之。」

[4]　見施琅，《靖海紀》，師泉井記。國立中央圖書館臺灣分館藏清康熙37年李光地序刊本。

朝派軍平亂後，政府也會歸功媽祖，並撥款建廟。如位於彰化縣鹿港鎮埔頭街之新祖宮及臺南市長樂街之海安宮，兩廟皆為乾隆52年（1787）林爽文抗清事件後，由協辦大學士嘉勇公福康安奏請清廷撥帑金，並協同文武各官、紳耆公建。[5]

政府之外，清朝水師也建廟奉祀媽祖。水師所建廟，多位於港灣要區，至日據時期，多遭廢毀，現存者，以澎湖馬公天后宮、臺南市安平天后宮、東石鄉下揖村笨港口天后宮最具規模。班兵所建媽祖廟，最著者有臺南市之銀同祖廟及彰化縣鹿港鎮之興安宮。銀同祖廟原稱「同營會館」，為福建同安籍駐臺兵丁所建，後轉稱「銀同會館」。[6]

臺灣本島民間最早建立的媽祖廟應為臺南市的開基天后宮，因非官廟，政府文獻並未詳加記錄其創建緣由，但由廟宇保存文物、聯對，可知是莆田人在清領臺灣初期所建，接著有臺南市大天后宮、旗后媽祖宮、北港朝天宮、關渡宮、彰化南瑤宮、臺中縣大甲鎮瀾宮、新港奉天宮及隨政府行政區域擴增而新建的廟宇陸續建立，為臺灣媽祖信仰之重鎮。

二、媽祖信仰的思想背景

中國上古思想，至孔子而集大成。孔子特別重視禮與祭祀，更推原祭祀為人類孝悌心之發揚。孔子對於人世與天國（即性與命）、現實界與永生界（即孝與祭）賦予理性之分際，認為：人之生命雖受之於上天，但上天為一種未知數，人生則自己可以掌握，所以人應致力於自我之充實，對於不可知之天，不必特意去追求。對鬼神，孔子則持敬而遠之的看法，但他又認為祭祀是「禮」的一部分，祭祀時，就要抱著好似真有鬼神與祭者同在的態度。

至秦漢之際，儒家將農業社會對天地山川萬物報本返源，及人生

5　參閱《彰化縣志》，卷五〈祀典志〉，天后聖母廟條；卷十〈藝文志〉，福康安「建天后宮碑記」。謝金鑾修，《臺灣縣志》，卷二〈政志〉，壇廟，海安宮條。

6　銀同祖廟位於今臺南市，該廟歷史，具見該廟道光25年所立「臺郡銀同祖廟碑」。碑文亦收錄於《臺灣南部碑文集成》。

三不朽（立德、立功、立言）的觀念加以融合，予以理論化、系統化後，將祭法、祭義、祭統等定為「禮」的要項，與曲禮、王制、月令、郊特牲、學記、樂記、喪服等編成《禮記》一書，為儒生必讀經典。此後直至清朝滅亡，中國政府之祭祀觀念，皆以《禮記》為規範。

除了祭天（郊祀）、祭地、祭祖（宗廟制度）制度外，《禮記》卷四十六〈祭法〉，所訂祀典之原則云：

> 聖王之制祭祀也，法施於民則祀之；以死勤事則祀之；以勞定國則祀之；能禦大災則祀之；能捍大患則祀之。……日、月、星、辰，民所瞻仰也；山林、川谷、丘陵，民所取財用也，非此族也，不在祀典。[7]

並舉：神農能殖百穀；后土能平九州；帝嚳能序星辰以著眾；堯能賞均刑法以義終；舜勤眾事而野死；冥勤其官而水死；文王以文治、武王以武功去民之災，都有功烈於民被廟祀的例子。

宋代以後，政府又將「有道有德者（思想家、宗教家）」列為祀典對象，使每一個朝代，每一地區，都會有人死後被百姓建廟崇祀。媽祖姓林，名默，生於宋代，為福建莆田湄洲嶼人，生前以巫祝為業，生人福人，不以死與禍恐人，故人人敬愛，事之如母，死後鄉人建廟祀之。此後，媽祖庇佑出洋使節、商人航海、漕運、抵抗外敵，不一而止，為歷朝政府誥封，其信仰由福建擴及全中國，近代更隨華人移民向海外傳播，東南亞、日本、美國、南美洲、歐洲等地區，都有媽祖信仰存在。

三、媽祖信仰的社會功能

臺灣寺廟之性質，非僅為人民信仰中心之所在，且與民俗生活打成一片，民間節慶、禮俗、教化往往藉祠祀以推進，基於此特性，華

---

[7] 見《禮記》，卷四十六〈祭法〉。

人在海外建立聚落後，無不以寺廟之建設為優先考慮。華人移民臺灣後，寺廟被用為推進地方建設，維持社會治安，對百姓實施生活教育等之主要工具，茲分述如下：

（一）宗教功能

臺灣漢人聚落成立後，大多立即從事寺廟之建設，以安定民心，凝聚社區共同意識。以高雄市旗后的開發為例，明永曆28年（康熙12年，1673），莆田籍漁民徐阿華出海捕魚遭風漂至旗后，發現當地適宜居住、捕魚，遂返福建原籍邀友朋十餘家，遷至旗后，建立村落，並於康熙30年（1691）開始營建媽祖廟於聚落中心點，此即漁船移民聚落發展模式之一例。另嘉慶11年（1806）彰化縣東螺社因漳、泉械鬥遭焚毀，後又經洪水沖坍，居民集體遷至北斗重建街肆，並規劃興建媽祖廟，取名奠安宮，以寓「奠定厥居，安集乎民」之意，由此二例可見寺廟之興建，對社區有安定民心的宗教功用。

廟宇宗教功能的運作，主要依賴兼職之神職人員。這些神職人員包含法師與乩童。年長法師經常在一段期間挑選一批兒童集訓，讓他們數年期間學習廟宇主神相關歷史及宗教操作儀式、醫藥常識等，並於爾後宗教活動讓他們見習，至成年以後逐漸獨當一面，主持小法會等。法師通常會於民眾有問題或迷惑提出請求時，請神降臨指點迷津，而乩童即為神降臨時的附身，故其言談舉足，均需以神的動作與講話神態呈現。神由乩童口中講出的指示常人無法理解，要由法師轉譯，故法師與乩童在臺灣早期社會中扮演了相當重要的角色，甚至可直接或間接影響整個社會動向。

清朝同治元年，彰化縣有戴萬生等人聚眾反抗政府，攻陷彰化縣城，接著轉向南圍攻嘉義縣城，同時遣一股匪徒撲向北港。北港居民議戰、議避，莫衷一是；相率禱於朝天宮天后媽祖。卜戰，得吉筶，議遂定。當時官員倪贊元為此撰寫一篇「天后顯靈事蹟」謂：

> 昔先王之以神道設教也，蓋以功德及民與夫捍災禦患者，尊崇而奉祀之，所以崇德報功，彰善癉惡也。我朝歷聖相承，攸崇祀典。神亦顯靈效順，輔翼皇圖，每見奏報之中，筆

難盡紀。然其威靈顯著、功德昭然者，惟關帝、天后為最著。

　　相傳后司東南七省水旱，故舟車所至，莫不廟貌巍峨；而商舶之來往海中者，尤加崇奉。北港實為海汊，通金、廈、南澳、日本、呂宋等處，商船萃薈，廟貌尤宏。神之威靈卓著，凡水旱、疾疫，禱無不應。所尤顯著，惟同治元年顯聖退賊事。先是，正月十五日居民迎神輿至廟廷，簥擔忽飛起，直立神桌上，大書「今夜子時速以黑布製旗二面，各長七尺二寸、闊三尺六寸，上書『金精、水精大將軍』字樣，立吾廟廷」。左右居民見神示異敬謹製備，然莫知何用也。及戴萬生反，圍嘉義，居民惶惶，聚議不決，乃相率禱於神；卜避不吉，卜戰吉。於是增壘浚濠，聚民習戰事。方集，而賊至，無所得旗，遂迎神命所立旗為前隊守禦；賊不戰退，我民亦不敢偪，恐詐也。後賊焚新街，民激於義，爭相赴援，救出被難男婦並擒賊二人；詢以當日不戰故，賊云：「是日見黑旗下人馬甚眾，長大異常，疑是神兵，故不敢戰」。居民知神祐，相率詣廟叩謝，勇氣百倍。自是每戰以黑旗先，屢敗賊，擒斬數百人；相持二、三月，港民傷斃不及二十。七月，官軍至，義民導之復新街，解嘉義圍。[8]

　　以上述例子，顯現媽祖信仰在臺灣社會發生的影響力甚大，因此臺灣百姓逢年過節均要到媽祖廟朝拜，在家庭正廳神案上也會奉祀媽祖神像，每天早晚上香祈求闔家平安。

（二）社區整合

　　明末鄭成功帶領數十萬軍民進入臺灣，雖令所部將士及其眷屬遷入，但臺灣初闢疫癘時作，部將多視為畏土不來，故無巨族。各地聚落建立多以同籍貫者為主，故臺灣村落多數為雜姓聚落。雜姓聚落不似單姓聚眾可透血緣關係與宗族組織約束村人，故如前述，廟宇首先被建立起來，用於社區整合。

8　見倪贊元《雲林縣采訪冊》。

廟宇組織是社區整合的最高層次，廟宇的董事均由各角頭、各行各業的領袖擔任，這些董事除了負責廟宇興建、維修、香燈經費的籌募外，也同時藉他們的名望凝聚社區居民向心。而真正對社區居民發揮整合功能的則為相關的祭祀、遶境、進香等活動。祭祀典禮通常有主、陪祭、執事之分，亦即有尊卑的區別；易言之，祭典即把大社區的人倫關係、尊卑位置定出來。接著，遶境進香等迎神賽會也把社群不同的社團區分出來，如文化類型的有南北管等音樂團隊、展示才藝的藝閣；地方自衛武力類型的有飛龍團、金獅團、宋江陣等武術團隊。最後則為跟在遶境進香隊伍神輿後面隨香的老弱幼小族群，承平時期的進香活動他們扮演信徒與追隨者，當變亂時他們即為被壯者保護的族群。

寺廟神誕祭祀活動後，祭品即由主人肆筵設席以敘鄉誼，聯絡感情。早期移民患難與共，強弱相扶持，彼此感情深厚，多能和衷共濟。數代之後，人口繁衍眾多，族親、同鄉多未必相識，故各街堡紳耆，每藉寺廟神誕，肆筵設席，俾同鄉「會面言歡，且使子孫不失木本水源之由」。

寺廟還有互助及救濟的功能，如書院書田，對士子欲參加科考者給予路費補助，若其人中舉當官則需捐款回饋，義塾則使貧民子弟有機會就學，神明會也蘊藏各行業互助互濟之功用，厲壇則為客旅暫借停棺之所。上述諸團體、公業之組成，無非本儒家仁民愛物之思想發展而成，其性質是積極的，適足以補宗教消極之警惕、教化作用，兩者相輔，彌補了臺灣社會在開發過程中無政府規劃的缺憾。

（三）社區商圈軸心

臺灣各地聚落形成時，寺廟也隨之建立，整個社區便以寺廟為中心向四周發展，寺廟不僅是聚落地理中心，民間交易也結集於寺廟四周，形成店鋪、攤販聚集的經濟活動中心。俟民間經濟富裕，商人擴展其貿易圈以輸進更多貨品，大規模經濟活動因而產生。臺灣主要農產品米、糖、油為中國閩、粵二省所需物資，中國之布匹、絲綢、瓷器、五金、雜貨等，也可補臺灣不足。雍正初年臺灣行郊產生，以販運地區不同分為：從事臺灣與上海、寧波、天津、煙臺、牛莊等處貿

易之北郊，配運金門、廈門、漳州、泉州、香港、汕頭、南澳等處之南郊，在臺灣各口岸間從事販運者稱港郊，由泉州商人資本主導的稱泉郊，廈門商資本主導者稱廈郊，此外尚有單一行業組成之商，如布郊、糖郊、水郊（水上航運）等。各行業因利益不同，難免有競爭，郊即各行業籌組的同業團體，以為互助並互相約束之機關。各行郊各自訂有規約，但也都各有守護神，從事海上貿易之行郊奉祀水仙或媽祖，其用意除求神明庇佑平安興隆外，也藉神靈名義自我約束。如臺北臺廈郊，在其郊規中，將崇奉天上聖母（媽祖）列為首章，要求各會員間之守信、互助等事。

（四）社區教化

在國民教育普及之前，不論中國或外國，寺廟都是傳播教化的重要場所。中國古代政府採精英教育政策，政府所設學校招收學生均以自學多年具有相當學術根基者。因此，基礎教育需由家庭或民間自行延師教導。臺灣的地方基礎教育，多由社區自行籌辦。在無固定教育空間情況下，廟宇的廂房多被充當學生上課空間使用，如有文昌祠者以文昌祠為學校，若無則以其他廟宇為之，如新竹縣於同治9年（1870）增設義塾，即以南城外竹蓮寺、中港保天后宮為學堂。此類學堂教授為儒學課程，即中華文化大傳統的教育，學生卒業後可參加縣政府主辦童生考試，進而參加省、中央政府主辦之科舉考試，出任官員，為社區教育的主流。

社學之外，清朝政府也將廟宇當成教化百姓姓之據點。清順治9年（1635）順治皇帝首頒六條諭令（六諭）於八旗及直隸各省，以臥石刻文立碑以教滿人；16年（1659），准譯六諭為漢文，令五城各設公所，擇善講人員講解以廣教化。康熙9年（1670），聖祖玄燁將之增為16條，其綱目為：「敦孝弟、篤宗族、和鄉黨、重農桑、尚節儉、隆學校、黜異端、講法律、明禮讓、務本業、訓子弟、息誣告、誡窩逃、完錢糧、聯保甲、解仇忿。」頒行全國通令遵行。康熙25年（1686）又令頒行營伍將弁及土司各官，通行講讀。雍正元年（1723），世宗皇帝又將「聖諭」16條擴為16章，每章釋文約六、七百字，共萬餘言，印為一書，取名《聖諭廣訓》，頒發全國令生童誦

讀，每月朔、望，地方官聚集公所逐條宣講。

臺灣於康熙28年（1689），開始於天妃廟前庭闢地創立講約所，開始宣講聖諭。雍正以後，更「選一鄉之秀者，於市鎮村莊人多處，宣講聖諭廣訓及古今善惡故事」。道光28年（1848），徐宗幹任分巡臺灣道時，更隆其儀、厚其賞、嚴其責。如此，官民均以廟宇為推行社會教化的處所，廟宇的教化功能日形重要。

道光以後，臺灣廟宇的董事、神職人員，更進一步藉神靈降乩時傳達神旨的方式，將自己的道德理念或要求百姓遵守的規範藉神明之名義敷衍成書，接著把這些書印成善書於各種機會宣講。其辦法即神明附身乩童指示時，除了口頭諭示外，增加以乩筆於沙盤寫字的表達方式。這種乩童稱為乩（筆）生，其人員必須受過相當程度的教育，而扮演法師者（即宣示自身理念者）更須文才暢通，有著述能力。

藉廟宇神壇請神降乩著書的過程大略如下：先由法師持香祭拜請神（關帝或媽祖等）降臨。俟神降臨附身乩童，法師接著唸誦「水讚」、「香讚」，接著再唸「淨口神咒」、「淨心神咒」、「淨身神咒」、「淨三業神咒」、「安土地神咒」、「淨天地神咒」、「金光神咒」，讓乩童身、心、口、意都清淨以便傳達神旨。接著誦念「太上起經讚」、「開經偈」、「志心皈命禮」（分為感應、揭惡、勉善、成功等四節）。接著乩童乩筆寫出經文本文。寫經文耗時最長，當乩筆停頓時，法師需持薰香爐讓乩童聞以刺激其靈感。經文通常七字一句，先講述神之經歷及時局，再談神告誡信徒的話。最後法師唸誦收經讚，完成整個著述程序。當廟宇將上述論述編印為書時，還會在書末附錄「醒世詩」、「救劫寶訓」、「破窯賦」等勸世文。[9]

透過這種宗教教化，也收到相當成效，如清末臺灣民間吸食鴉片風氣頗盛，臺北行忠堂以關羽降乩為名刊行之戒煙文即寫：

> 夫洋煙之貽害也，遍於中華矣，男女老幼見此而迷情，士農工商因斯而亡業，吁嗟痛哉！吾今下界鸞為降筆，願爾世人共相勸勉，此物貽害匪淺，有犯者，作速回頭醒。[10]

---

[9]　參閱《關聖帝君桃園明聖真經》內文體例。

[10]　見《臺灣慣習記事》，卷一之十〈降筆會與鴉片之關係〉。

配合神的指示，廟宇主事也提供戒煙偏方供吸食鴉片者參考使用，而其成效也很可觀，根據《臺灣慣習記事》之報導，謂明治34年（清光緒27年，1901），4月至10月，臺灣南部降筆會降乩勸人戒煙，致使申購鴉片者從765人降至446人，此亦可謂為神道設教之成績。

此外，寺廟多附有曲館、武館，係子弟閒暇時健身、習藝之主要處所，充分發揮社區教育的文化功能。西元1915年以後，臺灣數度調查寺廟，其總數都在一萬座以上，規模較大的廟宇有三千座以上；且幾乎每村落都有廟宇，可見廟宇在臺灣的不可或缺性。

四、媽祖信仰的現代化

民間信仰雖在臺灣的開發與社區建構等方面發揮建設性功能，但過度強調社區意識，也會產生排他性，對大社群意識的建構造成妨礙。清康熙60年臺灣發生朱一貴抗清事件，清朝對各族群採離間政策，讓閩、粵籍人彼此對立。乾隆50年林爽文事件後，更挑起閩籍之漳、泉人也分類，彼此械鬥仇殺，此後百餘年，臺灣動盪不安。械鬥發生時寺廟即為作戰、防禦中心，如臺北市士林芝山岩之惠濟宮為咸豐年間漳泉人械鬥時漳人之戰、防中心，今其地四周防禦石牆、古墓尚存，史蹟斑斑可考。

此外，臺灣水陸各營兵弁，也以寺廟為中心各為私鬥。清代臺灣兵丁都調自廣東、福建等水陸五十八營，分屬汀、邵、延、建、長福、烽火、興化、詔安、雲霄、平和、金門、同安等營，此九郡五十八營之兵，桀驁不馴互不相容，械鬥外、又私設娼賭、設立私廟、公所以為鬥爭犄角之勢。至咸豐年間，徐宗幹始拆毀各營所建公所、廟宇，勒令兵丁歸營。

過度的信仰行為也會助長迷信。《禮記·祭義》中說：「祭不欲數，數則煩，煩則不敬；祭不欲疏，疏則怠，怠則忘。是故君子合諸天道，春禘秋嘗。」但久遠之後，祭祀的目的與原則被人忘卻，宗教活動日趨舖張、花費無度，百姓常為各種祭祀疲於奔命。以7月中元普渡為例，通常從7月1日開鬼門關至7月30日關鬼門止，計有公普、廟普、各姓氏普等祭祀活動，輪流由各境（區）辦理普渡，殺豬宰

羊，大肆宴客，不僅貧窮人家無法負擔，社會經濟資源大量浪費，也間接妨礙了民智的發展與社會的進步。此為民間信仰無法避免改革的原因。

（一）日本統治時期

　　光緒21年（1895），日本領有臺灣。日本明治維新後民族主義大行，在宗教上曾有「毀佛廢釋，獨尊神道」的極端主張，但因佛教在日本根深柢固，已與日本文化不可分而未被接受。後來派學者至歐洲研究歐洲的宗教改革，制訂神道與佛教並存的政策：神道奉祀日本天皇及有功於國家的人，是國家民族的象徵，每個縣市都要建神社，各級官員、學生須定期前往祭祀，類如中國古代的祀典。佛教則被定位為死亡後靈魂的歸宿，僧侶如同常人，只是類似教師的一種職業，僧侶也可娶妻生子。

　　日本統治臺灣前期，總督府對臺灣原有習俗相當尊重，為維持社會的穩定，對一般廟宇還通令予以保護。大正4年（1915），臺南暴發「西來庵事件」，臺灣總督府開始注意宗教問題，派總督府編修官丸井圭治郎（Marui Keichrou）全面調查各地主要廟宇奉祀之神祇、創建由來、信徒、廟產等資料。此後總督府開始以公權力介入廟宇管理，規定廟宇的創立，廢止，合併須經政府許可。大正11年4月，日本官方準備讓佛教取代傳統廟宇的態度漸趨明朗，總督府發布「教務所說教所寺廟設立廢合處理辦法」，規定：「淫祠邪教、維持經營不確實者、設立地及附近街庄已有奉祀同一傳統神佛之寺廟者不准設立寺廟。申請設立寺廟者，須有具貲產又信譽良好者五十以上為申請人，一市街庄僅由一教派設立教務所、說教所，但市以十町四方為範圍。」[11]

　　昭和12年（1937），中日戰爭發生，臺灣總督府全力推行華裔日本化政策（皇民化運動），其主要措施之一即為「整理寺廟」。昭和13年（1938），總督府召集各地方官會議，授權地方政府開始整頓寺廟。寺廟整理原則為：「寺廟以全廢為原則，祀神須改為純正佛教或

---

[11] 參見臺灣總督府編《現行臺灣社寺法令類纂》。

儒教之神佛，過度時期一街庄以保存一寺廟為原則，建築物必須漸次改為布教所或寺院型態。」[12]

廢廟行動在中壢實施後，立刻引起民心不安，在臺日籍僧侶及學者都不主張以強迫手段為之，透過國會議員在昭和14年、15年第74、75次帝國會議向政府提出質詢。[13]

截至昭和17年（1942）10月止，當時臺灣全島執行寺廟整理成果總計：被整理寺廟約為原有寺廟三分之一，寺廟多與日本來臺佛教臨濟、曹洞等宗合作，改為其佈教所，聘請日裔僧侶為住持。依附寺廟謀生的道士、法師、乩童、紅姨等不准執行與醫療有關業務，只能替人做喪葬等類禮儀，執業時需著僧袍。寺廟管理制度化，非地方政府管理之廟宇則需成立管理委員會，定期召開信徒大會公告財產收支，並呈報政府核備。寺廟祭典及一般信徒參拜時不燒金紙，燃放鞭炮，只燒香。整合統一大型祭典，如中元普渡集中於7月15日舉行一天，其餘各種祭典遶境活動也予以縮短，避免浪費。

在政府政策強力干預下，臺灣各地的媽祖廟也逐步整合，將不符政府規定的神祇焚燬、修改廟宇建築外形、改設為日本佛教的佈教所、聘請日本佛教或其臺灣分支寺院的僧侶為住持。然因媽祖信仰為臺灣居民主要信仰，且日本開國天皇「天照大神」也是女神，對女神似有特別喜好，故允許媽祖信仰繼續存在。但有關的宗教行為如乩童執業、燃放鞭炮、紙錢等則須受規範。

（二）國民政府時期

民國34年（1945）8月，日本戰敗投降，臺灣由中國政府接管。初期，國民政府忙於內戰，無暇顧及臺灣內政，民間信仰部分恢復原狀。民國39年（1950）中華人民共和國建立，中華民國政府遷臺，因面對中共武力威脅，在臺灣實施戒嚴，寺廟活動受嚴格管制。自民國40年代至70年代，政府的宗教政策是管制為主，寺廟如有：「附會宗教，實無崇拜價值者；意圖藉神斂財，或祕密供奉，開堂惑眾者；依

---

[12] 參見《臺灣省通志》，卷二〈人民志〉，宗教篇。
[13] 宮本延人，《日本統治時代臺灣寺廟整理問題》，帝國議會關於寺廟整理有關質問應答。

草附木，牛鬼蛇神者；根據齊東野語，稗官小說，世俗傳語，毫無事蹟可查者。」地方政府均需加以取締。

寺廟乩童，如有「詐欺取財、以藥物傷害人之身體、從事醫療業務等犯罪行為。」則移送地方法院偵辦。民間舉行祭典，嚴格規定每年統一舉行一次，演劇也以三日為限，並勸導大肆宴客，嚴禁取締神棍斂財，地方政府若未認真監督，主管及主辦人員要受嚴厲處罰。民間組團進香，地方政府應予勸止，或推派寺廟管理人及少數信徒代表前往，以實行節約，改善民俗。[14]

上述措施，部分沿襲日治時期臺灣總督府的政策，對民間宗教行為確有導正作用，節約可厚儲國家建設經費；多餘民力也可投入生產行列，對正在從事經濟建設的臺灣，有相當幫助。

民國70年代，隨著臺灣經濟的發展及民主政治的施行，政府的政策也跟著由管制改變為輔導寺廟從事文化建設。民國70年3月，臺灣省政府公布「臺灣省加強鼓勵寺廟推行中華文化復興工作實施要點」，鼓勵寺廟從：「改進環境布置，設置圖書館，舉辦文化活動」等二個方向來改善社會風氣。

民國76年，中華民國政府宣布解除戒嚴，臺灣進入完全民主的時代，政府加諸各宗教及民間信仰的限制同時解除。當時也是臺灣經濟蓬勃發展的時期，人民富足，各宗教都建立各種外圍組織全力爭取信眾募集大量捐款，再轉投資醫院及各項救濟活動，贏得社會敬重。廟宇雖同享自主權，卻只見神誕時各種迎神賽會活動盛況空前，大街小巷神壇林立，反而不知如何自處。部分廟宇除了既有宗教活動外，則朝推動文化產業、吸引人潮發展觀光事業的方向發展。

五、結語

臺灣四面環海，以保護航海安全著名的媽祖信仰因而被引進，並成為臺灣最主要的官方及民間信仰。因廟宇本身具有宗教的神聖性，加上董事人員均為知識份子及各行各業領袖，自然而然成為臺灣社會

---

[14] 見臺灣省政府民政廳編《宗教禮俗法令彙編》。

的重心。媽祖信仰在臺灣除了提供居民宗教信仰的需求、安撫民心之外，也成為社區居民經濟生活的中心，居民在其四周建立街肆進行貿易活動；廟宇藉著董事會的組成及運作，整合了社區人倫秩序，提供社區基礎教育的場所及設施，大多數社會教育活動也在此舉行，廟宇真是臺灣社會的重心。

　　清朝末年，中國面臨西洋文明強大的壓力與競爭，旋因戰敗於1895年將臺灣割讓日本。在日本政府主導下臺灣宗教開始日本化，也把臺灣廟宇迷信、浪費等不符現代生活觀念者予以革除。1945年日本投降，臺灣由中國政府接管，1950年中華人民共和國建立，中華民國政府遷臺，宗教上去除日本文化因素後，大致沿襲其現代化策略，讓民間信仰往宗教及文化功能發展，讓廟宇在現代社會重新找到定位，成為代表國家文化風格的象徵。

第二章　清代臺灣的媽祖信仰

一、康熙年間文獻所見媽祖記載

　　清順治18年（辛丑，明永曆15年，1661）鄭成功江南敗師後，取臺灣為反清復明根據地。次年，成功薨，長子經嗣立，致力臺灣之開發建設，傳至其孫克𡒊、克塽止，前後共23年。高拱乾謂明鄭時期「興市廛、搆廟宇，招納流民，漸近中國風土」[1]可知古人視廟宇為代表中國風味之一要素，而明鄭時代臺灣已建有甚多廟宇。

　　有關明鄭時代臺灣之文獻，多已被清人銷毀，當時臺灣各種祠祀之情形，僅能由清初所編方志窺之。康熙23年（1684）修《福建通志》，臺灣府之下共錄有天妃宮三座。臺灣府、鳳山縣、澎湖各一所。

臺灣府〈天妃宮〉條云：

> 在府治鎮北坊，赤崁城南。康熙二十三年臺灣底定，靖海侯施琅以神有效順功倡建。[2]

鳳山縣〈天妃宮〉條云：

> 在縣治安平鎮渡口。[3]

澎湖〈天妃宮〉條云：

> 在東、西衛澳，澳前有案山。其澳安瀾，可舶百餘艇。[4]

---

[1] 高拱乾，《臺灣府志》，卷一〈封域志〉，沿革。
[2] 康熙 23 年，金宏、鄭開極等修，《福建通志》，卷十一〈祀典〉，祠廟，臺灣府。
[3] 同註 2，鳳山縣。
[4] 同註 2，澎湖。

其中臺灣府鎮北坊之廟，明言係施琅倡建。另二座廟未書創建年代，尚無法判斷是否明鄭時代所建廟宇。其後，康熙34年（1695）高拱乾，康熙49年（1710）周元文所修兩部《臺灣府志》，於同廟宇之下，亦未提及創建年代。

康熙59年（1720）陳文達等人所修之《臺灣縣志》，始對臺灣府、縣各廟宇有詳細記載。書中繫年，分為四類。對荷據時期所建廟宇，繫以「紅毛時建」四字，對明鄭時代所建廟宇，皆書「偽時建」三字。清領臺灣以後所建廟宇，則直書「康熙某年建」，對介於康熙22年八月至康熙23年4月，即自鄭克塽降清至清廷正式設立臺灣府之八個月間所建廟宇，則繫以「開闢後建」四字。[5]該卷有關媽祖廟之記載共有四條，西定坊大媽祖廟條云：

即寧靖王故居也。康熙23年，靖海將軍侯施琅捐俸改建為廟，祀媽祖焉。下注云：

> 媽祖，莆田人，宋巡檢林愿女也。居與湄洲相對。幼時談休咎，多中。長能坐席亂流以濟人，群稱為神女。厥後，常衣朱衣，飛翻海上。里人因就湄建祠祀之，雨暘禱應。國（清）朝改封為天后，各澳港俱有廟祀。[6]

此大媽祖廟位於赤崁樓南方，為施琅捐俸改建，實即為康熙23年福建通志所載臺灣府之天妃宮。

西定坊小媽祖廟條云：

---

[5] 按自鄭克塽降清至清廷決定將東寧收入版圖，正式設立臺灣府之八個月期間內，記載東寧史事，既不能再繫以永曆年，繫以康熙年亦覺不倫。此彷如《史記》之載秦亡至漢興之間事，以項王為繫年。在清人而言，為標榜其勇武，並抹殺明鄭三代開闢之功，遂以「開闢」兩字稱之，此一用法，屢見於清初臺灣府、縣志中。如康熙《臺灣縣志》卷二〈建置志〉，學宮條云：「郡之有學宮也，自偽鄭氏始也。在寧南坊，南向。國朝開闢以來，仍其舊制」。同卷，施琅、吳英祠後記曰：「二公皆有平定之功，施統帥水師，開闢疆土。」卷三〈秩官志〉，文職云：「康熙二十三年開闢以後，各官初由部選。」卷八〈人物志〉，宦績，沈朝聘云：「遼東人，以晉江令。調補臺灣。當開闢之始，民心未定，百廢未興。」
[6] 見康熙59年，陳文達修，《臺灣縣志》，卷九〈雜記志〉，寺廟，在西定坊。

開闢後，鄉人仝建。在水仔尾。

在鹿耳門媽祖廟條云：

康熙五十八年各官捐俸仝建。前殿祀媽祖，後殿祀觀
音，各覆以亭。兩旁建僧舍六間，僧人居之，以奉香火。董其
事者，經歷王士勤也。

在澎湖媽祖廟條云：

澎各澳海口俱有廟祀，繁不備載。康熙二十二年癸亥，靖
海將軍侯施琅奉命徂征，大戰澎湖。既克，登岸。見妃像臉汗
未乾，衣袍俱濕，迺知神功之默相也。事聞，上遣禮部郎中雅
虎致祭。其文曰：「國家茂膺景命，懷柔百神，肅典具陳，罔
不祗肅。若乃天麻滋至，地紀為之效靈，國威用張，海若於焉
助順。屬三軍之奏凱，當重譯之安瀾，神所憑依，禮宜昭報。
維神鐘靈海表，綏奠閩疆；昔藉明威，克襄偉績，業隆顯號，
禋享有加。比者慮窮島之未平，命大師以致討。時方憂旱，神
實降祥，泉源驟湧，因之軍聲雷動，直搗荒陬，艦陣風行，竟
趨巨險。靈旗下颭，助成破竹之功；陰甲排空，遂壯橫戈之
勢。至於中山殊域，冊使遄臨，伏波不興，片帆飛渡。凡茲冥
祐，豈曰人謀？用是遣官，敬脩祀事，溪毛可薦，黍稷維馨。
神其祐我邦家，永著朝宗之戴，眷茲億兆，益弘利濟之功。

上述四條記載，第1至3條，皆書有建廟年代，僅第4條澎湖媽祖
廟之記述，十分含糊，彷若在施琅入澎湖前，當地已有媽祖廟一般。
但經進一步研究施琅攻臺前後史實，即可知此係陳文達誤將莆田平海
衛天妃宮之事，記於澎湖天妃宮項下。事實上，明鄭時代之澎湖似無
天妃宮存在。

按施琅一生事蹟，與媽祖崇祀有密切關係。此等事實，俱見於其
所著《靖海紀》一書中。該書錄有康熙21年11月撰之師泉井記一篇，

敘述莆田平海衛天妃宮天妃顯靈濟師事，云：

> 今上（康熙）御極之二十一載，壬戌孟冬，予以奉命統
> 帥舟師徂征臺灣，貔虎之校，犀甲之士，簡閱而從者三萬有
> 餘。眾駐集平海之澳，俟長風、破巨浪，以靖掃鯨窟。爰際天
> 時陽亢，泉流殫竭，軍中取汲之道，遙遙難致。而平澳故遷徙
> 之壤，今在海陬，昔之井廛盡成堙廢。始得一井於天妃宮廟之
> 前，距海不盈數十武，漬鹵浸潤，厥味鹹苦，其始未達深源，
> 其流亦復易罄。詢諸土人，咸稱是井曩僅可供百家之需，至隆
> 冬澤衍水涸，用益不贍。允若，茲是三軍之士所藉以朝饔夕飧
> 者果奚侍歟？予乃殫抒誠愫，祈籲神聰。拜禱之餘，不崇朝而
> 泉流斯溢，味轉甘和，綆汲挹取之聲盛夜靡間，歕湧滋溉，略
> 不顯其虧盈之跡。凡三萬之眾，咸資飲沃，而無呼癸之慮焉。
> 自非靈光幽贊，佐佑戎師，殲珍妖氛，翼衛王室，未有弘闡嘉
> 祥，湛澤汪濊，若斯之渥者也。因鐫石紀異，名曰師泉，昭神
> 貺也。[7]

此段文字，為臺灣縣志所引禮部郎中雅虎祭文中之湧泉濟師之
來源。

《靖海紀》尚錄有康熙23年，施琅題：為神靈顯助破逆，請乞皇
恩崇加封事，文中除提及施琅於平海澳天妃宮立石之事外，並敘及澎
湖之戰天妃顯靈護佑事，云：

> 康熙二十二年六月十六、二十二等日，臣在澎湖破敵，將
> 士咸謂，恍見天妃如在其上，如在其左右。而平海之人，但見
> 天妃神像是日衣袍透濕，與左右二神將兩手起泡。觀者如市，
> 知為天妃助戰致然也。
>
> 又先於六月十八夜，臣標置左營千總劉春，夢天妃告之
> 曰：「二十一日必得澎湖，七月可得臺灣。」果於二十二日澎

---

[7] 施琅，《靖海紀》，師泉井記。國立中央圖書館臺灣分館藏清康熙 37 年李光地序
刊本，此書施家後裔多次重刻，易名《靖海紀事》。

湖克捷，七月初旬內，臺灣遂傾島投誠，其應如響。

　　且澎湖八罩、虎井，大海之中，井泉甚少，供水有限，自臣統師到彼，每於潮退，就海次坡中扒開尺許，俱有淡水可餐，從未嘗有。及臣進師臺灣，彼地之淡水遂無矣。[8]

　　根據此段引文，《臺灣縣志》誤用莆田平海衛天妃宮之天妃顯靈事蹟十分明顯。除此之外，明鄭時代臺灣無媽祖廟之事，亦可由施琅攻臺前後行為顯示出。施琅《靖海紀》，提及媽祖之處頗多，但無一處見及臺灣媽祖廟者。又書中錄有施琅攻臺前後相關祭文七篇。清軍入臺前有三篇，分別為：康熙21年11月16日於廈門祭江祝文；康熙22年7月攻克澎湖致祭后土文；祭澎湖陣亡將士文。入臺後四篇，分別為康熙22年8月祭鹿耳門水神文；9月3日祭臺灣山川后土文；11月25日班師過澎湖祭陣亡官兵文；康熙23年7月15日中元祭陣亡官兵文。全無於臺、澎地區祭天妃之文。據施琅入臺後，改寧靖王邸為天妃宮，並於康熙23年奏請朝廷封誥媽祖之事觀之，施琅本人十分懂得運用人民崇信神祇之心理，如明鄭時代臺灣已建有媽祖廟，施琅於入澎湖、臺灣後必會親往叩謝，也不必待入臺後再改寧靖王邸為天妃宮矣。

　　因鄭成功是藉海上武力崛起，並以海上貿易維其經濟命脈；而北極玄天上帝古人素視為水神，兼以臺灣安平鎮，七鯤身為天關，鹿耳門，北線尾為地軸，酷似龜蛇，因多建玄天上帝廟以為鎮。[9]

　　臺灣文獻首載玄天上帝廟者，為康熙23年修之《福建通志》。該志云：「上帝廟在府治東安坊，偽時建，以祀北極大帝。」[10]並未將背景資料交代清楚。其後高拱乾、周元文所修兩部臺灣府志，亦有上帝廟之記載，但兩書更將「偽時建」三字去掉，更令人不明其義。至康熙59年陳文達等纂修之《臺灣縣志》，始令人察覺上帝廟在明鄭時代有其重要性。書中，卷九〈雜記志〉，〈寺廟〉所記上帝廟如下：

8　同註7，另參閱《昭應錄》，卷首，本朝祀典。
9　同註1。
10　同註2。

在東安坊，大上帝廟條云：「偽時建。康熙二十四年知府蔣毓英捐俸重修。四十八年里民重建。高聳甲於他廟。」

在鎮北坊，小上帝廟條云：「偽時建。總鎮張玉麟調臺，中流震風，夢神散髮跣足降于檣，波恬浪靜抵岸，因重新廟焉。其後為郡侯蔣公毓英祠，時江西觀察使命下，士民不忍其去，故立祠祀之。」

在永康里，上帝廟條云：「一在洲仔網寮，偽時鄉人仝建。一在下洲仔甲，鄉人鳩建。」

在廣儲東里，上帝廟條云：「偽時建。」

在歸仁南里，上帝廟條云：「四十六年，鄉人仝建。」

在保大東里，上帝廟條云：「五十五年，鄉人仝建。」

在仁德里，上帝廟條云：「在崁頂，三十九年鄉人仝建。」

在仁和里，上帝廟條云：「在下灣，偽時建。」

在崇德里，上帝廟條云：「偽時建。」

在大目降庄，上帝廟條云：「偽時建。」

在澎湖寺廟，上帝廟條云：「在媽祖廟之東。康熙二十九年，澎湖左營守備趙廣建。五十六年左營遊擊陳國璸重修。」

所記上帝廟共12所，其中7所為明鄭時代所建。其數目不論在明鄭時代或清初，皆比關帝、吳真人、王爺、媽祖等廟宇數多，可知從明季至康熙末年間，玄天上帝為臺灣最主要之信仰。

真正將玄天上帝之重要性交代清楚者，為乾隆17年（1752）王必昌所修之《臺灣縣志》。該書，卷六〈祠宇志〉，廟，真武廟條云：

在東安坊，祀北極佑聖真君（下注云：「宋真宗避諱，改為真武。靖康初，加號佑聖助順靈應真君。明御製碑謂：太祖平定天下，陰佑為多。建廟南京，以三月三日、九月九日，用素饌，遣太常官致祭。及太宗靖難，以神有顯相功，永樂十三年於京城艮隅並武當山重建廟宇，兩京歲時、朔、望，各遣祭。而武當山又專官督祀事。憲宗嘗範金為像。正德二年，改

京城真武廟為靈明顯佑宮。國朝順治八年題准，每年恭逢萬壽
聖節，遣官致祭。康熙二十二年覆准遣祭雞公山真武之神，仍
令該地方官春秋二祭。按真君乃元武七宿，故作龜蛇於其下，
龜蛇者，元武象也。而圖志云：真武為淨樂王太子，修煉武當
山，功成飛昇。奉上帝命鎮北方，披髮跣足，建皂纛元旗。此
道家傅會之說。後人據神異傳，謂真君仗劍，追天關地軸之
妖，冠履俱喪，伏而收之。天關，龜也；地軸，蛇也。邑之形
勝，有安平、七鯤身為天關；鹿耳門、北線尾為地軸，酷肖龜
蛇。鄭氏踞臺，因多建真武廟，以為此邦之鎮云。）明鄭時
建。（下注：寧靖王書匾曰「威靈赫奕」）

　　康熙24年知府蔣毓英重修，48年里眾重建。地址高聳，規制巍
峨。雍正8年，知縣唐孝本勘斷廟左車路曠地一所起蓋店屋，年納地
稅銀4兩。另前後左右屋共20間，各納地稅，以供香燈。
　　王必昌固以：「安平、七鯤身為天關，鹿耳門、北線尾為地軸，
酷肖龜蛇，鄭氏踞臺，因多建真武廟，以為此邦之鎮云。」來解釋明
鄭時代臺灣廣建玄天上帝廟的原因，但其注文，卻充分表露玄天上帝
與明朝政府間之密切關係，甚至可說明皇室視玄天上帝為其政權之
守護神。[11]如從此一角度加以思索，鄭成功祖孫三代在臺灣廣建真武
廟，其意義應不僅止於迷信風水，當更進一步與奉明朝正朔等量齊觀
才是。
　　玄天上帝除為明朝守護神、道士可藉為鎮天關、地軸之妖外，在
閩南傳統民間信仰上，亦為人民航海之守護神。閩南地方志，於此頗
多記載。
　　萬曆40年（1612）《泉州府志》，晉江縣石頭山條有如下記載：

　　　在萬歲山之左，山之盡處有三石傑出，故名。上有真武
　　殿，舊為郡守望祭海神之所。下為石頭街，民居鱗集，舊有千

---

[11]　蔡相煇，〈明鄭臺灣之真武崇祀〉，民國 69 年 3 月，中國文化大學，《明史研究
　　專刊》第 3 期。

餘家。[12]

乾隆30年（1765）《晉江縣志》更提及其創建年代云：

> 玄武廟，在城東南石頭山上，廟枕山襟海，人煙輳集其下。宋時建，為宋時望祭海神之所。[13]

按晉江縣為泉州府所在地，宋代於此設有市舶司，專營對東、西洋貿易之口岸。至宋末，泉州市舶司之稅收，占政府歲入之比率甚大，故政府十分重視海外貿易，郡守每年均特為望祭海神。而玄天上帝所代表玄武七宿〈斗、牛、女、虛、危、室、壁〕即為史記天官書所稱之北宮玄武，為天文上辨別方位之指標，其位置並不因季節變化而轉移，故早在漢代，即被視為水神。

《漢書》王梁傳云：

> 赤伏符曰：「王梁主衛，作玄武。」（其下注云：「玄武，龜蛇合體。」[14]）

同傳又云：

> 玄武，水神之名。

漢代人視玄武為方位之神或水神之觀念，一代代被傳下來，在泉州府屬各縣，對玄天上帝之信仰普遍存在。

康熙11年（1672）《南安縣志》云：

> 鳳山宮，在三十六都大盈舖東北，以奉真武。[15]

---

[12] 明萬曆40年，陽思謙修，《泉州府志》，卷二〈輿地志〉，山，晉江縣石頭山。國立中央圖書館臺灣分館藏原刊本。

[13] 乾隆30年方鼎修，《晉江縣志》，卷十五，古蹟，寺觀，玄武廟條。

[14] 班固，《後漢書》，〈列傳〉卷十二，王梁傳，民國60年，臺北，成文出版社。

[15] 康熙11年，劉佑等修，《南安縣志》，卷二十，雜志，四，宮，鳳山宮條。國立

同書，重建金雞橋記云：

> 余乃禱神，揆日庀具鳩工。果有神明相余。營度之日，石
> 墩在中流者，深不可測，眾懼難措趾。一夕而水漲沙平，塑觀
> 音、玄武像于中，答神貺也。[16]

南安縣為鄭成功之故鄉，而南安人素有信奉玄天上帝之習慣，由
此紀錄即可明見。

同安縣方面，亦有祀玄天上帝之習慣。嘉慶3年（1798）刊本
《同安縣志》卷十，壇廟云：

> 上帝廟，在草仔垵，祀元武帝，稱曰「水長上帝」。人祈
> 禱者，于潮生時即應，退則否，故稱靈異。
> 延福堂，在從順里瑤江村，距城南七里許。明，里人戶部
> 郎中林挺倡建。崇祀真武，時顯靈異，庇佑居民。相傳海中舟
> 楫顛危時，向北呼之，則有光如炬，船藉以安。[17]

此為同安地方百姓奉玄天上帝為海神之紀錄。

明瞭玄天上帝在明代朝廷及閩南地方百姓信仰上之地位以後，始
能解釋鄭成功祖孫三代在臺灣廣建真武廟之道理。從精神上言之，玄
天上帝為明朝最重要祀典，祀之恰可與奉永曆為正朔相表裡。從實質
上言之，玄天上帝自宋代以降皆為閩南百姓崇祀之航海守護神。鄭成
功既以水師抗清，子弟多為閩南籍，奉玄天上帝可予這些子弟兵精神
上莫大之鼓舞與安慰。加以鄭成功本人心理對北極星有特殊偏好，[18]

中央圖書館臺灣分館藏原刊本。
[16] 同註15，卷十七，藝文之二，記，萬曆癸巳（21年，1593）重建金雞橋記。
[17] 嘉慶3年，吳堂等修，《同安縣志》，卷十，壇廟，上帝廟條、延福堂條。國立
中央圖書館臺灣分館藏原刊本。
[18] 鄭成功本人心理上可能以北極星自居。臺南延平郡王祠原藏有鄭成功披髮仗劍圖
像一幅。披髮仗劍為玄天上帝塑像之基本型態，成功模仿之，可見玄天上帝在成
功心目中必甚重。又施琅之叛離成功，亦與北極星有關。施德馨（施琅從任）撰
襄壯公〈施琅〉傳，載其事云：「鄭成功托故明藩封棲海上，素悉公（琅）英明，
欲倚以為重，遮入海，禮遇初甚渥，凡軍事必咨商。及有人告以：公（琅）嘗夢

在其主政之時，媽祖信仰勢必無法與玄天上帝抗衡，東都居民之欲祀媽祖者，只得於私宅奉祀矣！

二、清水師藉媽祖信仰平定臺灣

由於明鄭時代是以玄天上帝為海上守護神，且忽略在閩、粵兩省信徒頗多之媽祖信仰，此一疏漏，遂為清軍所乘，利用民眾信仰媽祖之心理，對明鄭官民發動心戰攻勢。而此一謀略運用，是由清水師提督萬正色開其端，施琅總其成。

《清聖祖康熙皇帝實錄》卷九一，康熙19年（1680）6月癸亥條云：

> 遣官齎勅往福建，封天妃為護國庇民、妙靈昭應、弘仁普濟天妃。[19]

《昭應錄》卷首，本朝祀典，有較詳細之記載，云：

> 康熙十九年，提督萬正色克復廈門，神靈協助，奏請加封。欽奉聖旨，加封護國庇民、妙靈昭應、弘仁普濟天妃。欽差禮部員外郎辛保等，賚香帛詔誥致祭。[20]

卷下，清朝助順加封條亦云：

> 康熙十九年庚申，二月十九日，舟師征剿，駐崇武，與敵對壘，夜夢天妃告之曰：「吾佐一航北汎，上風取捷，隨使其遠遁。次日，果得北風颿起，敵遂披靡，大敗而退。二十六日舍廈門入臺灣，內地海宇自是清寧。萬將軍大感神助，立即具

為北斗第七星者，鄭心忌之。」

[19] 馬齊等纂，《大清聖祖仁康熙皇帝實錄》，卷九一，康熙 19 年 6 月癸亥條・民國 53 年，臺北，華文書局印行。

[20] 《昭應錄》，卷首，本朝祀典。乾隆 32 年，吳登培刊印本。雲林縣北港朝天宮藏原刊本。

本奏神保佑之力。聖上甚慰陰功，欽賜御香、御帛，差官賷詔
到湄廟加封致祭。[21]

萬正色之奏摺未見載錄，故媽祖如何庇佐清軍，不得而知之，而
觀清廷誥文，媽祖之顯佑，對清廷海軍士氣有莫大鼓舞作用。清廷之
誥文云：

> 國家懷柔百神，式隆祀典，海嶽之祭，罔有弗虔。若乃明
> 祇效順，亦天心之助順；滄波協應，表地紀之安流。聿弘震疊
> 之威，克贊聲靈之渥，豈繫人力，實惟神庥。不有褒稱，曷彰
> 偉伐？維神鍾奇海徼，綏奠閩疆，有宋以來，累昭靈異，頃者
> 島氛不靖，天討用張。粵自禍牙，以逮奏凱，歷波濤之重險，
> 如枕席以過師，潮汐無虞，師徒競奮，風飆忽轉，士氣倍增，
> 殲鯨鯢於崇朝，成貔貅之三捷，神威有赫，顯號宜加。特封爾
> 為護國庇民，妙靈昭應，弘仁普濟天妃。載諸祀典，神其佑我
> 兆民，永著安瀾之績，眷茲景命，益昭重潤之庥。敬遣禮官，
> 往修祀事，維神鑒之。[22]

按康熙18年（1679）底，清廷挾平定三藩軍事之餘威，擬與荷蘭
東印度公司聯軍，徹底摧毀明鄭武力。然時值冬季，臺灣海峽東北季
風盛行，荷人舟師無法由巴達維亞前來會師。延至次年2月，萬正色
在福州催造船隻完畢，即遣人於漳、泉州，知會清將喇哈達、賴塔、
姚啟聖、楊捷、吳興祚等人，分從水、陸進攻明鄭軍各據點。

永曆34年（康熙19年）正月，清水師提督萬正色入海壇，清軍大
船二艘被明鄭水師左都督朱天貴所部擊沉，清軍稍怯。2月，明鄭水
師總督林陞與萬正色戰於崇武，突海風大作，萬正色收泊泉州港，吳
興祚則督陸師沿海放砲。林陞等船無所取水，欲退泊金門遼羅灣。朱

21　同註 20，卷下。
22　僧照乘，徒普日，徒孫通峻重修，《天妃顯聖錄》，歷朝褒封致祭詔誥，康熙 19
　　年神助萬將軍克敵廈門，奏上，差禮部員外郎辛保等賷香帛詔誥加封致祭條，國
　　立中央圖書館臺灣分館藏。

天貴等將領恐因退師而動搖人心，勸其進泊海壇。林陞不聽，下令全部退泊遼羅灣。

林陞退泊遼羅灣，鄭經於思明接報，疑其師敗北，遂將陸軍主帥劉國軒及所部，自觀音山調回防守思明。劉國軒師既撤，明鄭陸路各軍亦隨之動搖。清將喇哈達、賴塔、姚啟聖、楊捷等乘機統漢、滿騎兵進攻。明將康騰龍首獻汭州，清軍接著於2月26日、27日兩日，分道克陳州、玉州、觀音山等十九寨及海澄縣。至此，思明州人心渙散，百姓各攜家眷逃逸，莫能禁遏。鄭經不得已於27日率劉國軒及文武各官撤離思明，退歸澎湖。[23]

檢討上述康熙19年台海戰役，明鄭軍隊最後雖敗退東都，但在水師戰役方面，並未遭到重挫。而明鄭由小勝轉至敗退之關鍵，則在林陞與萬正色崇武之戰時突發之海風。萬正色並將之歸功為媽祖之顯靈庇佑，奏請清廷誥封、致祭。清廷亦立即頒詔誥，並遣禮部員外郎辛保等，賫香帛赴福建莆田湄洲天妃宮致祭。媽祖助清軍之消息，經此大肆宣揚，對原本信奉媽祖者之意向，卻發生莫大影響。尤其重要者，與媽祖同鄉之水師副總督朱天貴，於明鄭軍隊撤回東都時，卻率所部水師眾二萬人，戰船三百餘艘降清。《清史》朱天貴傳云：

> 朱天貴，福建莆田人，初為鄭經將。康熙十九年，師下海壇，以所部二萬人，舟三百來降。授平陽總兵官。[24]

二萬水師與三百戰艦，究竟佔明鄭水師幾成，頗難估算，[25]然其數目恰與康熙22年（1683）施琅攻臺之水師人船相當。此消彼長，清廷海軍實力因而劇增，明鄭則元氣大損。日後施琅率領朱天貴及其人

---

23 夏琳：《閩海紀略》、《海紀輯要》、《閩海紀要》。民國46年，臺南，海東山房黃典權校補鄭成功史料合刊本。又江日昇，《臺灣外記》，民國51年，臺灣銀行印行方豪校訂本。

24 張其昀纂，《清史》，卷二六一，朱天貴傳，民國60年，臺北，成文出版社印行。

25 按三藩之亂前，明鄭軍隊降清者，據康熙實錄，康熙20年秋7月5日條記載，共有文武官3,985員，食糧兵40,962名，歸農弁兵民64,230名，眷屬人役63,000餘名，總數172,000餘名，大小船900餘艘。加上朱天貴所部2萬眾，總數即近20萬人。而隨鄭經撤回東都者，總數卻不詳，然至少應在4萬以上（鄭克塽降清時被遣回內地之軍人總數）。

船攻打澎湖，卒造成明鄭降清之局，其影響之大，可以想見。

鄭經率所部撤回東都以後，暫得休息。清廷亦因三藩之役後，創傷未復，無力攻臺。至康熙21年（1682），清廷攻臺態度再趨積極，起用姚啟聖為福建總督，施琅為水師提督，經營攻臺事宜。姚、施兩人亦學萬正色，運用媽祖信仰為心理戰。

施琅為福建晉江縣人，其家族原信奉玄天上帝甚篤。《泉州府志》〈施濟民（施琅祖父）傳〉云：

> 施濟民，號玉溪，晉江潯江人。尚義好施，家無餘儲，僅收數斛麥。萬曆間，值年荒，有告匱者，輒取麥分給之，升合不留。妻許氏，同心行善，虔祀北斗。[26]

而施琅亦曾自謂是北斗七星之第七顆星，[27]其原非媽祖信仰者甚明。但施琅一發覺可利用媽祖信仰之後，本人態度即完全改變。當時莆田人在軍者頗眾，除朱天貴及所部二萬水師外，另一莆人吳英，則為陸師提督，協同攻臺。莆人這股勢力，自是施琅所欲極力爭取者。

康熙21年冬施琅奉命征臺後，即選莆田縣平海衛為水師基地，並於部隊駐進平海後，立即散布平海天妃宮媽祖湧泉給師之說[28]及燈光引護其師，云：

> 將軍侯施，於康熙二十一年十月舟次平海，因謀進取，於十二月二十六夜開航。一宵一日，僅到烏坵洋，因無風不得行，令駕回平海。未到澳而大風倏起，浪湧滔天，戰艦上下，隨濤浮漾外洋，天水森茫，十無一存之勢。次早風定，差船尋覓。及到湄洲澳中，見人船無恙。且喜且駭，曰：「似此風波，安得兩全。」答曰：「昨夜波浪中，我意為魚腹中物矣，不意昏暗之中，恍見船頭有燈籠，火光晶晶，似人挽厥纜而徑流

---

[26] 乾隆28年，懷蔭布修，《泉州府志》卷六一，明，樂善，施濟民。民國53年，臺南，朱商羊影印刊本
[27] 同註18。
[28] 同註7。

至此。」眾曰：「此皆天妃默佑。」即棹回，報上。將軍侯因於康熙二十二年正月初四早，率各鎮營將領赴湄致謝，遍觀廟宇，捐金調各匠估價買料，重興梳粧樓、朝天閣，以顯靈惠。[29]

次年6月，施琅率師攻澎湖，復於交戰前後，大肆散播媽祖顯靈托夢、助戰，云：

> 康熙二十二年六月十六、二十二等日，臣在澎湖破敵，將士咸謂恍見天妃，如在其上，如在其左右。而平海之人，俱見天妃神像是日衣袍透濕，與左右二神將兩手起泡。觀者如市，知為天妃助戰致然也。又先於六月十八夜，臣標署左營千總劉春，夢天妃告之曰：「二十一日必得澎湖，七月可得臺灣。」果於二十二日澎湖克捷，七月初旬內，臺灣遂傾島投誠，其應如響。[30]

當施琅大肆運用媽祖為心理戰之時，福建總督姚啟聖亦遣官至莆田湄洲天妃宮致祝許願，懇請協助。《天妃顯聖錄》載其事云：

> 大總督姚，奉命征剿，以海道艱虞，風波險阻，不易報效，中心懇摯，極力圖維。素信神靈赫濯，禱應如響，懇祈陰光默佑，協順破逆。於康熙二十一年差官到湄洲祖廟，就神前致祝許願，俾不負征剿上命，即重修宮殿，答謝鴻庥，迺於二十二年三月二十三日天妃蛻旦，特委興化府正堂蘇，到湄廟設醮致祭。隨帶各匠估置木料，擇吉起蓋鐘鼓二樓及山門一座，宮宇由是壯觀。[31]

當康熙22年清軍攻臺之前，臺灣政局業已發生重大變化。先是因鄭經於正月薨逝，由長子克塽監國。然侍衛將軍馮錫範發動政變，

---

[29] 《天妃顯聖錄》，燈光引護舟人條。
[30] 施琅，《靖海紀》，為神靈顯助破逆請乞皇恩崇加封事疏。
[31] 《天妃顯聖錄》，起蓋鐘鼓樓及山門條。

絞殺克𡒁，擁其婿克塽嗣位，因克𡒁英明勇毅，頗似成功，且已監國二年，處理國政井然有序，為民心所繫。而克塽年僅12歲，庶政皆由馮錫範把持，民心不附，早已導致敗亡之局。當明鄭、清軍於澎湖接陣，主帥劉國軒早無鬥志，及明鄭軍隊遭挫，施琅即遣人入說劉國軒，允保題為現任總兵官。劉國軒意定，乃返東都，挾制鄭克塽及文武各官降清。

鄭克塽降清後，姚啟聖親至湄洲天妃宮致祭，並大闢殿宇。《天妃顯聖錄》云：

> 大總督姚，時議征剿，雖不辭責重任大之艱，而踰塹越滄，不無風波飄蕩之慮。一片忠誠孚格，惟恃神靈默相，以故天威一震，寰服人心，於康熙二十二年七月初旬，臺灣果傾心向化，舉島輸誠。總督捧頒恩勅前至臺灣，因少西北正風，又恐逗留詔命，自福省放舟，於八月二十三日親到湄洲詣廟，具疏神前，虔祝順風，願大闢殿宇，以報神功。於是神前拈鬮，准將東邊朝天閣改為正殿，舟尚未開，二十五夜，見舟上放光，深感神明有赫，即捐金付與防廳張同、同知林昇估價置買木料，迺邊朝天閣另為起蓋。[32]

而姚啟聖並親致祈禱文，云：福建總督姚啟聖謹抒愚衷，上請天妃主裁而言曰：

> 四海廣闊，惟神是憑，風濤順逆，亦惟神是主，是神之權大、德尊，適足侔天地而並日月也。今者，荷神有靈，助除六十年猖狂之大寇，竟停五、六月颱颶之大風，除生靈之大害，立朝廷之殊功。啟聖得以安享太平，皆尊神之默佑也。今啟聖親總舟師，遴福寧州總兵黃大來，參政道劉仔，捧頒恩勅前至臺灣，因尚少西北正風，是以越廟求神，冀借一帆，早到臺地。啟聖百叩稽首之下，見廟貌尚有未妥，寸心甚為不安，況

正殿朝南，而朝天樓、山門各俱西向，亦非宜於神靈之所憑依也。[33]

姚啟聖在清朝攻臺期間，親駐廈門，督饋餉，設修來館，散金以離間明鄭主臣，使眾叛親離，施琅亦賴以定臺。克塽降，施琅命親隨直接放舟北京奏報，平臺功績遂為施琅一人所奪，賞更未及啟聖。姚啟聖返福州，未幾病卒，[34]其已許於湄洲天妃宮大闢宮殿事，亦為停頓。

施琅於康熙22年8月，偕陸師提督吳英入臺，並由劉國軒陪同，赴南北各處查看。是冬，清廷冊封琉球使節汪楫、林麟焻等返閩，以：聖德與神庥等事，具題請朝廷誥封天妃。施琅聞知，亦立刻奏上：「為神靈顯助破逆，請乞皇恩崇加褒封事」詳述其攻臺前後天妃顯靈協助清軍事蹟請清廷頒誥勅封、致祭。奏上，康熙批交禮部議奏。禮部題：「遣官獻香帛，讀文致祭」。祭文由翰林院撰擬，香帛由太常寺備辦。臣部派出司官一員前往致祭。[35]

康熙23年8月24日，奉旨，依議。欽差禮部郎中雅虎賫香帛至湄洲，詣廟致祭，清軍運用媽祖信仰，對明鄭發動之心理戰，至此大告功成。

因明鄭時代臺灣地區並無天妃廟存在，施琅入臺灣後，首先將鎮北坊赤崁城南之寧靖王宅邸改為天妃宮，[36]並行文水師各衙置建天妃宮，[37]當時所建廟宇，有安平鎮、澎湖、鳳山興隆莊等廟，而居民

---

[33] 《天妃顯聖錄》，總督祈禱疏文。

[34] 《清史》，卷二六一，姚啟聖傳。

[35] 《天妃顯聖錄》，歷朝褒封致祭詔誥。

[36] 寧靖王於鄭克塽送出降表後，與五妃自經而死，死前並將宅邸捨為僧寺。施琅入臺後，復將之改為天妃宮。康熙23年，《福建通志》，卷十一〈祀典〉，臺灣府天妃宮條云：「在府治鎮北坊赤崁城南，康熙二十三年臺灣底定，靖海侯施琅以神有效順功倡建。」

[37] 施琅行文水師各衙門創建天妃宮，並未見諸文獻，乾隆29年，王瑛曾，《重修鳳山縣志》，卷五〈壇廟〉，天后廟云：「在縣治北門龜山頂，康熙二十二年奉文建，年久傾圮，乾隆二十七年知縣王瑛曾重建。」按康熙22清廷尚未將天妃列為朝廷祀典，要至康熙59年海寶等人使琉球返國，奏上天妃顯佑事蹟後，天妃始被列為朝廷祀典，至雍正11年，始令沿海各省一體奉祠致祭。故《鳳山縣志》所云：奉文建，所奉自非朝廷令文。而施琅自康熙22年8月至11月，一直以軍事最高指揮官身份駐臺，班師後，復任福建水師提督至康熙35年去世止。而康熙35年

自建之廟，則有臺灣府治水仔尾廟一所。此後，臺灣各地始漸漸增建媽祖廟，康熙39年（1700），諸羅縣外九莊笨港街天妃宮由當地居民合力創建；康熙51年（1712）諸羅縣淡水干豆門天妃宮由通事賴科鳩眾創建；康熙55年（1716）年鹹水港居民合力創建天妃宮；康熙56年（1717）諸羅縣知縣周鍾瑄鳩眾於縣署之左創建天妃宮。[38]康熙58年（1719），臺灣府各官捐俸於鹿耳門創建天妃宮。[39]康熙59年（1720）海寶奉使琉球歸，奏上媽祖默佑功，清廷乃將媽祖列為朝廷祀典，春秋祭祀，至雍正11年（1733）更令沿海各省一體奉祠致祭。[40]

三、朱一貴事變後媽祖信仰的擴張

鄭克塽降清以後，臺灣居民應可有安和富庶之生活，然因施琅等接收臺灣將領、官吏肆意侵佔田園，不納田賦，不服丁役，[41]壓榨百姓，[42]造成臺灣社會經濟結構被扭曲之現象。臺灣居民因此不斷抗清，自康熙23年至60年，共爆發九次抗清活動，尤以康熙60年朱一貴之役規模最大，曾一度光復全臺。

康熙60年4月19日，臺灣南路會黨吳外等人以朱一貴為號召，於岡山舉兵，各里、社紛紛響應；清兵往攻者，多遭殲滅。4月底義軍

以前臺灣所建媽祖廟，除水仔尾廟外，皆建於水師重地，應是施琅透過水師系統行文所建之廟。

[38] 康熙 56 年，周鍾瑄修，《諸羅縣志》，卷十二〈雜記志〉，寺廟，天妃廟條。

[39] 康熙 59 年，陳文達修，《臺灣縣志》，卷九〈雜記志〉，寺廟，在鹿耳門，媽祖廟。

[40] 王瑛曾，《重修鳳山縣志》，卷五〈典禮志〉，天后廟，附錄。

[41] 季麒光覆議康熙 24 年餉稅文云：「賦從田起，役從丁辦，此從來不易之定法也。臺灣既入版圖，酌議賦額，以各項田園歸之於民，照則勻徵，則尺地皆王土，一民皆王人，正供之外，無復有分外之徵矣。乃將軍以下，復取偽文武遺業，或託招佃之名，或借墾荒之號，另設管事，照舊收租。」又豫計糖額詳文云：「自將軍以下，各自管耕督墾，即為官田，其數已去臺灣田園之半。」大體明鄭各軍屯田、文武官莊田園皆被侵佔。季麒光條陳臺灣事宜文還云：「佃民獨受偏累之苦，哀冤呼怨，縣官再四申請，終不能補救。且田為有主之田，丁即為有主之丁，不具結，不受比，不辦公務，名曰蔭田，使貧苦無主之丁，獨供差遣。夫蔭丁，有形之患也，蓋免一丁而以一丁供兩丁之役，弱為強肉，則去留有死生之心，勉從而不懷仁，力應而不心服，怨不在大，可畏惟人，固宜深慎。」已將臺灣民間抗清之性質點明矣！

[42] 清吏壓榨百姓非常普遍，如施琅要求澎湖居民每年獻銀 1200 兩，否則不准卜海採捕。當時澎湖居民僅 500 餘戶，每戶需負擔 2 兩餘，負擔頗重。

進圍府城，5月1日府城居民起為內應。清總兵歐陽凱、水師副將許雲、游擊游崇功等三十餘員俱戰死或被俘，避居府城之文武官吏偕眷屬倉皇逃避澎湖，全臺除淡水一隅外，皆為義軍所有。

5月4日，吳外等人迎朱一貴入居臺灣道署，建號永和，稱中興王，以鎮北坊天妃宮原為明寧靖王邸，遂再改為王宮，用以號召明遺民，並聲稱洲仔尾海邊浮現玉帶、七星旗，鼓吹往迎回，以為抗清象徵。

5月11日，朱一貴祭天謁聖，歲貢生林中桂等為之贊禮。行令頗嚴，掠民財物者，聞輒殺之；或民自撲殺，莫敢救護，[43]可稱仁義之師。然臺江船舶皆被清兵驅拘澎湖，致予清軍反擊之機。

朱一貴光復全臺時，施琅六子世驃正任福建水師提督，立即率所部標兵攻臺。施世驃少時曾隨施琅參與攻臺軍事，對其父運用媽祖信仰為心戰工具知之甚稔，在攻臺之際，亦造出媽祖陰佑清軍之說以助攻臺聲勢。惟施世驃身歿軍中，至次年臺局甫定，又逢康熙崩逝，直至雍正4年正月，繼任福建水師提督藍廷珍始將其事奏上，題請清廷賜匾並追封媽祖先世，云：

> （康熙）六十年臺匪倡亂，臣同前任提臣施世驃親統水陸官兵，配駕商哨船隻前往討逆。維時六月興師，各士卒感佩聖祖仁皇帝深仁厚澤，踴躍用命。但恐頻發颱颶，因而致祝垂庇。果荷默相，波恬浪息。且凡大師所到，各處枯井，甘泉倏爾騰沸，足供食用。再如六月十六日午，臣等督師攻進鹿耳門，克復安平鎮，正及退潮之際，海水加漲六尺，又有風伯効順，俾各舟師毋庸循照水路魚貫而行，群擠直入。至十七、十九等日，會師在七鯤身，血戰殺賊。時值炎蒸酷暑，其地處在海中，乃係鹽潮漲退之所，萬軍苦渴異常。臣復仰天祈禱。適當潮退，各軍士遍就鯤身坡中扒開尺許，俱有淡水可餐，官兵人等，無不駭異。咸稱若非聖祖仁皇帝天威遠被，曷致有神靈効順若此。竊擬分平臺灣南北二路後，即欲繕疏題具請追褒，

---

43 乾隆 17 年，魯鼎梅、王必昌等修，《臺灣縣志》，卷十五〈雜記〉，祥異，兵燹，康熙 60 年夏四月己酉條。

不虞提臣施世驃身殞軍前，臣時躬處海外，末由陳奏。[44]

　　奏上後，雍正照准，內閣頒雍正親書「神昭海表」四字，交福建提塘送水師提督，照原式摹製成三匾，分縣掛湄洲、廈門、臺灣等三處天妃神祠。[45]此為臺灣媽祖受清廷誥封之始。

　　因施琅家族是清朝領有臺灣以後的最大受益者，政治上施琅被封為世襲罔替之靖海侯，經濟上施家在臺廣佔田園，僅施琅名下部分，即有七千五百甲之多，[46]而其旁系親屬，尚未計入。故如何協助清廷有效控制臺灣，實為施琅家族最關切之事。而朱一貴事件發生，臺灣府居民全面起而響應，實已透露出清廷在臺政權之基礎虛浮不穩。事後清廷於臺灣北路增設彰化縣，而施琅侄兒兵馬司副指揮施世榜亦隨之將其勢力伸至彰化，積極經營鹿港，為清軍留一攻臺活口。

　　施世榜，字文標，福建晉江人，為潯江施氏第七世安同之十世孫，為施琅之從侄。[47]臺灣收入清朝版圖後，即入籍鳳山縣，為康熙36年（1697）鳳山縣拔貢生，[48]曾任壽寧縣教諭，朱一貴抗清事件發生後，隨族兄施世驃來臺，任兵馬司副指揮。有五言詩：靖臺隨軍入鹿耳門，云：

　　　　僻嶠潢池弄，王師待廓清。
　　　　海門奔兕虎，沙島靖鯢鯨。
　　　　壁壘翹軍肅，朝暾畫戟明。

---

[44]　《天妃顯聖錄》，歷朝褒封致祭詔誥：福建水師提督藍，以康熙六十年克復臺灣，叨神顯助，至雍正四年題請匾聯文。

[45]　同註44。

[46]　據《南瀛文獻》第二卷第一、二期合刊，施侯祖田園一文所載，施侯祖田園分佈於日據時期之漚汪堡、學甲堡、打貓西堡、牛稠溪堡、觀音中里、半屏里、大竹里、興隆內里、興隆外里、小竹上里、仁壽上里、阿公店街、仁壽下里、觀音下里等處，即從今之高雄縣、市至嘉義縣境。共五十五庄，其面積共約三千甲。而此一數目，係施琅後裔於道光年間杜賣五分之三產業之剩餘者，故推知施琅直系名下即佔田達七千五百餘甲。

[47]　施學吉、施暫渡編，《臨濮施氏族譜》，錢江中份分支世系，民國57年5月，臺中，文光出版社印行。

[48]　乾隆6年，劉良璧修，《重修福建臺灣府志》，卷十六〈選舉〉，貢生，康熙36年條。

霜飛金雀舫，水漲碧波纓。

（師入港，水漲丈餘，鹿耳門有盪纓，示水深淺。）

楷栢火茶列，鈴鉦鵝鸛成。

峰頭孤月落，幃帳正談兵。[49]

　　施家在臺灣早為豪族，田連阡陌，故得捐貲為公共慈善事業。乾隆28年修《泉州府志》，〈施世榜傳〉云：

　　　施世榜，字文標，晉江人，鳳山拔貢生。樂善好施，於族姻閭里之貧者，周卹不倦。嘗建敬聖亭于南門外，以拾字紙，置田千畝充海東書院膏火，又令長子貢生士安捐資二百兩修葺鳳山文廟，令五子拔貢生士膺捐社倉穀一千石。其在晉邑修理文廟及橋樑道路，亦多所襄助。[50]

　　一次能捐田千畝，則施家於鳳山縣田園之多，自不得不令人駭嘆！然而朱一貴事件平定後，施家立即前往鹿港、彰化一帶，積極經營。施世榜家對外之店號為施長齡，雍正4年，施家以施長齡名義，以低價向馬芝遴社社首購得鹿港附近大量之土地之所有權。《清代臺灣大租調查書》錄其契約云：

　　　立杜賣契人馬芝遴社番社首阿國、阿加，土目蒲氏、龜只、璠寶、孩汝，社約青州等，有承祖遺管下鹿仔港埔地一所，東至山，西至海墘，南至鹿港大車路，北至草港。前因雍正二年，本社社首等經給與陳拱觀前去開墾，茲拱觀轉售與施長齡。今長齡願出銀四十兩廣駝，向嘓等承買盡根。今嘓同番眾等當場收過銀四十兩廣駝完足，其埔地照四至界址，聽施長齡前去管掌，開墾成田，抑或填築成塭，報陞納糧，不敢阻擋。保此埔地係嘓等承祖物業，與別社番及漢人無干。一賣千

49　王瑛曾，《重修鳳山縣志》，卷十二〈藝文志〉，五言律詩，兵馬司副指揮施世榜，靖臺隨軍入鹿耳門。

50　乾隆28年，懷蔭布修，《泉州府志》，卷六一〈國朝樂善〉，施世榜。

休，日後㗌等子孫不敢言找言贖，生端異言滋事。恐口無憑，合立杜賣根契一紙，付執為照。雍正四年六月　日[51]

　　觀其四至，東至山，即達今之彰化市，約有10公里長，北至草港，則距鹿港約5公里，其總面積約50平方公里，約五千餘甲，若扣除與其他番社交錯之部分，其面積在千甲以上當無問題。

　　有了大量田園以後，施世榜更修築水圳，從濁水溪上游引水築圳。《彰化縣志》，載其事云：

　　　　林先生，不知何許人也。衣冠古樸，談吐風雅。嘗見兵馬指揮施世榜曰：「聞子欲興彰化水利，功德固大，但未得法耳。吾當為公成之。」問以名字，答而不答。固請，乃曰：「但呼林先生可矣。」越日，果至，授以方法。世榜悉如其言，遂通濁水，引以灌田，號八保圳，言彰邑十三保半，此水已灌八堡也。年收水租穀以萬計，今施氏子孫累世富厚，皆食先生之餘澤焉。[52]

　　大量的土地，益以完善之水利灌溉設施，施氏自易從其家鄉晉江招徠大量墾佃，迅速將鹿港變成施家得以控制之一主要港口，而彰化地區泰半農民須仰賴八保圳水灌溉，復不能不俯首聽命於施家。林爽文事變，福康安之選擇鹿港為登陸口岸，與施家得控制鹿港，應不無關係。爾後臺民爆發抗清事作，鹿港居民皆立於支持清廷立場，亦受此一因素影響。

　　田園闢，水利修，移民來之後，施家更在鹿港海口捐獻土地，興築天妃宮（即今鹿港鎮之舊祖宮），以為居民之信仰中心。

　　鹿港舊祖宮之創建年代，《彰化縣志》云：

　　　　天后聖母廟，一在鹿港北頭，乾隆初，士民公建，歲往湄

---

[51] 民國52年4月，臺灣銀行經濟研究室編，《清代臺灣大租調查書》，第三章番大租，第二節，番社給墾字（四）。

[52] 道光12年，周璽修，《彰化縣志》，卷八〈人物志〉，隱逸，林先生傳。

洲進香。廟內有御賜「神昭海表」匾額。[53]

　　乾隆初，即乾隆元年（1736），距施世榜向馬芝遴社土目購地之時間，恰10年整。目前鹿港媽祖廟之右廂房，奉有施世榜長生祿位。神龕上刻有：「施躍德堂」四字，長生祿位上書：「大檀樾主恩進士誥授文林郎兵馬司副指揮壽寧縣儒學教諭施諱世榜祿位」，左側有一中堂，上書：「福國利民」四字，邊款書：「開八堡圳施長齡獻廟地；後裔長房純樸敬獻。純庚敬書。」旁有一副對聯，云：「躍進三農，灌溉功勳垂八堡。德光九族，馨香俎豆享千秋。」邊款云：「開八堡圳施長齡獻廟地，辛酉重修。後裔長房純熙、純港敬獻、純庚謹書。」旁有一額，上書：「開八堡圳林先生遺詩」。辛酉重修。文云：

> 第一峰頭第一家，鶉衣佰結視如花。
> 寒時嚼雪消煙火，醉後餐虹步歲華。
> 欲說王侯為怎麼，奚須富貴作波渣。
> 看來名利從何益，笑起蛟龍背上跨。
> 施家鑿圳灌田畦，濁水瀠迴導以西。
> 草微由來多顧水，源深只有木為堤。
> 隨山導勢南流北，就水看形上啣底。
> 十五爐蘆他日樣，盡歸虎鹿兩螺溪。[54]

　　另有一額，上書：大清康熙皇帝御賜百字歌，文云：

> 卿仕際應侯，文章慧業修。至性能純養，正心得自由。
> 恬澹明素志，寧靜似先猷。高風宗古朴，雅化尚溫柔。
> 黃中元吉迪，青簡大名留。克己存恭敬，定交允嘉謀。
> 恩寬愛式廣，善足澤長流。深藏抱偉器，遠識抒全籌。

---

[53] 《彰化縣志》，卷五〈祀典志〉，祠廟，天后聖母廟。
[54] 《彰化縣志》，卷八〈人物志〉，隱逸，林先生傳，錄有前面四句，唯文字略有出入。

河山銘竹帛，冠冕紹箕裘。傳芳長衍慶，錫祚歷千秋。[55]

　　鹿港地區在雍正年間開發後，逐漸成為彰化地區稻米集散中心。
雍正末年，彰化縣即在鹿港米市街西畔建倉廒16間，並區曰：「天庾
正供[56]」。乾隆49年（1784）鹿仔港闢為正口，地方日益繁榮，各種
郊商不斷成立，形成一大街市，「街衢縱橫皆有，大街長三里許，
泉、廈郊商居多，舟車輻輳，百貨充盈。」[57]而舊祖宮為當地最早闢
建之天后宮，自亦成為郊商、民眾崇祀。

　　臺灣媽祖之信仰，因清政府之大力提倡及社會之需求，漸漸成為
民間最主要信仰之一，然整個臺灣地區之媽祖信仰狀態卻呈現頗為紛
歧之現象。每一座媽祖廟，因其創建者背景，或神像來源，或居民之
祖籍及政治態度等因素之不同，而呈現不同之榮枯現象；繁華之商業
城市，也有數座媽祖廟並存，神像造型各異之情形。

　　臺灣媽祖，依其來源地之不同，可分為湄洲媽（福建莆田縣湄洲
嶼）、銀同媽（福建同安縣）及興化媽（福建興化縣）、溫陵媽（福
建泉州）、清溪媽（福建龍溪）、汀洲媽（福建長汀）等六大類，媽
祖真正之祖廟：福建省莆田縣寧海聖墩之天妃宮，於明永樂年間被
毀，[58]湄洲則以媽祖祖居及誕降之地，崇祀者最多。

　　然自宋代至清初，中國沿海各地創建媽祖廟，亦罕見特別向某座
廟分靈而年年返祖廟進香者，此乃因中國儒家通常認為「神」只是一
種精神象徵，未必需要寫實物象來代表，此種意念在官方所建廟宇表
現最明顯，其廟通常只設神主牌位，根本沒有神像，如全國各地官建
孔廟，但都只有神主牌位而無神像。因此媽祖來源雖有不同，卻無地
位高下之分。但臺灣民間廟宇受佛教影響，建廟、立神、分靈，自有
一套儀式，較易形成大大小小的信仰群。

　　臺灣媽祖廟，依創建者身分之不同，可分為官吏、豪族、民間創
建三大類，其下再分成若干小類。官吏所建廟大都居於政治之需要，

55　此詩據傳為康熙賜施琅之褒詩，施氏後裔，有取為昭穆者。然查光緒元年施葆修
　　重刻靖海紀卻無此文。
56　《彰化縣志》，卷二〈規制志〉，倉廒。
57　《彰化縣志》，卷二〈規制志〉，街市。
58　媽祖卒後葬於福建莆田寧海聖堆，李富於此創建廟宇，後稱聖墩祖廟。

其中尚可分成中央官吏、地方官吏、軍人三小類。

四、臺灣媽祖廟的類型

（一）中央撥款建立

　　清廷中央官吏在臺所建媽祖廟，最著者有二：一為位於彰化縣鹿港鎮埔頭街之新祖宮，一為位於臺南市西區長樂街之海安宮；兩廟皆為乾隆52年（1787）林爽文抗清之役後，由協辦大學士嘉勇公福康安奏請清廷撥帑金，並協同文武各官、紳耆公建。[59]其建廟原因，則為媽祖庇佑清軍平定林爽文之役。

　　《勅建天后宮碑記》云：

　　　　乾隆五十一年冬，逆匪林爽文作亂，滋蔓鴟張，我皇上特命協辦大學士嘉勇公福康安為將軍，統率巴圖魯侍衛數百員，勁旅十餘萬，於五十二年十月杪，由崇武放洋。時際北風盛發，洪波浩湧，三軍聯檣數百艘，漫海東來，一日齊登鹿仔港口岸；繼而糧餉軍裝，分馳文報，舳艫羅織，均保無虞。維時嘉義一帶，匪徒猖獗，突聞貔貅數萬，輜重千艘，如期並集，群醜寒心，知有神助。故軍威大振，所向披靡，剋日擒渠燬巢，收復全臺。雖曰將士用命，凡此亦皆仰賴天后昭明有赫，護國庇民之功，咸靈顯著者也。將軍奉天子命，崇德報功，就鹿擇地，建造廟宇，以奉祀焉。[60]

　　鹿港新祖宮之建築經費，共用銀15,800圓，為嘉慶21年（1816）鹿港舊祖宮重修經費3,580圓之四倍多，其規模之宏偉，自可想見。然而此座由清帝撥帑金所建之廟，並未因而成為臺灣民間媽祖信仰之

---

[59] 《彰化縣志》，卷五〈祀典志〉，天后聖母廟條；卷十〈藝文志〉，福康安，勅建天后宮碑記。謝金鑾修，《臺灣縣志》，卷二〈政志〉，壇廟，海安宮條。

[60] 同註74，福康安勅建天后宮碑記。

最高象徵，反而信眾廖落，至連寺僧香火之費皆無著落。[61]乾隆57年
（1792）署臺灣府北路理番海防同知金棨，始為首倡捐，置水田八甲
三分，歲入小租穀滿斗一百一石以為寺僧香火之費，[62]其後嘉慶、道
光年間兩次重修，皆須勞官員為之倡捐。[63]日據時期，該廟遭盟軍飛
機炸燬。現雖經修復，但其規模大不如前。臺灣居民對清室撥內帑所
建廟宇之態度如此，實堪令人玩味。

（二）地方官員所建

　　臺灣地區官僚系統所建媽祖廟，數量最多，品質最高者，為地
方行政官吏所建之廟宇。地方官吏立廟之因，最要者乃於教化之目
的上，期藉以延續清軍挾媽祖克臺灣之聲威以安民心，定眾志，希
望百姓安居樂業，不必再有異謀。第二個原因，則居於治安之需要。
清代臺灣各地官建媽祖廟，百姓前往拜禱出入者眾，為蒐羅社會治安
情報之最佳場所。各地媽祖廟皆聘僧人為住持，此輩僧人皆屬禪宗系
之臨濟宗派下，本有同門之誼，臺灣府當局，更任命臺灣府大天后宮
住持和尚為僧綱司司事，[64]各地天后宮得聲氣相通，而總匯之府城大
天后宮，一地有事，政府旋得知之，有事時，尚可請各廟住持出力協
助。[65]運作之靈活，令人嘆為觀止。

　　軍人所建廟宇則規模較小，數量亦少。其中一部分為水師自建以
奉祀媽祖者，一部分則為駐臺班兵所建。水師所建廟，多位於港灣要
區，至日據時期，多遭廢毀，現存者，以澎湖馬公天后宮、臺南市安

---

[61] 《彰化縣志》，卷十二〈藝文志〉，嘉慶12年，北路理番同知兼鹿港海防汪楠撰：
　　重修鹿港新天后碑記云：「其廟貌之規模雖存，而風雨剝蝕，若不亟為修葺，恐
　　將傾圮矣，噫！曾幾何時，而興廢意頓異也耶。」乾隆55年署鹿港海防同知金棨，
　　於新天后宮祀業記云：「第廟貌雖崇，而廟中一切器具，缺而未備，且寺僧香火
　　之費，齋供之需，尚懸而有待也。」
[62] 《彰化縣志》，卷十二〈藝文志〉，海防同知金棨，新天后宮祀業記。
[63] 該廟於嘉慶12年重修，由署北路理番同知汪楠倡捐；道光14年重修則由北路理
　　番同知王蘭佩、臺協左營水師遊擊溫兆鳳等倡捐。
[64] 筆者曾親赴臺南大天后宮、北港朝天宮、新莊天后宮等著名媽祖廟查閱住持神位，
　　歷代住持皆傳自臨濟宗，而臺南大天后宮第七代住持勝脩（臨濟宗三十六世）、
　　第八代住持奕是（臨濟宗三十八世）生前皆任臺灣府僧綱司事。
[65] 如朱一貴事件之後，藍廷珍為激查有無餘黨匿居蛤仔難，即命淡水營守備謝周，
　　優禮羅致關渡門媽祖宮廟祝林助，前往採探消息。事見《淡水廳志》，卷十五〈藍
　　鼎元〉，代檄淡水謝守戎。

平天后宮、東石鄉下揖村笨港口天后宮最具規模。班兵所建媽祖廟，最著者有臺南市之銀同祖廟及彰化縣鹿港鎮之興安宮。銀同祖廟原稱同營會館，為福建同安營駐臺兵丁所建，後轉變成為銀同會館。[66]

臺灣媽祖信仰雖十分普及，但於全臺灣亦有其信仰中心線存在。此中心線，由南向北延伸，其中心點分別為臺南市之大天后宮、雲林縣北港之朝天宮、彰化市之南瑤宮及臺中縣大甲鎮之鎮瀾宮、苗栗縣通宵鎮之拱天宮，最北為臺北市關渡宮，而其焦點則為北港朝天宮。其中，臺南大天后宮為清代臺灣官廟之代表，北港朝天宮之信徒分布遍及全臺，關渡宮、南瑤宮、鎮瀾宮亦為附近縣市人民之信仰中心。其中，南瑤宮、鎮瀾宮歷年皆往北港朝天宮進香；北港朝天宮在清代則每年被臺南府城居民迎至大天后宮供奉，並巡歷城廂內外而回。[67]此四座廟間之進香活動期間，即臺灣宗教活動之最高潮。

此外，由北至南，臺北市：關渡宮、士林慈誠宮、松山慈祐宮。新北市：新莊慈祐宮、淡水福佑宮、板橋新惠宮。臺中市：萬春宮、樂成宮、豐原慈濟宮、梧棲朝元宮、浩天宮。臺南市：開基天后宮、安平天后宮，鹿耳門天后宮、鹽埕天后宮、檨仔林朝天宮。高雄市：旗津天后宮、鳳山天后宮、內門天后宮、美濃天后宮、紅毛港天后宮。基隆市慶安宮，新竹市長和宮、內天后宮；嘉義市天后宮、延平街朝天宮。宜蘭縣宜蘭市昭應宮、蘇澳鎮南天宮，桃園市慈護宮、中壢仁海宮。苗栗縣苗栗市天后宮、竹南鎮龍鳳宮、通宵鎮受天宮，彰化縣鹿港鎮舊祖宮、新祖宮、田中鎮乾德宮，雲林縣斗六市受天宮、斗南鎮順安宮、西螺鎮廣福宮、福興宮、土庫鎮順天宮，嘉義縣朴子順天宮、東石鄉港口宮、新港鄉奉天宮，臺南縣鹽水鎮護庇宮、後壁鄉泰安宮、白河鎮福安宮、西港鄉慶安宮，屏東縣屏東市慈鳳宮、萬丹萬惠宮、臺東縣臺東市天后宮等，都是歷史悠久，為當地民眾虔誠信奉的廟宇。

---

66 銀同祖廟位於今臺南市市中區，該廟歷史，具見該廟道光 25 年所立「臺郡銀同祖廟碑」。碑文亦收錄於《臺灣南部碑文集成》。
67 同上註。

第三章　季麒光與清初臺灣
媽祖信仰的開創

一、前言

　　以媽祖信仰而論，除了明朝萬曆年間澎湖已有福建漁民進出、居住，而有媽祖廟的建立外，就臺灣本島而言，明政府尚視為化外逋逃之地，明鄭氏統治時期以前不曾見到官私文書有廟宇記載，直至清康熙23年（1684）4月清朝將臺灣納入版圖始在臺灣建立天妃廟，而其代表廟宇則為臺灣府鎮北坊的天妃宮（今臺南市中西區大天后宮）。筆者於民國73年（1984）曾在《臺北文獻直字》第69期發表〈明鄭時代臺灣之媽祖崇祀〉，提出明鄭時代臺灣官方因承襲明朝制度及臺灣地理形勢特別崇祀玄天上帝，並未在臺灣建立媽祖廟為祀神，民間只能個別私祀的論點。[1]

　　1985年北京中華書局為了「慶祝清朝統一臺灣三百周年」，出版一套《臺灣府志三種》[2]，其中臺灣知府蔣毓英修《臺灣府志》為首度公諸於世的史籍，書中卷六〈澎湖天妃廟〉有：「係鄭芝龍建，偽藩更新之，今其靈猶加赫濯焉。」；〈鎮北坊天妃宮〉有：「內庭有御勒龍匾輝煌海澨。」之語。此書一出，學界據以認定明鄭時代臺灣已有祠祀媽祖的說法。[3]

---

[1] 乾隆17年，王必昌，《臺灣縣志》云：「真武廟，在東安坊，祀北極佑聖真君……邑之形勝，有安平鎮、七鯤身為天關，鹿耳門、北線尾為地軸，酷肖龜蛇，鄭氏踞臺，因多建真武廟以為此邦之鎮」。詳細內容請參考拙著，《媽祖信仰研究》，第9章，〈明清時期臺灣地區的媽祖祠祀〉，民國95年（2006），年臺北，秀威資訊。

[2] 《臺灣府志三種》包含：康熙23年蔣毓英的《臺灣府志》、康熙34年高拱乾《臺灣府志》、乾隆29年范咸《續修臺灣府志》，皆以原刊本影印發行。民國73年（1984）11月，陳碧笙校訂後再刊行鉛印校訂本。

[3] 其代表者有二，一為臺灣成功大學石萬壽教授，見氏著，《臺灣的媽祖信仰》，第6章〈康熙以前臺灣媽祖廟的建置〉，民國89年（2000），臺北，臺原出版社印行。一為莆田媽祖研究者蔣維錟，見氏著，《媽祖研究文集》，〈臺灣媽祖信

2004年10月，廈門大學李祖基教授在莆田市舉辦的中華媽祖文化學術研討會發表：〈從季麒光《募修天妃宮疏》看清代地方官員在媽祖信仰傳播中的角色〉，文末結語謂：「自清初靖海侯施琅平臺時因獲媽祖神助而奏請朝廷褒封，一直至後來歷朝的倡建、重修媽祖廟等行為，地方官員在媽祖信仰在臺灣的傳播中扮演了一個重要角色。」[4] 會後李教授將其所引用季麒光遺稿分為：《蓉洲詩稿選輯》、《蓉洲文稿選輯》，加上《東寧政事集》標點註釋後合為一冊，取名《蓉洲詩文稿選輯》[5]，於2006年1月由香港人民出版社出版。

　　季麒光是在康熙23年至24年間任諸羅縣令，參與臺灣接收、稅制及招撫移民等各方面的規劃與運作，其遺稿可忠實反映清朝接收臺灣前後媽祖信仰實況，史料價值不言可喻。《蓉洲詩文稿選輯》反映的是清朝官方在臺營建天妃信仰的實況，可以反證明鄭時代臺灣無天妃信仰，但蔣毓英《臺灣府志》卻有鄭芝龍、鄭成功建、修天妃宮的記載，兩者矛盾，本文以《蓉洲詩文稿選輯》為基礎論述季麒光與臺灣府天妃宮的關係，再考析蔣毓英《臺灣府志》的版本及所載天妃廟內容真實性，二書互證以澄清清初臺灣媽祖信仰真相。

《臺灣府志》三種

　　仰起源新探〉、〈臺南大天后宮御區考識〉，民國 95 年（2006）6 月，福州市海風出版社出版。
[4]　見中華媽祖交流協會《中華媽祖文化學術研討會論文稿》，頁 130。本文於 2005 年易名為：「季麒光與清初臺灣媽祖信仰」於廈門大學《臺灣研究》第 4 期刊登。
[5]　季麒光，《蓉洲詩文稿選輯》、《東寧政事集》，李祖基標點校注，民 95 年 1 月（2006），香港人民出版社。

二、明鄭時代臺灣未見天妃廟

　　鄭成功在明永曆16年（1661）率水師進入臺灣，檢視明鄭文獻及清初臺灣方志、史料，發現鄭成功奉祀的水神是明朝政府奉為守護神的北極真武玄天上帝。[6]此神也是自宋代以降泉州人一直崇祀的水神。明鄭軍隊核心成員為隆武帝朱聿鍵的追隨者：鄭芝龍、鄭成功的泉州府南安、晉江、惠安、同安（含金門、廈門）籍鄉親，另有一支原先追隨福王、魯王的莆田籍官兵轉追隨隆武帝者，如兵部侍郎唐顯悅。泉州籍水手信仰玄天上帝，但莆田水師則以媽祖天妃為司命，這種信仰認同的問題，莆田籍水師將領萬正色卻藉以勸降隨鄭經返閩參加三藩之役的同鄉水師副總督朱天貴在康熙19年（1680）率所部水師官兵降清。[7]康熙20年（1681）鄭經去世，清廷命施琅統帥朱天貴等降清水師進攻臺灣，施琅大力宣傳媽祖庇佑清軍及託夢告知可取得澎湖的傳說以鼓舞士氣，最後逼鄭克塽於康熙22年（1683）8月投降。

　　清朝原擬放棄臺灣，朱天貴帶領莆田籍水師官兵降清，讓清朝擁有與臺灣抗衡的海上實力，鄭經去世，加上臺灣內部發生繼承權力鬥爭，鄭克塽弒兄造成的分裂，天時、地利、人和加上運用宗教宣傳，讓清朝統一臺灣。此一戰局逆轉的關鍵，都由莆田籍將士造成。鄭克塽降清後，施琅重修湄洲天妃宮，親撰〈師泉記〉立碑於平海天妃宮，又奏請朝廷誥封天妃，遣官赴湄洲修建廟宇致祭。事後施琅將其攻臺前、後奏摺、疏文、文稿刊刻為《靖海紀》。《靖海紀》僅載施琅在莆田平海天妃宮、湄洲有祭拜天妃之記錄，進入澎湖、臺灣後，也見其祭土地山川、水神文，未曾有至天妃廟，或致祭天妃記錄，臺灣府的天妃宮更是施琅在清朝將臺灣收入版圖後協同攻臺水師將領捐款創建。康熙23年以後歷朝所修《福建通志》、《臺灣府志》、《臺灣縣志》等均未見明鄭時代澎湖、臺灣有天妃宮廟的記載，可知媽祖

---

[6]　參見拙著，《媽祖信仰研究》，民國 95 年（2006），臺北，秀威資訊，頁 359。

[7]　見《天妃顯聖錄》，〈歷朝褒封致祭詔誥〉，康熙 19 年（1680）神助萬將軍克敵廈門，奏上，欽差禮部員外郎辛保等賫香帛詔誥加封致祭條及拙作，《媽祖信仰研究》，頁 159。

信仰是清朝傳入的信仰。

三、季麒光的臺灣仕履

　　康熙23年4月清朝將臺灣納入版圖，設一府、三縣，除了遣降王入京，安輯投降官兵至河南、山東、山西各省墾荒外，對內須安撫生民，建立制度，百廢待舉。季麒光字聖昭，江蘇無錫人，順治17年（1660）舉人，康熙15年（1676）進士，曾任內閣中書、福建省閩清縣令。康熙23年自請來臺任職，6月奉派為臺灣府諸羅縣縣令，11月抵臺。

　　《諸羅縣志》〈秩官志〉載有季麒光事蹟，云：

> 　　季麒光，無錫人，康熙丙辰（十五年，1676）進士，二十
> 三年，知縣事。時縣治初設，人未向學，麒光至，首課儒童，
> 拔尤者而禮之，親為辨難，士被其容光者如坐春風。博涉群
> 書，為詩文清麗整贍，工臨池。在任踰年，首創臺灣郡志，綜
> 其山川、風物、戶口、土田、阨塞，未及終編，以憂去。三十
> 五年，副使高拱乾因其稿纂而成之。人知臺郡志自拱乾始，而
> 不知始於麒光也。[8]

　　季麒光任諸羅縣令1年多，其政績，包含：推動學校教育，優禮文人，編修郡志稿等事。《諸羅縣志》成書於康熙56年（1717），距季氏去職已20年。新刊《蓉洲詩文稿選輯》及《東寧政事集》是康熙33年（1694）季麒光任華陽縣令時刊行，透過此書，可知季麒光生於明崇禎6年（1633），清順治17年（1660）中舉，任內閣中書，康熙15年（1676）進士及第，改授福建閩清縣令，23年請調臺灣，任諸羅縣令時已50歲。[9]。

　　康熙23年季麒光任福建閩清縣令，11月赴臺前親至福州怡山禪院參謁祭拜天妃媽祖，留下五言律詩「怡山禪院謁海神天妃次壁間汪舟

---

[8]　《諸羅縣志》，卷三〈秩官志列傳〉。
[9]　參見邵欽衡，〈送蓉翁季明府渡海序〉；季麒光，《蓉洲文稿選輯》，頁 77-79。

次韻」二首：

> 廟祀尊何代，神功盡佛心，自天施慧力，環海誦慈音。
> 細雨潮聲靜，雲高山色深，不堪憑遠眺，鄉思隔千林。
> 渡海君恩重，空囊矢素心，宦情甘藥味，民俗問鮫音。
> 身以多艱老，才從歷試深，今朝輕發處，歸計憶梅林。[10]

　　怡山院創於南北朝時期，原名長慶寺，為華嚴宗寺院，祀觀音，兼祀天妃媽祖，康熙22年汪楫、林麟焻奉派出使琉球，開船前即奉御香往怡山院祭海神天妃，返國後並以：「為聖德與神庥等事」，奏請春秋二祭。[11]

　　諸羅縣治設於諸羅山社（今嘉義市區），尚無衙署，季麒光抵臺後遂暫借府城新建的天妃宮辦公，至次年臺灣府署整修成始移出。據沈光文的回憶，云：

> 甲子，先生從梅溪令簡調諸羅。仲冬八日，舟入鹿耳門，風濤大作，不克登岸，遣人假館於天妃宮。時余寄宿僧房。……第二日，先生就館後，即往謁上憲。至晚，抵神宮，余投刺，先生即過我，恂恂弭弭，絕無長吏氣，依然名士風流也！……夫以新開之邑，諸事俱費經營，先生往來籌畫，日無停晷。越明年，先生移署郡中，余亦卜居於外，交益親而情益摯。[12]

　　借用天妃宮及其後為天妃宮籌建房舍的因緣，季麒光在建築落成時也留下〈題天妃宮〉絕句見證盛況，云：

> 補天五色漫稱祥，誰向岐陽祝辦香，
> 幾見平成踰大海，自知感應遍重洋。

---

[10] 見季麒光，《蓉洲詩文稿選輯》，卷三，五言律詩，頁24。
[11] 見《天妃顯聖錄》，歷朝齋封致祭詔誥，〈琉球正使江、林等題〉。
[12] 見沈光文，〈題梁溪季蓉洲先生海外詩文序〉；季麒光，《蓉洲文稿選輯》頁2。

遐方俎豆尊靈遠，聖代絲綸禮數莊，
是處歌恩欣此日，風聲潮影共趨蹌。[13]

首段借詩人元好問的《岐陽三首》表達清軍攻臺戰爭帶給生靈塗炭的無奈，也讚歎天妃庇佑讓清軍平安渡海建功。

季麒光在諸羅縣設立養濟院收容孤苦，又以私財為天妃宮置僧田，有諸多善行，但卻看到施琅等將領以墾荒為名蔭佔田園，蔭丁不服力役的現象，他不僅以公文書向上級舉報，更上書施琅請求自制。[14]季麒光不遵守潛規則，其同僚關係並不佳。康熙24年底，季麒光丁憂，依例停職返鄉奔喪，但他被留任至康熙25年（1686）繼任者樊維屏履任；又因其在閩清縣令任內錢糧徵收問題被查，至康熙26年（1687）5月始得搭船離臺。離臺時，沒有官場送行的風光，有的是獨行的寞落。〈將發東寧自紀〉即其寫照：

書生原不善為官，政拙催科敢告難，
疎懶復教成倔強，三年蹤跡悮儒冠。
經營瘴癘未稱賢，況復栖遲又一年，
整日向人曾乞米，臨行重索買船錢。[15]

其友林涵春〈季蓉洲先生詩文序〉更謂：「傳先生自臺灣歸，舟沈幾沒。余向遭讐，亦幾死，景況淒淇所遇同。」[16]雖未指出季麒光被何人讐視，但當時進出臺灣例須由福建水師提督衙門派船接送，按圖索驥即可得其概略。

---

[13] 見高拱乾，《臺灣府志》，卷十〈藝文志〉，詩；季麒光，〈題天妃宮〉，此詩《蓉洲詩稿選輯》未收。
[14] 參見季麒光，《東寧政事集》，〈上將軍施侯書〉。康熙23年清朝將臺灣列為九邊重鎮，禁止外來移民，全臺有 12,727 戶，丁口 16,820 口，課稅田園合計僅 4,843 甲。但次年（1684），報新墾田園即有 1,600 餘甲，課稅田園暴增三分之一，人平均負擔即減輕，可見季麒光的努力有了具體成果。
[15] 參見季麒光，《蓉洲詩稿選輯》，七言絕句，〈將發東寧自紀〉，頁 59。
[16] 參見林涵春，〈季蓉洲先生詩文序〉；季麒光，《蓉洲文稿選輯》，頁 76。

四、季麒光與臺灣府天妃宮

從蔣毓英《臺灣府志》記載鄭氏三代創、修澎湖東衛天妃宮及康熙賜匾府城天妃廟來看，天妃似是臺灣官民的主要信仰，但從先前刊印清朝所修各版有關福建、臺灣地方志，不僅看不到任何明鄭時代有媽祖廟的記載，從季麒光到臺灣後的舉措及《蓉洲詩文稿選輯》內容來看，當時臺灣人對媽祖相關神祇頗為陌生，天妃媽祖應不是明鄭時代官方信仰的主流。

（一）府城天妃廟的創建與募修

府城天妃廟[17]是清朝官方在臺灣建立的第一座廟宇，也是臺灣媽祖信仰的主要代表廟宇，據高拱乾《臺灣府志》云：「在府治鎮北坊赤嵌城南，康熙二十三年臺灣底定，神有效靈，靖海將軍侯施琅同諸鎮捐俸鼎建。棟宇尤為壯麗，後有禪室，付住持僧奉祀。」

所述天妃宮位於赤嵌城南。赤嵌城是荷蘭東印度公司時期治理民事的衙門普羅民遮城，鄭成功入臺後改為承天府署所在。鄭經嗣位後在附近重新規劃四個街坊—鎮北、寧南、東安、西定，為行政及商業區，是明、清二代臺灣最繁榮的區域，寧靖王朱術桂府邸及管理明朝宗室的宗人府即設於此。

明亡後唐王朱聿鍵在福州即位，改元隆武，即位後賜鄭森國姓，易名成功，封忠孝伯，授招討大將軍印，賜尚方寶劍，得募兵建立軍隊，而以寧靖王為監軍使，故寧靖王為居臺明朝宗室職位最高者，寧靖王邸與明朝宗人府衙比鄰，是明鄭時代臺灣具有政治象徵性的建築。鄭克塽確定降清後，因「明朝」衍生出來的皇族身分及先皇授予的職務完全失去意義，朱術桂與五妃不願偷生，將宅邸捨為僧寺後自殺。施琅入臺後為感謝天妃助戰陰功，且臺灣無天妃廟，遂會同諸鎮官兵捐俸，將之改建為天妃宮。

---

[17] 今臺南市永福路 2 段 227 巷 18 號，臺南大天后宮。

（二）季麒光借府城天妃宮辦公

　　季麒光來臺履任時因無衙署可用，而先借用位於臺灣府署旁的天妃宮為辦公處所，此因鄭成功帶領入臺的群眾以軍隊為主力，雖設立承天府及天興、萬年二縣理民事，但畢竟整個臺灣人口結構以軍人、宗室、官員眷屬為主，原住民則設南、北及澎湖三個安撫司管理，為管理上的方便，鄭經嗣位後易縣為州，州的官員由承天府人員兼任，其中萬年州治設於水師出入方便的左營，[18]天興州治雖設於佳里興，但未見築城。清朝設立臺灣府後，將原天興州改為諸羅縣，縣治移往稍北的諸羅山社，因衙署尚未建構，故先借府署旁的天妃宮為衙署。因借用天妃宮，讓季麒光結識了天妃宮住持僧寄漚及浙江籍明鄭遺老沈光文。

（三）季麒光募修天妃宮

　　原為寧靖王邸，由福建水師提督施琅及諸鎮將領捐款，陸師提督吳英督辦施工，工程約略始於康熙23年4月臺灣納入版圖，竣工於康熙24年1月臺民立碑頌德時。[19]季麒光於康熙23年11月抵臺借住天妃宮時，天妃宮的建築大體雖已完成，但其屋宇規制與福建湄洲天妃宮的有正殿、寢宮、香積厨、僧舍等相較，其實尚有欠缺，季麒光看在眼裡，就以縣令之尊協助住僧寄漚發起募捐，捐建項目包含：戲樓前山門一座，擴建戲樓，正殿二側各建廊舍三間；募款對象則以來臺任官人員、長者及從事兩岸商販貿易、捕魚者。季麒光撰〈募修天妃宮疏〉，云：

> 　　東寧天妃宮者，經始于寧靖王之捨宅，而觀成於吳總戎之鳩工也。天妃泉湄神女，生有奇徵，長多靈異，迄今遂為海神，其功德及人，則又在泰山陳州之上，直與普陀大士同其濟渡。蓋海天巨浸，森森湯湯，生死安危，關於俄頃，非若擊江中之楫，揚湖上之帆者所可同語。若夫雲迷大壑，日落荒洋，

---

[18]　今高雄市左營區，舊城遺址尚存。
[19]　該廟現存施琅頌德碑落款於康熙 24 年 1 月。

月黑星黃，渺不知其所之，一針失向，即為歧路。從來估商販舶走死趨利，以其身深試波濤，然往來無恐，雖曰人為，實由神護。故每當潛蛟嘯風，驕鯨鼓浪之時，輒呼天妃神號，無不聲聞感應，怒潮為柔，所不魚鱉吾人者，神之功也。

環海內外建立祠廟，皆敬神如天，而親神如母，蓋以慈悲之願力，運廣大之神通，無禱不應也。夫神以血肉佛心，救人世險風駭浪之艱，即當以土木佛神，享人世金碧丹檀之奉。住僧寄漚以臨濟橫支，發大弘願力，欲就宮旁餘地，作左右廊舍三間，位置僧寮，前樹山門一層，廓戲樓舊址而大之。庶幾有門有殿，有廊廡，有維摩室，有香積廚，神所憑依，神其饗之矣。獨是工匠之資、木石之費，斷非彼小乘人能作大因緣事，因授簡于余，申言倡導。

凡在東寧宰官長者，皆由渡海而來，必思渡海而去，各隨分力，以裏盛事。下至商販沽漁，凡往來資息于重洋巨浪之中者，各發歡喜心，共助勝因。夫神之赫赫不可盡者，固不繫於宮之大小，蓋人之嚮往崇奉之不足者，非廟祀之輝煌無以致其敬也，神之恩固足以感人，況瞻拜而如親炙之者歟！寄漚勉乎哉！願力既堅，機緣自興，飛樓湧閣，故當一彈指頃移兜率于人世矣！[20]

　　東寧天妃宮第一階段的營建是由施琅等武職官捐建，由莆田籍總兵吳英鳩工落成。此次季麒光募捐對象則以文職官及從事兩岸貿易、漁業者為對象，這些人大都為泉州籍，故季麒光將天妃說是泉州湄洲神女，讓泉州人產生認同。季麒光訴求的重點放在天妃能在海天巨浸指路、救護沽商販舶，故寰海內外皆建廟敬神，期望所有渡海而來者各隨分力以裏盛事。文末提及住持僧寄漚，出身臨濟宗分支，小僧侶無法成就大事業，但仍以「願力既堅，機緣自興，飛樓湧閣，故當一彈指頃移兜率于人世矣」來勉勵之。

　　季麒光〈募修天妃宮疏〉行文對象是以受天妃庇佑渡海來臺文

---

[20] 季麒光，《蓉洲文稿選輯》，頁 127-128。

官及商人為主，雖有人響應，但捐款數目與全部工程所需經費尚有差距，故季麒光再次撰文勸捐。

（四）季麒光募修天妃宮戲臺

季麒光〈募修天妃宮疏〉是以大陸來臺文職官及從事兩岸貿易、漁業者為對象，並未及於臺灣居民，而天妃宮新建工程中的戲臺，除娛神外，同時可提供居民休閒娛樂之用，原有戲臺雖營建未久，但以制度狹小且為海風潮雨所摧剝傾斜，故季麒光再以此為主旨撰文鼓勵官民樂捐擴建。其文題〈募修天妃宮戲臺小引〉，文云：

> 嘗論人之生死，自疾病而外，莫甚於水火，蓋雷霆狼虎，百不一遭，而刀兵饑饉，則毒霧殭坑，黃烟血路，為二子沉淪大劫，非人所及料，亦非人所及避。獨於水火，往往患之，然火猛烈，人知遠焉，即祖龍一炬，昆岡灰燼，而燎原之焰起於星火，未聞有抱而就焚者。若夫水，則茫茫萬頃，水也，涓涓一勺，亦水也，一經沉溺，貴賤賢愚同歸魚鱉，可不畏哉！況大海汪洋，萬里一黑，蛟龍蜃虺之所窟宅，風颶波濤不可測度，亦無所趨避，非恃天妃之護持拯濟，何以使士大夫之乘軒露冕者來焉去焉？行旅商賈之腰纏捆載者，往焉復焉？則舟航之內依恃天妃者，如嬰兒之依恃慈母也。考河神自謝、王、張將軍而下，有蕭、柳三十六部而統之于天妃海神，自順應、孚應、廣順、惠順海神而外，又有靈應、昭應、嘉應三龍王及天吳、海若諸神，而亦統之於天妃。豈非以駭浪驚波之上，必藉慈悲感應，具有鞠育之誠如天妃者，始隨在而普度也哉！人既食神之德，無以報神之恩，雖瓣香明燭，亦足以將誠敬而求神之愉悅。
>
> 《詩》曰：神之聽之，終和且平，《周禮》大司樂，分樂而用之，以祭、以祀、以饗，乃歌函鐘、舞大夏以祭山川，而後神祇皆降，可得而禮焉。則是梨園雜部，固非雲門空桑之奏，所以娛神聽而邀福利者，未嘗不在乎此也。天妃宮舊有戲樓，營建未久，為海風潮雨所摧剝，漸見傾欹，且制度狹小，

不足以肅觀瞻。今欲廓而大之，以隆崇祀，以彰愛敬，俾遏雲裂石之歌、摩天貼地之舞，與馨香黍稷同進，而薦神之歆也，當亦天妃之所鑒佑者矣。伏願無論宰官，無論善信，凡生全覆被于天妃神者，財施、力施，各隨分願，則一粟一銖、一工一匠，皆為歡喜因緣，將平波迅渡，緩浪輕馳。受神之陰扶默佑者，視以銖兩，而獲百千，其歡欣禱祝為何如耶？偈曰：何妨暗裏捨燈油，莫待急來偎佛腳。吾請持此以勸募焉。[21]

　　全文內容還是以天妃為海上救護福神為訴求，請往返臺海、以水神為司命者樂捐外，並將勸募對象擴及於升斗小民，提出：財施、力施各隨分願，一粟一銖、一工一匠皆為歡喜因緣的呼籲，以期集腋成裘。這篇文章卻也顯露季麒光所知的天妃陪祀神與福建莆田的流傳說法略有不同。季麒光謂：

　　　　考河神自謝、王、張將軍而下，有蕭、柳三十六部；而統之于天妃海神，自順應、孚應、廣順、惠順海神而外，又有靈應、昭應、嘉應三龍王及天吳、海若諸神，而亦統之於天妃。

　　孚應、廣順、惠順三海神及靈應、昭應、嘉應三龍王俱見於南宋吳自牧的《夢粱錄》，卷十四〈祭祀〉，但同卷，〈外郡行祠〉，〈順濟聖妃廟〉條則記載天妃，云：

　　　　在艮山門外，又行祠在城南蕭公橋及候潮門外瓶場河下市舶司側。按廟記，妃姓林，莆田人氏，素著靈異，立祠莆之聖堆。宣和賜廟額，累加夫人美號，後封妃，加號曰靈惠協應嘉順善慶聖妃。妃之靈著，多於海洋之中，佑護船舶，其功甚大，民之疾苦，悉賴。[22]

---

21 季麒光，《蓉洲文稿選輯》，頁 129-130。
22 吳自牧，《夢粱錄》，卷十四〈祭祀〉，〈外郡行祠〉，民國 70 年，臺北，文海出版社。《夢粱錄》所載以南宋首都臨安府（今杭州市）為主。

此條並未將孚應、廣順、惠順諸神及靈應、昭應、嘉應三龍王列為天妃佐神。季麒光家鄉江蘇吳縣沿海因福建商舶往來頻繁,已建有數座天妃廟,發展出自己的禮懺儀式及天妃陪祀佐神。

(五)季麒光弘揚天妃及佛教信仰

府城天妃宮由寧靖王府改建為天妃宮,首期營建經費由施琅及攻臺將領等軍職人員捐獻,季麒光倡募的第二期擴建工程捐款者則以來臺任職文官及海商、漁戶為主。季麒光為了維護、鞏固媽祖信仰在臺灣繼續發展,進一步為天妃宮設置僧田以其收入維繫媽祖信仰,自撰〈天妃宮僧田小引〉[23],始說出佛教未在臺灣流行,臺人不知僧伽為何物的感慨。文云:

> 支硎大師有言:「佛法壽命,惟在常住,常住不存,我法安寄?」此言供佛供僧,必恃布施因緣也。臺灣海外番島,原非如來眷屬,鄭氏以來,逋逃僭竊之餘,淫殺難除,貪嗔易種,家無結蔓之文,地無灌頂之侶,不知教典為何物,而僧伽為何人也!值茲中外蕩平,光天日月,將令象罤鷄彝咸歸佛土,蜑樓蛟市共暢皇風,則欲明心地之心,須早證法王之法。
>
> 天妃一宮,前祀海神聖母,後奉觀音大士,皆以慈航普渡,故爾供養法應平等。住僧寄漚梵修祗侍,晨昏讚頌,氣氳煙篆,歷落鐘魚,庶使狹業淵藪,發深省於朝歌,迴慈腸于夜夢,風旱以消,刀兵可禳,誠為廣大願力。但香積常空,緇衣莫續,則香火誰資?弟子麒光,以招墾荒園二十七甲,永為常住執持之業。
>
> 在弟子焦茅鈍根,少於《首楞》[24]曾有宿緣,愧異地浮蹤,身為窮子,財施法施,一切無有,惟從楮墨倡導四眾。寄漚勉之!願力既堅,機緣自來,當有智覺善人乘願護持,為大導師,弘開佛境。自此東土劫波即為西方樂國。豈慮黃頭外道、

---

23 季麒光,《蓉洲文稿選輯》,頁 130-131。
24 《首楞》全名為《大佛頂如來密因修證了義諸菩薩萬行首楞嚴經》,為密宗及華嚴、天臺二宗主要經典。

青眼邪師[25]與我佛爭此布金片地者哉！是用書之，以傳於後。

　　文章開始即引述東晉高僧支道林[26]（314-366）語錄，明言佛教佛法能否流傳的關鍵在寺院與僧人，如果沒有寺院與僧人佛法就無依託空間，寺院與僧人能存在則賴善信布施，而此前至明鄭時代臺灣並無佛教因子，既無傳法僧侶，也無信佛之家，居民甚至連「僧伽」是什麼都不知道。[27]現在天下一統，臺灣也應隨滿清皇朝之風氣改宗佛法。

　　第二段接著說明府城天妃宮前祀天妃，後奉觀音大士，二神都以慈航普渡眾生，應同樣平等受眾生供養。住持僧寄漚是願力廣大虔誠的出家人，早晚禮讚、虔祀二神，祈求風旱消、兵災禳，卻苦於天妃宮香火不旺致衣、食不濟。季麒光遂以自有招墾荒園27甲捐為天妃宮僧田。當時府城天妃宮建築構造有前、後二殿，這種天妃居前，大士在後的布局是臺灣天妃廟的標準格局，北港朝天宮、宜蘭昭應宮及許多清建廟宇尚維持此格局。[28]

　　最後季麒光自述少即與佛教結緣，故倡導四眾護持，弘開佛境，讓臺灣成為西方樂土，也不必擔憂外道邪師來與佛教爭此空間。季麒光雖未明指外道邪師是指何教何人，然明鄭時期臺灣祀神以玄天上帝為最尊神，以道教為主要宗教，所指外道邪師不言可喻，也可反映當時民間有股可能反撲力量。

五、蔣毓英《臺灣府志》

　　如果臺灣府天妃宮的營建可以當臺灣媽祖信仰年代的指標，則季麒光《蓉洲詩文稿選輯》可以印證媽祖信仰是由攻臺將領施琅、吳

---

[25] 黃髮外道一語出自《大佛頂如來密因修證了義諸菩薩萬行首楞嚴經》，對非佛教教派，佛家統稱為「外道」。娑毗迦羅是外道中的一種，善幻術，能用神語符咒，移日月墜地。其祖師頭髮黃如金色，因此又稱「黃髮外道」。

[26] 支道林（314-366），東晉高僧，俗姓關，從師姓改姓支，於吳地開創支硎山道場。

[27] 「僧伽」狹義解，指唐朝中宗的國師證聖大師僧伽，廣義解則指佛教僧侶，此語反映臺人對佛教十分陌生。

[28] 今臺南市大天后宮建築及祀神已經不是這種格局。

英等人引進來的；如果臺灣府天妃宮的捐款者可以代表媽祖信徒的結構，則當時臺灣媽祖的信徒主要是攻臺將士、文武職官及來臺營利的海商、漁戶，可見當時臺灣住民很少人是媽祖信仰者。事實上，康熙23年金鋐修的《福建通志》早就透露臺灣人的主要信仰是以二王為代表的代天巡狩神王爺。[29]而誘導此一轉變的主要因素是1985年出版的蔣毓英《臺灣府志》，因此這本書的真偽與所載內容就需探討。

（一）蔣毓英《臺灣府志》的出版

1985年5月，中國為紀念「清政府統一臺灣三百週年」，由北京中華書局影印蔣毓英的《臺灣府志》、高拱乾《臺灣府志》、范咸《續修臺灣府志》三書刊行，合稱《臺灣府志三種》。高拱乾《臺灣府志》、范咸《續修臺灣府志》二書早在1960年代即由臺灣銀行經濟研究室排版印行，並無新意，僅蔣毓英《臺灣府志》為首度見世新刊古籍，遂引起學界重視。書首有一篇中華人民共和國外交部副部長何方[30]撰的序文，謂：

《臺灣府志》三種何方序文

29　參見蔡相煇，《臺灣的王爺與媽祖》，民國 78 年，臺北，臺原出版社。
30　何方，陝西臨潼人，1922 年生。中國著名外交、黨史與國際問題學者。1980 年籌辦中國社科院日本所並出任所長八年。1988 至 1995 年任國務院國際問題研究中心副總幹事，第七、八屆全國政協委員。曾任中蘇（俄）友好協會副會長等職。

自一九四九年以後，臺灣又出現割據局面，處於同大陸暫時隔絕的狀態……竟也聽到一些有關「臺灣獨立」的議論，提出什麼「臺灣不是中國領土」「臺灣人不是中國人」等說法。……主張「臺灣獨立」並為此而活動。

《臺灣府志三種》的影印出版，……不僅為研究臺灣歷史提供了珍貴資料，也是對統一祖國大業的貢獻。

出版一套書就能對統一祖國作出貢獻，其中有何玄機令人好奇。書末「出版題記」，有如下記述：

蔣毓英，字集公，康熙二十三年至二十七年任臺灣首任知府，適逢清廷詔令全國纂修方志，遂尤其主持，偕同諸羅縣令季麒光、鳳山縣令楊芳聲纂成《臺灣府志》稿，但未付梓。後由蔣氏私人刻印，刊行時間當在康熙三十年以後。

《蔣志》長期不為世人所知，或因其係家刻本，印數無多所致。存世者僅知上海圖書館有一本（海內外迄未見公私著錄）。《蔣志》共十卷二十五目，其中「險隘」有目無文，是志所載清初臺灣人口、田賦、人物等，多為後志所未著錄者，彌足珍貴。

《蔣志》被說成如此珍貴，又是影印出版，筆者把玩再三，卻發現與另外二種《臺灣府志》有如下差異：全書未見上海圖書館的藏書章或任何公、私單位或個人典藏印記；全書從頭到尾無任何蠹蛀、磨損或殘頁的痕蹟；無古代刷版印書留下的刷痕或抽換欄線的墨痕，完全不像歷經三百年風霜的木刻本古書。這種現象為善本書所僅見，筆者在好奇心驅使下，去查閱1985年北京中華書局出版《中國地方志綜錄》，果然查到蔣毓英《臺灣府志》收藏在上海圖書館，看起來似無瑕疵，但進一步研究卻發現問題重重。

《中國地方志綜錄》是中日戰爭前夕編成的名著，編者為燕京大學圖書館朱士嘉先生，民國22年由上海商務印書館印行。該書將中國全國主要研究單位：中國科學院各研究所、故宮博物院，北京大學

等7所大學，北京、上海等各省重要圖書館共22單位及日本內閣、天一閣等著名學術單位典藏之中國方志，以省為單位，依出版年代排列，標明該方志現存卷數、典藏單位。因其內容完備，可防阻日軍佔領中國後侵佔這些善本國寶，出版後轟動全國。民國34年臺灣光復，1958年朱士嘉又將該書增補，臺灣省仍列為一個省級收藏單元，但並未編入原臺灣總督府圖書館（今國立中央圖書館臺灣分館）的典藏方志。[31]

　　1958年版《中國地方志綜錄》，福建省[32]單元下，有康熙23年金鉉的《福建通志》藏於北京、湖北及中國科學院等三圖書館。臺灣省項下有各版臺灣府、縣方志三十種，最早者為康熙35年（1696）高拱乾、靳治揚、王璋的《臺灣府志》[33]，最晚者為1948年許崇灝的《臺灣島》，卻無以季麒光、蔣毓英或楊芳聲三人為纂者的《臺灣府志》。簡言之，民國22年及47年朱士嘉編的二種版本《中國地方志綜錄》均無《蔣志》存在，至1985年該書出版後始上海圖書館收藏目錄加入此書，可以懷疑這本書是當代創作的偽書。

　　近代首位提到蔣毓英與《臺灣府志》的學者是臺灣的方豪教授，1968年方教授在編印《臺灣叢書》時謂：「臺灣入清版圖以後，始有創為方志者，季麒光、蔣毓英、王喜皆曾從事纂輯。」[34]但未提及有具體成書存在。

　　按康熙23年清朝統一中國，為編《大清一統志》通令各省纂修通志，福建巡撫金鋐轉令各府、州纂輯府、州志。府志之編修，府為監督匯整單位，縣才是真正執行單位，當時臺灣府知府為蔣毓英，季麒

---

[31]　《中國地方志綜錄》由任職燕京大學圖書館的朱士嘉編輯，民國22年由上海商務印書館印行。該書將中國全國主要研究單位中國科學院各研究所、故宮博物院、北京大學等七所大學，北京、上海等各省重要圖書館共22單位及日本內閣、天一閣等著名學術單位典藏方志，以省為單位，依方志出版年代排列，標明該方志典藏單位，而臺灣省也列為一個單元，出版後轟動全國，該書民國47年增補重印。朱士嘉去世後，北京中華書局於1984年又刊行增訂版。

[32]　臺灣府早期歸福建省管轄，至光緒13年始脫離福建單獨建省。

[33]　靳治揚、王璋，《臺灣府志》，就是高拱乾《臺灣府志》。該書卷前〈修志姓氏〉列出：纂輯：分巡臺廈道高拱乾；校訂：臺灣府知府靳治揚等九人；分訂：舉人王璋等十五人，而其底稿即季麒光的草稿。朱士嘉取臺灣知府為著作代表人，而非以高拱乾為著作代表人。

[34]　見方豪，《臺灣叢書》，序，民國57年（1968），國防研究院。

光為諸羅縣縣令，季麒光為實際執行單位掛名負責人，其下還有負責采訪史料及初步編修的人員。采訪人員通常由當地出身的舉人或貢生出任。但康熙23年臺灣府尚未設立學校，無舉人或生員可負責采訪；季麒光無人可用，且康熙23、24年間還以諸羅縣令兼辦臺灣、鳳山二縣事，職責所在，《臺灣府志稿》就由他一肩擔任。但尚未完稿，即丁憂離職。

　　《臺灣府志》尚未完稿，但季麒光離職仍需將書稿移交，知府蔣毓英仍需找人整理完篇後始得呈報上級，而貢生王喜可能就是奉命執行者。[35]故方豪所言「季麒光、蔣毓英、王喜皆曾從事纂輯」的府志，應是同一本書，季麒光開創初稿，王喜繼成其事，蔣毓英則為呈報至福建當局者。檢查《福建通志》的〈修志姓氏〉，福州等八府、州均有修志者職務姓名，獨臺灣府無之，原因可能是志稿原作者為季麒光，蔣毓英不願或不敢居功，故留白。季麒光創修《臺灣府志》之事，20餘年後諸羅縣令周鍾瑄纂修《諸羅縣志》始加以披露，表張其功勞。蔣毓英在任時不以纂修《臺灣府志》自居，在離開臺灣知府職位後數年才「私人刻印」[36]是值得存疑的。

　　再從清代方志檢查蔣毓英是否為《臺灣府志》編修及刊行者。康熙34年《臺灣府志》藝文志〈蔣郡守傳〉，云：

　　　　蔣毓英字集公，奉天錦州人。前守泉，泉故用武地也，
　　　　大師雲集，羽檄交馳，公一切措辦游刃有餘。天子廉其狀，賜
　　　　一品服褒嘉之。康熙二十二年臺灣歸命，督撫念海邦重地非公
　　　　不可，會疏薦公移守臺。始至，見其井里蕭條，哀鴻未復，慨
　　　　然曰：是豈不足為政耶！因躬歷郊原，披荊斬棘，界分三縣封
　　　　域，相土定賦，咸則三壤，其役之不急者罷之，土番之雜處者

---

[35] 王喜是康熙27年臺灣府設學後第一位被出貢的貢生。清例，貢生通常是年齡30以上，60以下，屢次參加科舉舉未第的老生員。康熙26年臺灣府始設府學，王喜在次年即被出貢，可知其年齡不小，應是明鄭時代即在東寧府學生員。據康熙年間臺灣、諸羅、鳳山三縣修志之例，都由貢生負責采訪，推估王喜可能是季麒光去職後將《郡志稿》繼續完成的人，

[36] 見何方序。按方志為政府掌握統治地區的重要參考資料，卸任官員不大可能再以私人錢財去刊印，如季麒光創郡志稿，但他後來刊行蓉洲詩、文集，但卻未印行《臺灣府志》。

飭勿擾之，招流亡詢疾苦，時召父老子弟而告之以孝弟焉，又思化民成俗莫先於學，力贊憲副周公詳請開科以興文教。……士民不敢為再三之瀆，立碑紀其績焉。[37]

　　同卷有大學士李光地撰《臺灣郡侯蔣公去思碑》，二篇內容雖皆詳載蔣毓英在臺事蹟，但皆未提及有編府志事。乾隆初范咸修《臺灣府志》，卷三職官則並載蔣毓英、季麒光二人傳記，蔣傳也未提及修志事，然季麒光傳下云：「在任踰年，首創臺灣郡志，綜其山川風物戶口土田阨塞，未及終編以憂去，三十五年副使高拱乾因其稿纂成之。」以蔣毓英官生出身，任官曾受康熙皇帝賜一品服褒嘉，任滿後又由皇帝特旨調升江西觀察使的譽望，如真在康熙30年後以私人資金刊刻府志，當時在臺任官的官員必不會將功勞推給曾經官司纏身的季麒光，甚至還可視為周鍾瑄等官員在為季麒光未被列名《福建通志》纂修名單作平反。

（二）蔣毓英《臺灣府志》天妃史料考

　　蔣毓英《臺灣府志》雖然存疑，但初版刊印時即印4,000套，出版後不久中共即將媽祖定位為「海峽和平女神」，重建湄洲天妃宮對臺灣進行宗教統合平台，故書中所載天妃的內容值得檢視考證其與他版府志異同。茲以其所載：澎湖天妃廟、鎮北坊天妃宮文字與康熙23年金鋐《福建通志》及康熙34年高拱乾、靳治揚以季麒光遺稿為底本纂修的《臺灣府志》比對考證。

1.澎湖天妃宮

　　明萬曆年間政府將澎湖36島納歸福建同安縣管轄，每年3月至9月有水師哨駐防，島上遂有少數居民並在媽宮澳建一小廟祀天妃。天啟年間閩人董應舉致巡撫南居益函，謂：「彭湖港形如葫蘆，上有天妃宮，此沈將軍有容折韋麻郎處也。」[38]當時澎湖公共建築稀少，閩人

37　高拱乾，《臺灣府志》，卷十〈藝文〉，蔣郡守傳。
38　見董應舉，《崇相集選錄》，民國57年臺北，臺灣銀行刊本。韋麻郎為荷蘭東印度公司督辦（General），於萬曆32年（1604）率艦至澎湖，為都司沈有容勸離

稱天妃為娘媽，天妃宮所在地遂被稱為娘媽宮，港澳稱娘媽宮澳。

1622年7月（天啟2年）荷蘭人再度入澎湖，在島上看到一座小堂並有3人看守，日籍學者中村孝志等人認為所指建築應為天妃宮，當時澎湖住民只有不到100人之數。[39]1626年至1662年荷人在臺灣島建立基地，但澎湖仍為其管控，荷人在臺灣傳基督教，並嚴禁異教，澎湖天妃宮是否依然無恙？並無史料可證。

1662年鄭成功將荷人驅離臺、澎，1663年2月荷軍攻澎湖，明鄭守軍敗逃，荷軍焚毀教堂灣的一座中國寺院，學者亦謂該座寺院為天妃宮。[40]天妃宮在此時被毀，[41]至清朝領臺初期娘媽宮地名雖被沿用，但攸關天妃宮的記載要到清朝將臺灣納入版圖後始見記載。

金鋐《福建通志》及蔣毓英、高拱乾二部《臺灣府志》均有澎湖天妃宮的記載。《福建通志》澎湖天妃宮的記載云：「在東西衛澳，澳前有案山，其澳安瀾，可舶百餘艇。」[42]說明廟宇位於東西衛澳及前有案山的地理特徵、可泊百餘船的規模，未及於創建人物或年代。

蔣毓英《臺灣府志》卷六〈附澎湖廟宇〉對澎湖天妃宮的記載云：「天妃宮，在東西衛澳，澳前有案山，其澳安瀾，可泊百餘艘。係鄭芝龍建，偽藩更新之，今其靈猶加赫濯焉。」說明天妃宮廟宇所在地是在東西衛澳，澳有可泊百餘船的規模及廟係鄭芝龍建，偽藩曾更新之。

高拱乾《臺灣府志》澎湖天妃宮的記載，云：「在東西衛二澳間，前有案山，澳中安瀾，可舶百餘艘，神尤赫濯焉。」[43]與金志內容，文意相同，並清楚指出廟宇位於東西衛澳間。

三則記載共同的內容是：澎湖天妃宮宇位於東西衛澳，廟前有案山的地理特徵，澳內可泊百餘船的規模。不同的是蔣志特別提出創

澎湖，今澎湖天后宮尚存「都司沈有容諭退紅毛番韋麻郎等」石碑。
[39] 見余光弘，《開臺澎湖天后宮志》，第2章，澎湖天后宮與媽宮，民國95年，澎湖開臺澎湖天后宮管理委員會，頁52、53。
[40] 同註45，頁53、54。
[41] 村上直次郎著，許賢瑤譯，《荷蘭時代臺灣史論文集》，〈澎湖島上的荷蘭人〉，民國90年，宜蘭縣宜蘭市佛光人文社會學院；曹永和，《臺灣早期歷史研究續集》，〈澎湖之紅毛城與天啟明城〉，民國89年，臺北，聯經。
[42] 金鋐，《福建通志》，卷十一〈祀典，祠廟，臺灣府〉，廟宇。
[43] 高拱乾，《臺灣府志》卷九，外志。

建人是鄭芝龍，及偽藩（鄭成功或鄭經）曾更新之。但我們仍需分析澎湖天妃宮「係鄭芝龍建」的可能性？按鄭芝龍天啟年間（1621-1627）下海為盜時，澎湖人口僅2、300人，多住在白沙鄉龍門村，娘媽宮澳則人煙甚少，且此前已有一座天妃宮，鄭芝龍缺乏在東衛澳建廟的動機。其次，從明朝對澎湖海防重視的態度看，萬曆、天啟年間二度以武力驅逐荷人，也不可能讓海盜盤踞控制，崇禎元年（1628）鄭芝龍受明朝招撫時，澎湖已被荷蘭人控制，鄭芝龍也無法在澎湖建天妃廟。故《蔣府志》「鄭芝龍建，偽藩更新之」一句，雖可彰顯明末澎湖主權一直歸屬中國的象徵，但其證據是不足的。

近年也有學者引據《蔣府志》解釋：東西衛澳的天妃宮就是娘媽宮澳的天妃宮，[44]其實是直得再討論的。《高府志》〈東西衛澳〉云：

> 東西衛澳，在大山嶼之西，其可泊舟者惟東衛澳，西衛則無澳，而名兼之者，地相竝也。[45]

所謂東西衛澳，實際上有澳的是東衛澳，此澳是澎湖最大、最適宜泊船的港澳。娘媽宮澳則為澎湖水師駐地。《高府志》〈娘媽宮澳〉云：

> 在大山嶼之南，秋冬之際北風盛作，可泊戈船二十餘艘，澎之港澳，惟此處最穩，今水師副將駐此。

東西衛澳在大山嶼之西，娘媽宮澳在大山嶼之南，兩者分處大山嶼之西與南，為不同的二座廟宇。清朝在東衛澳建的天妃宮似未受澎湖人的愛戴，此後未成為官方代表廟宇或在官文書中被記載。為了解此廟狀況，筆者於2006年前往東衛訪查，當地還有一座天妃廟，當時正進行改建，以面積僅約60餘平方米的民宅建築安置神像，神像也寥

---

[44] 蔣維錟引用蔣毓英《臺灣府志》內容，誤將東衛澳天妃宮當作娘媽宮澳天妃宮，混合二宮歷史論述。見氏著，《媽祖信仰研究》，〈臺灣媽祖信仰起源新論〉，民國95年，莆田，海風，頁212。

[45] 高拱乾，《臺灣府志》，卷一〈封域〉，澎湖澳。

寥可數，也未見前後有古石碑或龍柱，室內壁上貼一紅紙，謂廟建於雍正年間。請教管理人員，則謂不知該廟來由。

後世所編《澎湖廳志》均謂施琅入澎湖曾入廟拜天妃，仿彿康熙22年澎湖已有天妃廟，其實這是雍正年間澎湖通判周于仁引發的誤導。因澎湖秋冬北風盛作，娘媽宮澳背風是最穩的港澳，故清朝水陸師多駐紮於此。周于仁云：「關帝廟、天后宮、真武廟、水仙宮，俱在協營」[46]，可知娘媽宮澳當時是清軍各營聚集之地，廟宇群聚。雍正11年（1733）清政府通令：「各省省城舊有天后祠宇，皆一體致祭，未有祠宇者，以所屬府州縣原建天后祠宇，擇規模宏敞者春秋致祭。」按理，周于仁應以東衛澳天妃宮為春秋致祭廟宇，但他卻請准上憲，改以娘媽宮澳天妃廟為祭所，所需祭祀開銷由澎湖廳稅收支應，云：「雍正十二年余請於上憲，與關帝廟春秋祭祀俱取之正供。」[47]次年並應澎湖左營遊擊柳圓之請與澎湖水師副將顧元亮各捐俸銀十二兩置店屋收租供天妃宮香火。[48]乾隆15年（1750）天后宮磚瓦坍塌，澎湖通判何器與澎湖水師副將邱有章發起重建為二進式建築，[49]媽宮天后宮逐漸成為澎湖廳文武官共同祭祀的官廟。

周于仁以媽宮澳天妃廟為祭典廟宇，並將施琅攻打臺灣前後在平海、莆田及藍廷珍入臺平定朱一貴事件發生的天妃神蹟糾合移植至澎湖娘媽宮，誤導了後人對澎湖何時有天妃宮的認知。周于仁《澎澎志略》對媽宮天后宮有如下按語，云：

> 天后即媽祖，康熙二十二年六月靖海侯施琅奉命征鄭克塽，取澎湖，入廟拜，見神衣半濕，始知實默佑之。又師苦無水，琅禱於神，井湧甘泉，數萬師汲之不竭，今其井尚存，名曰大井。及行，恍見神兵導引，至鹿耳門，水漲數倍，戰艦得逕入，賊驚奔潰。琅上其事，奉詔加封天后。

---

[46] 周于仁撰，胡格增補，《澎澎志略》，〈宮廟〉。
[47] 周于仁、胡格，同上註。
[48] 余光弘，《開臺澎湖天后宮志》，第9章，捐助天后宮香燈碑記，頁254-255。
[49] 余光弘，《開臺澎湖天后宮志》，第9章，媽宮諸宮廟同時興修碑記，頁255-256。

比對康熙23年施琅「為神靈顯助破逆請皇恩崇加勅封事」，摺：「臣在澎湖破敵，而平海之人俱見天妃神像是日衣袍透濕」、「師次平海澳，……有天妃廟，緣遷界圮毀……廟左有一井，……臣遣人淘浚，泉忽大湧，晝夜用汲不竭，供四萬眾裕如也。……臣乃立石井旁，額之曰師泉。」及雍正4年藍廷珍奏摺「為神功顯著仰懇睿鑒特加恩褒事」：「六月十六日臣等督師攻進鹿耳門，克復安平，正及退潮之際，海水加漲六尺……各舟師……群擠直入。」[50]即可看出周于仁把康熙22年發生在莆田平海衛及康熙60年藍廷珍攻打鹿耳門所發生的傳說都置入澎湖一地，並把「師泉井」張冠李戴為「大井」。這個誤導，後代官員繼續沿襲，乾隆33年（1766）胡建偉纂的《澎澎紀略》，道光12年（1832）蔣鏞的《澎澎續編》及光緒年間林豪的《澎澎廳志》全都沿用，[51]今天媽宮澳天后宮也以「開臺澎湖天后宮」自稱，其實是有許多轉折的。

2.臺灣府天妃宮

臺灣府天妃宮是清朝官員在臺所建第一座廟，金鋐《福建通志》云：「在府治鎮北坊赤嵌城南，康熙二十三年臺灣底定，靖海侯施琅以神有效順功倡建。」

《高府志》云：「在府治鎮北坊赤嵌城南，康熙二十三年臺灣底定，神有效靈，靖海將軍侯施琅同諸鎮捐俸鼎建。棟宇尤為壯麗，後有禪室，付住持僧奉祀。」

《蔣府志》云：「在府治鎮北坊赤嵌城南，康熙二十三年臺灣底定，將軍侯施同諸鎮以神有效順功，各捐俸鼎建。廟址即寧靖王故宅也，內庭有御勅龍匾輝煌海澨。」[52]三志所載廟宇地點、創建年份、創建原因俱同，僅《蔣府志》增加「廟址即寧靖王故宅也，內庭有御勅龍匾輝煌海澨。」等字。

《蔣府志》「廟址即寧靖王故宅」的說法，季麒光《蓉洲詩文

---

[50] 見《天妃顯聖錄》〈歷朝褒封致祭詔誥〉。
[51] 林豪，《澎澎廳志》，卷二規制，祠廟，天后宮。
[52] 澎湖天妃廟，明萬曆年間已見著錄，蔣毓英《臺灣府志》謂係鄭芝龍建，也與史實不符。

稿》及康熙《臺灣縣志》皆可印證，但「內庭有御勅龍匾輝煌海澨」一語，則未見《福建通志》、《靖海紀》及各種公、私文書記載，尤其季麒光曾借用天妃宮為行館長達半年，也推動天妃宮後續擴建工程，也撰有歌頌天妃宮的詩，但於「御勅龍匾」之事隻字未提。

皇帝賜匾額給天妃廟早有其例，如北宋宣和5年賜「順濟」廟額，清代亦有之，康熙60年（1721）朱一貴在臺灣稱王建號，事定後康熙去世，雍正4年（1726）福建水師提督藍廷珍以天妃助順題請皇帝賜匾。7月禮部將御書「神昭海表」四字匾式，交福建提塘送往水師提督敬謹製造懸掛於湄洲、廈門、臺灣三處天妃神祠。臺灣方面由總兵官林亮依式製造完竣後於11月28日會同臺灣文、武官員恭迎至天妃廟懸掛後層報至中央。[53] 所以皇帝賜匾事，會牽涉到：何事？何人題請？何時？如何執行？掛於何廟？等問題，政府檔案、地方志、當事人及賜匾廟宇均會留下紀錄。尤其府城天妃宮為施琅與攻臺將領共建，御賜龍匾「輝煌海澨」的說法亦未見於施琅《靖海紀》及相關奏摺，御賜龍匾一事為《蔣府志》所獨創，毫無旁證可支持其說，可說是近年媽祖研究所見的怪現象。

六、結語

媽祖信仰是當今臺灣民間最主要的信仰，相關信仰習俗深入民間，影響及庶民生活、經濟各層面。今人溯本追源，常會認為媽祖信仰應是奠基於漢人大規模移民的明鄭時代，而引入建廟者就是鄭成功家族。但實際研究明末清初史料及方志，卻發現明鄭時期崇信的主要神祇是玄天上帝。

1985年北京中華書局為了慶祝清朝統一臺灣三百周年，出版蔣毓英《臺灣府志》，在澎湖天妃宮置入：「鄭芝龍建，偽藩更新之」，臺灣府天妃宮置入：「內庭有御勅龍匾輝煌海澨」之句，學界據此撰文認定澎湖天妃宮是鄭芝龍建，媽祖是明鄭時代即有的祀神。然經考查《蔣府志》的書稿來源、版本，發現此書可能是中國官方為防止臺

---

[53] 參見《天妃顯聖錄》，〈福建水師提督藍以康熙六十年克復臺灣叨神顯助至雍正四年題請匾聯疏文〉。

獨理論、促進統一而編造的新偽書，且所述澎湖天妃宮是東衛澳的天妃宮，並非媽宮澳的天后宮。

2006年1月香港人民出版社出版了季麒光《蓉洲詩文稿選輯》，季麒光曾參與府城天妃宮的修建，協助住僧寄漚向在臺任職官員及閩商、漁戶勸募修建天妃宮配屬建築戲臺、廚房、僧房等，並捐俸購置僧田為香燈之資，可以看出天妃是清朝官方引入並積極推動的信仰。以季麒光對天妃信仰之深，貢獻之巨，《蓉洲詩文稿選輯》卻無一語及於康熙龍匾，可證此事為後人編造。《蔣府志》編者期望以臺灣人信仰最深的媽祖信仰鞏固兩岸關係，透過宗教信仰緩和民間對立，其用心甚深，但卻混淆了媽祖信仰傳入臺灣歷史的真面目。

第四章　歷史文獻中的北港朝天宮

一、前言

　　臺灣地區的媽祖信仰，在清朝設置臺灣府後，因政府將歷年平定朱一貴、林爽文等大型抗清事件歸功於媽祖保佑，而予以誥封、建廟、賜匾等褒揚，又在雍正11年（1716）通令全國沿江沿海各省列為祀典，地方官每年春、秋致祭，加上媽祖原已是閩人崇祀神之一，在清朝中葉媽祖即與王爺成為臺灣民間信仰主流。

　　康熙末年已見於官修《臺灣府志》、《臺灣縣志》、《諸羅縣志》記載的媽祖廟，計有：鎮北坊天妃宮、安平鎮天妃宮、澎湖天妃宮、干豆門大妃廟、諸羅縣天妃廟、鹿耳門天妃廟、西定坊小媽祖

北港朝天宮俯瞰圖

廟、笨港街天妃廟、鹹水港街天妃廟等九所；笨港街天妃廟即為其中之一。

　　笨港街原指今雲林、嘉義二縣交界之北港溪北岸北港鎮（雲林縣管轄）與南岸新港鄉南港村（嘉義縣管轄）一帶，相傳為閩人顏思齊、鄭芝龍入臺開墾首站，荷據時期曾派兵在此駐守、抽稅，清領初，也在笨港駐兵，並現劃為北路唯一米糧出口港。清雍正年間，政府在此設縣丞管理百姓，乾隆年間更因街律太大，將笨港街分成笨港南街、笨港北街，分屬打貓西堡、大榔槺東堡，但二者仍歸諸羅縣（後改名嘉義縣）管轄，直至光緒13年臺灣建省，在彰化、嘉義間另成立雲林縣，笨南港、笨北港始分屬二縣。

　　北港朝天宮位於笨北港街，創建於康熙年間，民國六十年代李獻章提出嘉慶年間笨港被洪水沖毀的說法，導致媽祖信仰大地震。本文檢索與笨港天妃廟、北港朝天宮的相關記載，互相比對，理出前後關係，增進對本區歷史之瞭解。

二、臺灣方志有關笨港街天妃廟的記載

（一）周鍾瑄《諸羅縣志》

　　有關笨港街天妃廟的記載，始見於康熙56年（1717）周鍾瑄纂修的《諸羅縣志》，云：

> 天妃廟：
> ——在城南縣署之左，康熙五十六年知縣周鍾瑄鳩眾建。
> ——在外九莊笨港街，三十九年居民合建。
> ——在鹹水港街，五十五年居民合建。
> ——在淡水干豆門，五十一年通事賴科鳩眾建，五十四年重建，易茅以瓦，知縣周鍾瑄顏其廟曰靈山。[1]

　　所記四廟，都建於康熙年間，其中笨港街天后廟年代最久，且距

---

[1] 見周鍾瑄纂，《諸羅縣志》，卷十二〈雜記志·寺廟〉，天妃廟條，民國 57 年 10 月，臺北，國防研究院出版部發行。

《諸羅縣志》修志年代尚未滿20年，所述應有所據。

笨港街所在的「外九莊」，據同書卷二〈規制志〉，「莊」，外九莊條下書明九莊為：

> 北新莊、大小榔椰莊、井水港莊、土獅仔莊、鹿仔草莊、龜佛山莊、南勢竹莊、大坵田莊、龜仔港莊。[2]

其範圍含括今雲林縣新虎尾溪以南、嘉義全縣、臺南縣鹽水鎮以北沿海平原之廣大土地；同卷「街市」復載有外九莊內之街市四處，云：

> 笨港街（商賈輳集，臺屬近海市鎮，此為最大）、土獅仔街、猴樹港街、井水港街。俱屬外九莊。[3]

由此可見笨港街為嘉南平原最繁榮的街市，故九莊居民在此建立天妃廟；因此，笨港天妃廟雖非官建廟宇，但其為外九莊民眾之媽祖信仰中心，應無可懷疑。

（二）劉良璧《福建臺灣府志》

康熙56年周鍾瑄纂修《諸羅縣志》以後，至乾隆53年諸羅縣易名為嘉義縣之60年間，諸羅縣並無新修縣志產生，但臺灣府志則於乾隆年間迭有增修，有關笨港地區之歷史，只能從臺灣府志中勾稽。

乾隆5年（1740）劉良璧重修《福建臺灣府志》，內中記錄不少笨港地區的相關史料。其卷三〈山川〉、〈四邑海道〉，記載當時可通大舟者，計有鹿耳門、打狗、東港、上淡水等四處，可通小舟者，則有笨港等十二處，笨港並有小港可通鹿耳門內，名馬沙溝。[4] 笨港除了本身是可通小舟的港口外，尚具有可與鹿耳門相通的優越自然條

2　見周鍾瑄，前引書，卷二〈規制志・莊〉。
3　見周鍾瑄，前引書，卷二〈規制志・街市〉。
4　見劉良璧重修《重修福建臺灣府志》，卷二〈山川〉，民國 50 年 3 月，臺灣銀行經濟研究室發行。

件，難怪其街市繁榮，百業鼎盛，僅次於臺灣府城。

《重修福建臺灣府志》卷五〈城池〉附〈街市〉，諸羅縣笨港街項下云：在笨港，為大市鎮；附〈橋樑〉諸羅縣笨港橋項下云：木為之，在冬春之間架設，以通行人。卷八〈戶役〉‧〈陸餉〉諸羅縣，笨港云：店599間，共徵銀200兩5錢，為諸羅縣唯一被課徵店稅的地方，當時全臺共有街市瓦草店厝5,350間，共徵銀1,466兩6錢9分5釐2毫4絲2忽，即笨港店舖佔全臺11.18%；繳稅佔13.97%。[5]另有官設倉廒69間，其規模僅次於諸羅縣政府設在臺灣府之倉廒，而大於設在諸羅縣治者。[6]

因笨港重要性日增，清朝在北路營下派千總一員、兵150名分防笨港汛；另在此設砲臺一座、煙墩一座，由水師左營派守備一員、把總一員、兵230名，戰船三艘分防。[7]又於雍正9年（1731）在笨港設縣丞署，置縣丞一人及相關職員以稽查地方兼查船隻人民出入。[8]

笨港經康熙、雍正十餘年雖有相當發展，但在廟宇方面並無新建，僅將媽祖的稱號由「天妃」改為「天后」。《重修福建臺灣府志》卷九〈典禮〉附〈祠祀〉諸羅縣天后廟條記載：

> 天后廟：在縣署左，康熙五十六年知縣周鍾瑄募眾建。
> 一在外九莊笨港街，三十九年居民同建。
> 一在鹹水港街，五十五年居民同建。[9]

（三）范咸《重修臺灣府志》

至乾隆10年（1745）巡臺御史范咸等人又重修臺灣府志，因距劉良璧重修《福建臺灣府志》僅5年，故志中除增加不少有關朱一貴事件相關資料外，笨港地區的建置、兵備、倉廒、祠祀等記載並無變化。《重修臺灣府志》卷七〈典禮〉附〈祠祀〉諸羅縣天后廟條記載：

5　見劉良璧，前引書，卷八〈戶役〉附〈陸餉〉臺灣府、諸羅縣。
6　見劉良璧，前引書，卷十二〈公署〉諸羅縣：倉廒。
7　見劉良璧，前引書，卷十〈兵制〉臺灣鎮北路營、臺灣水師協鎮左營。
8　見劉良璧，前引書，卷十三〈職官〉官制。
9　見劉良璧，前引書，卷九〈典禮〉附〈祠祀〉諸羅縣天后廟條。

天后廟：在縣署左，康熙五十六年知縣周鍾瑄募眾建。

又一在外九莊笨港街，三十九年居民同建。

一在鹽水港，五十五年居民同建。[10]

（四）余文儀《續修臺灣府志》

乾隆29年（1764）余文儀續修臺灣府志，笨港地區建置、兵備等項未有變化，但其街市卻不斷發展、擴大，由原來笨港一街分為「笨港南街」、「笨港北街」，而有「小臺灣」的稱呼。

《續修臺灣府志》卷二〈規制〉〈街市〉，諸羅縣笨港街項下云：

> 距縣三十里，南屬打貓保，北屬大槺榔保。港分南、
> 北，中隔一溪，曰南街、曰北街；舟車輻輳，百貨駢闐，俗稱
> 小臺灣。[11]

百業的興隆也反映在官設倉廒上，笨港原有官倉69間，至此則增為109間，多出設在縣治之倉廒（80間）達28間。[12]顯現諸羅縣政府在笨港地區的稅收不斷成長。

相對於笨港的繁榮，笨港橋已成南北往來的要道，同卷〈橋梁〉，諸羅縣笨港橋項下云：

> 在笨港街，南北孔道。……於冬春編竹為之，至夏秋間水
> 漲後，設濟以渡。

同卷〈橋梁〉，諸羅縣笨港渡項下云：

> 在笨港街，在縣西三十里。雍正二年，知縣孫魯批允本街

---

[10] 范咸，《重修臺灣府志》卷七〈典禮〉附〈祠祀〉諸羅縣天后廟條，民國50年11月，臺灣舉行經濟研究室發行。

[11] 見余文儀修，《續修臺灣府志》，卷二〈規制‧街市〉，諸羅縣笨港街，民國51年4月，臺灣舉行經濟研究室發行。

[12] 見余文儀，前引書，卷二〈規制‧倉庫〉，諸羅縣倉廒。

天后宮僧人設渡濟人，年收渡稅充為本宮香燈。[13]

　　笨港雖然已經發展至南、北二街，店鋪理應增加不少，但在府志中卻無增加之記錄，卷五〈賦役〉、〈陸餉〉諸羅縣，笨港市厝云：

　　　　五百九十九間，每間徵銀不等，共徵銀二百兩零五錢。

　　所記與乾隆5年劉良璧《福建臺灣府志》之記載相同，也是諸羅縣唯一被課徵市厝稅的地區。又雍正9年在笨港設立之縣丞署，原設在笨港街磚仔窯，但在雍正12年（1734）移建坂頭厝。[14]
　　關於媽祖的信仰，《續修臺灣府志》卷七〈典禮〉〈祠祀〉諸羅縣天后廟條記載如下：

　　　　天后廟：在縣署左，康熙五十六年知縣周鍾瑄募眾建。
　　　　又一在縣署內，乾隆二十六年知縣衛克塏新建。
　　　　一在縣治西門，乾隆二十五年泉州民募建。
　　　　又一在外九莊笨港街，三十九年居民同建。
　　　　一在鹹水港街，五十五年居民同建。
　　　　一在蘭井南勢，乾隆二十七年平和縣民建。[15]

　　所記諸羅縣的天后廟增加了三所，但笨港街的天后廟全無變化，仍是康熙39年外九莊居民合建的那一座。

（五）陳壽祺《福建通志》

　　道光9年陳壽祺總纂，延至同治7年（1868）林振榮、王景賢校刊之《福建通志》，其出版年代雖較遲，但其體例並不完整，不分卷，資料也未增新，書中〈壇廟〉，臺灣府嘉義縣天后宮條記載：「天后宮：在縣署左，康熙五十六年知縣周鍾瑄募眾建。」其餘余文儀府

---

[13] 見余文儀，前引書，卷二〈規制‧橋梁〉，諸羅縣笨港渡。
[14] 見余文儀，前引書，卷二〈規制‧公署〉，諸羅縣縣丞。
[15] 見余文儀，前引書，卷七〈典禮‧祠祀〉，諸羅縣天后廟。

志已載各天后廟均未見記載。

（六）纂修者不詳的《嘉義管內采訪冊》

　　光緒13年（1887）臺灣設省，以當時舊虎尾溪以南，笨港溪以北另外成立雲林縣，笨港溪以南仍屬嘉義縣，即笨北港街屬雲林縣轄，笨南港街屬嘉義縣轄。臺灣建省，準備編修《臺灣省通志》，通令各縣設局采訪，但尚未成書，即因中、日甲午戰爭，中國戰敗，將臺灣割予日本，僅留下部分采訪冊。而雲林、嘉義二縣的采訂冊皆留存下來，為瞭解清朝末年笨港地區之一手史料。

　　嘉義縣所留下來之采訪冊名為《嘉義管內采訪冊》，采訂者不詳。其〈打貓西堡〉，即含蓋笨新、舊南港在內。〈打貓西堡〉、〈積方〉，記舊南港莊云：

　　　　一百五十一番戶，六百九十三丁口。

　　記新南港街云：

　　　　一千一百零六番戶，四千九百七十五丁口。[16]

　　可見此時的笨港南街已經萎縮成一個莊，不再使用笨港南街之名，改稱為「舊南港」，其地位已經被「新南港街」取代。至於新南港的狀況，《嘉義管內采訪冊》〈打貓西堡〉〈街市〉，新南港街云：

　　　　在嘉義城西北二十五里，距打貓十二里，居民先世多由舊南港街移來者，故名新南港街。按道光（作者按：應為乾隆之誤）四十七年漳泉分類，舊南港甚為蹂躪，嗣因笨溪沖陷房屋街市甚多，故移至是地。人煙輻輳，百貨充集，笨港海船運糖米者半購於此焉。地當衝要，街分六條，附近鄉村賣買皆會於

---

[16] 見《嘉義管內采訪冊》〈打貓西堡・積方〉，民國57年10月，臺北，國防研究院出版部發行。

是，雖不可比濱海之都會，亦嘉屬之一市鎮也。[17]

此段記載，說明舊南港街因經乾隆47年漳、泉分類械鬥及笨港溪沖陷房屋街市甚多，故笨南港街居民移居至五公里外的麻園寮重建新南港街，並說「笨港海船運糖米者半購於此」，即說明當時新南港人認為新南港是笨港糖米的主要供應地，「笨港」另有其地。

《嘉義管內采訪冊》〈打貓西堡〉，祠宇，也詳載打貓西堡的廟宇如下：

> 登雲閣：在新南港街之東門外，崇祀文昌帝君，港中近莊各士子，每於此會文講學。道光十五年八月紳民公建。
>
> 奉天宮：在新南港街，崇祀天上聖母，嘉慶戊寅（二十三）年三月紳民公建。
>
> 大興宮：在新南港街之後街，崇奉保生大帝，嘉慶九年十一月紳民公建。
>
> 肇慶堂：在新南港街之大街，崇奉福德正神，嘉慶辛未年十月紳民公建。
>
> 西安堂：在新南港街之松仔腳，崇奉福德正神，道光十五年十月紳民公建。
>
> 慶興宮：在南港街之南勢街，崇奉池府王爺，同治六年正月紳民公建。
>
> 水仙宮：在舊南港，後枕笨港溪，崇奉水仙王於前殿，崇奉關聖帝君於後殿，乾隆庚子年正月紳民公健。
>
> 福德堂：在舊南港，崇奉福德正神，道光十九年四月人民公建。
>
> 南壇水月庵：在新南港街西端，崇奉觀音佛祖，乾隆辛亥年十月紳民公建。[18]

上述廟宇建築年代，依序為：舊南港的水仙宮（乾隆45年）、

---

17 見《嘉義管內采訪冊》〈打貓西堡・街市〉。
18 見《嘉義管內采訪冊》〈打貓西堡・祠宇〉。

舊南港東端的水月庵（乾隆56年）；新南港後街的大興宮（嘉慶9年）、大街的肇慶堂（嘉慶16年）、奉天宮（嘉慶23年）；東門外的登雲閣、松仔腳的西安堂、舊南港的福德堂、慶興宮。這個順序剛好可以顯示笨南港居民逐漸移往新南港的時序，即：乾隆年間南港街民還安心住在笨南港街，至嘉慶9年，同安籍居民開始移居新南港後街，建立保生大帝廟；復以農業耕作需要，在大街建立肇慶堂奉祀福德正神，至嘉慶23年又建立奉天宮以奉祀媽祖。至道光以後，笨南港有復甦現象，建立福德堂與慶興宮。

從上述打貓西堡廟宇建立情形，可以看出新南港雖然沿用「港」名，但因當地已遠離笨港溪流，實際上已無河港功能，整個街市的型態已經轉變為以農業生產及農產品集散為主的區域，因而特別重視「福德正神」土地公崇祀，其廟宇有三座之多；而媽祖廟「奉天宮」至嘉慶23年才建立，其原因應與新港居民不從事海上貿易有關，因媽祖素被視為航海保護神，保生大帝則為家鄉神及醫神；福德正神則為農業生產神，相較之下，媽祖廟建立的急迫性就不如保生大帝與福德正神。

（七）倪贊元《雲林縣采訪冊》

《雲林縣采訪冊》是為編修《雲林縣志》，由雲林縣訓導倪贊元編輯的初稿，全書不分卷，以堡為單位，分門別類加以記錄。時笨港北街已改稱北港街，行政區屬大槺榔東堡。

《雲林縣采訪冊》〈大槺榔東堡〉〈積方〉北港街項下云：

> 北港街，七千一百五十戶，四萬零九百三十七丁口。[19]

〈港〉北港項下云：

> 即笨港，在縣西南四十五里，源通洋海。金、廈、南
> 澳、澎湖、安邊等處商船常川往來，帆檣林立，商賈輻輳。因

---

[19] 見倪贊元，《雲林縣采訪冊》，〈大槺榔東堡・積方〉北港街，民國 57 年 10 月，臺北，國防研究院出版部發行。

水淺沙凝，洋船不能進口，故每次海防均無夷患。[20]

〈街市〉北港街項下云：

> 即笨港，因在港之北，故名北港。東、西、南、北共分八
> 街，煙戶七千餘家，郊行林立廛市毘連。金、廈、南澳、澎湖
> 商船常由內地載運布疋、洋油、雜貨、花金等項來港銷售，轉
> 販米石、芝麻、青糖、白豆出口；又有竹筏為洋商載運樟腦前
> 赴安平轉載輪船運往香港等處。百物駢集，六時成市，貿易之
> 盛，為雲邑冠。俗人呼為小臺灣。[21]

〈營汛〉北港汛項下云：

> 隸嘉義營屬，千總一員。[22]

〈渡〉北港渡項下云：

> 北港渡凡三，皆以竹筏為之，於街外東南、西南溪中，以
> 載行旅。[23]

從上述資料看，清朝中葉繁盛的笨港南、北街，已經演變成北街
一枝獨秀，而所以致此的原因，除前述漳、泉分類及笨港溪氾濫沖陷
房屋街市甚多外，與當時北港溪南、北兩岸港道的深淺變化有關。

《雲林縣采訪冊》〈大槺榔東堡〉〈邊防〉云：

> 北港居臨外洋，港道實為海汊，潮汛相通。商船由廈門

---

[20] 見倪贊元，前引書，〈大槺榔東堡・港〉北港。
[21] 見倪贊元，前引書，〈大槺榔東堡，街市〉北港街。
[22] 見倪贊元，前引書，〈大槺榔東堡・營汛〉北港汛。
[23] 見倪贊元，前引書，〈大槺榔東堡，邊防〉北港渡。

起椗，順東南斜線行，風順一日可達港內，北深南淺，深處水約丈餘，可容千餘石商船。南則沙線延袤，船不敢泊，惟吃水三、四尺者可暫寄椗。[24]

因為北岸深、南岸淺，北岸可泊千餘石商船，南岸吃水僅三、四尺，船不敢泊；自然而然；笨港南街因無商船進入，商業不斷萎縮，迫使南港街民移居新南港；笨港北街則因商船可停泊交易，持續維持繁榮，使「笨港」的商業重心逐漸集中在「笨北港」，地名再經簡化為「北港」。

《雲林縣采訪冊》〈大槺榔東堡〉〈祠宇〉對北港街天后宮描述云：

> 天后官，在街中，雍正庚戌年建。乾隆辛未年，笨港縣丞薛肇燦與貢生陳瑞玉等捐資重修，兼擴堂宇，咸豐十一年訓導蔡如璋倡捐再修，擴廟庭為四進：前為拜亭，兼建東西兩室；二進祀天后；三進祀觀音大士；後進祀聖父母。廟貌香火之盛，冠於全臺。神亦屢著靈異，前後蒙頒御書匾額二方，現今鉤摹，敬謹懸掛。每歲春，南北居民赴廟進香絡繹不絕。他如捍災、禦患、水旱、疾疫，求禱立應。官紳匾聯，多不勝書。宮內住持僧人供奉香火，亦皆恪守清規。[25]

所記天后宮之格局、各殿奉祀神明之狀況及僧人供奉香火之情形，皆與北港朝天宮一致。

〈匾〉項下，「神昭海表」匾云：

> 在天后官，嘉慶間御賜。

「慈雲灑潤」匾云：

---

24 見倪贊元，前引書，〈大槺榔東堡‧渡〉北港渡。
25 見倪贊元，前引書，〈大槺榔東堡‧祠宇〉天后宮。

光緒十二年嘉邑大旱，知嘉義縣事羅建祥屢禱不雨，適縣民自北港迎天后入城，羅素知神異，迎禱之，翌日甘霖大沛，四境霑足，轉歉為豐，詳經撫部院劉公具題，蒙御書「慈雲灑潤」四字，今敬謹鉤摹，與嘉慶年間所賜共懸廟廷。

「海天靈貺」匾云：

道光十七年，本任福建水師提督王得祿統兵渡臺，舟次外洋，忽得颱風，禱神立止，兼獲順風以濟，遂平臺亂，上匾誌感。[26]

上述三塊匾額，目前仍懸掛在北港朝天宮。同書，〈藝文〉載有「重修天后宮碑記」，文云：

天后宮建自雍正庚戌歲，脩於乾隆辛未年，迄今二十六載，故制牆樸卑窄不足以揭虔妥靈，而又梁棟赤白，多剝不治。余蒞港之明年，捐俸倡修，於是董事陳瑞玉等集眾捐需，求材鳩工，修而葺之。不數月而蕆事，故者聿新，卑者益高，窄者開廣，丹垣刻桷，煥然改觀。而歲大有年，風災熄滅、海不揚波，民無覆溺，皆稱神貺。余曰：神亦人也，惟天后聖母，海內外舟車所至，凡有血氣者莫不尊親。夫人窮返本，勞苦倦極而呼天，疾痛慘怛而呼父母；浸假而無恆，於所應尊親者而反狎褻之，倫常乖舛，汩沒天良。一旦履風濤、觸鮫蜃，千里而遙，百里而溺，存亡呼吸之際，而始乞靈於神，而尊之親之，呼天而呼母，神將癉其惡而不為之呵護者矣。今聖天子以孝治天下，車書大同，臺海之民，百餘年來休養生息，咸能崇本抑末，各親其親，各長其長。有子曰：「其為人也孝弟，而好犯上鮮矣；不好犯上而好作亂，未之有也。」天道賞善而罰惡，神亦體天而行道，能以事人者事神，而神不降之福乎。

---

[26] 見倪贊元，前引書，〈大槺榔東堡・匾〉。

故余曰：「神也亦人也」。諸紳士民請書廟成而獲神庥于石，
為道其所以然之故，得觀感而興起焉。至於神之所從來與夫事
蹟、靈應，祀典記載所及，已昭然在人耳目，故不必復贅。[27]

此一石碑，目前樹立在北港朝天宮聖父母殿前庭，原碑文且更詳
細，除了碑額以小篆書「重修諸羅縣笨港北港天后宮碑記」，並列出
碑文撰寫者為諸羅縣丞金匱薛肇熿；碑額撰寫者為華亭林思補；碑末
署年為乾隆40年12月，董事為：貢生陳瑞玉、監生蔡大成、監生王希
明、總約楊允廈、梅山蔡世國、行戶劉恒隆、張克昌、鄭奇偉、陳愧
賢、僧能澤等。

《雲林縣采訪冊》〈兵事〉，土寇項下載有北港天后宮靈驗事蹟
如下：

> 同治元年，戴萬生陷彰化，遂圍嘉義，遣股撲北港，港民
> 議戰議避，莫衷一是，相率禱於天后，卜戰吉，議遂定。乃培
> 土為壘，引溪為濠。事方集，賊大至，居民迎神旗出禦；賊不
> 戰，退，時四月也。自是屢來窺伺，既不得逞，遂破新街，焚
> 掠居民；港人集義勇出救。拔出被難男婦甚多，兼擒賊二人。
> 詢以前此不戰之故；賊稱是日見黑旗下兵馬雲集，雄壯如神，
> 故不敢戰。民始悟天后顯靈保護，共詣廟叩謝，守禦益力。屢
> 與賊戰，均勝，前後斬獲數百級，港民受傷陣亡者僅十餘人。
> 然賊勢眾，新街未能即復。七月，官軍至，獲賊間諜，與義勇
> 分道出擊，大敗賊黨，狂追十餘里，遂復新街，并隨官軍解嘉
> 義圍，集捐米一千石，洋銀二千五百元以濟城眾，大榔槺堡盜
> 平。[28]

在臺灣，平約大約1,000人即擁有1座廟，如新南港4,975丁口，其
街內有5座廟宇，北港街有40,937丁口。依人口比率，應有40廟，但
卻只有旌義亭、天后宮、文昌廟、彌陀寺、碧水寺、二座王爺廟等7

---

27 見倪贊元，前引書，〈大槺榔東堡·藝文〉重修天后宮碑記。
28 見倪贊元，前引書，〈大槺榔東堡〉〈兵事〉土寇。

座廟宇。旌義亭是為崇祀林爽文事件保衛家鄉犧牲義民而建；文昌祠為讀書人會文講學之所；碧水寺、彌陀寺則為佛教寺院。易言之，北港天后宮因其歷史悠久，僧侶恪守清現，媽祖靈驗事蹟甚多，政府官員亦予推尊，故吸引大量信徒，成為超地區性廟宇。

三、有關北港朝天宮的文獻記載

笨港天妃廟畢竟為諸羅縣以北最早建立廟宇及外九莊居民的信仰中心，除了各種方志外，地方古文書契應會有相關線索。日本領有臺灣以後，成立「臨時臺灣舊慣調查會」蒐集整理臺灣民間各種行事慣例，並於明治43年（清宣統2年，1909）編印成《臺灣私法》暨《臺灣私法附錄參考書》，其中即有許多有關朝天宮的記載。

（一）臨時臺灣舊慣調查會編印《臺灣私法附錄參考書》

《臺灣私法附錄參考書》第二卷上，錄有「斗六廳北港街朝天宮來歷」一文，「北港朝天宮由來」云：

> 北港朝天宮，前繫笨港天后官，自康熙三十三年三月，僧樹璧奉湄洲朝天閣天后聖母到地。因九莊前係泉、彰（漳）之人雜處，素感神靈，無從瞻拜，故見僧人奉神像來，議留主持香火，立祠祀焉。僅茅屋數椽，而祈禱報賽，殆無虛日。雍正中，神光屢現，荷庇佑者，庀材鳩資，改竹為木，改茅為瓦，草草成一小廟。乾隆間，笨港分縣因航海來臺，感戴神庥，始捐俸倡修。命貢生陳瑞玉、監生蔡大成等鳩資補助，廣大其地，廟廡益增巍峨。以神由湄洲朝天閣來，故顏其額曰朝天宮。[29]

文中對朝天宮創建過程有詳細說明，不僅說明笨港天后宮就是北港朝天宮的前身，也說明朝天宮命名的典故、雍正年間廟宇易茅為

---

[29] 見明治43年臨時臺灣舊慣調查會編，《臺灣私法附錄參考書》，第二卷上，〈斗六廳北港街朝天宮來歷〉，北港朝天宮由來。

瓦、易竹為木、乾隆年間擴建的過程。其後「工程略說」錄有「重修諸羅縣笨港天后宮碑誌」、「增修來歷」記載咸豐年間增修詳情，更特別的是其「業主及現管人名」列出「業主陳立勳、後管理人陳瑞玉」的記載。

陳瑞玉為乾隆40年領導擴建朝天宮的貢生，任管理人應屬合理。陳立勳其人，據《臺灣省通誌》謂於康熙初年（即明鄭時期）墾雲林縣北港鎮。[30]另楊緒賢《臺灣姓氏源流考》，亦謂陳立勳於明鄭時期入墾今雲林北港。[31]經調查陳氏後裔目前散居雲林縣北港鎮、水林鄉，嘉義縣鹿草鄉、嘉義市等地，在鹿草鄉山仔腳建有宗祠一所，為一大家族。[32]

《臺灣私法附錄參考書》第三卷，上，第九〈鬮分之際龍眼樹之歸屬及其果實收得方法約定契字〉即為陳立勳後裔在乾隆55年分家的鬮書。鬮書列出陳家產業含：「嘉邑北埔下股草地一所，莊名牛稠腳、六斗尾、中六斗、頂六斗、竹仔腳、塗間厝、前水漆林、中水漆林、後水漆林、下樹仔腳等莊……及北港宮口店地三坎。」[33]

這些土地分布在今天雲林縣北港鎮、水林鄉，嘉義縣鹿草、六腳等鄉，可證陳家在外九莊果真田連阡陌，在北港朝天宮前還有店地三坎。另外，居住在北港鎮的陳立勳後裔陳庚來保存有陳家在道光17年立的分家鬮書，從其第1、2款條文，竟發現在乾隆年間領導重建朝天宮的貢生陳瑞玉竟是陳立勳後裔。文云：（前略）

> 一、計開牛稠腳、六斗尾、竹仔腳、頂六斗、中六斗、
> 海埔寮、塗間厝，下樹仔腳，考試潭等九莊公租、三年輪值一
> 次……其配納陳碧玉正供穀壹拾陸石壹斗伍升陸合；陳瑞玉正
> 供穀壹拾參石捌斗捌升肆合，併車餉壹張伍兩陸錢既經管糧差

30 見李汝和主修，《臺灣省通志》，卷二〈人民志〉氏族篇，第5章第1節，陳姓，民國58年6月，臺灣省文獻會刊行。

31 見楊緒賢，《臺灣區姓氏堂號考》，臺灣區一百大姓考略，陳姓，頁181，民國68年6月，臺灣省文獻會發行。

32 見蔡相煇，〈開拓嘉雲地區的陳立勳家族史料〉，民國80年1月，國立中央圖書館臺灣分館館訊，第15期，頁87-106；國立中央圖書館臺灣分館印行。

33 見《臺灣私法附錄參考書》，第三卷上，第9〈鬮分之際龍眼樹之歸屬及其果實收得方法約定契字〉。

雜費俱歸值收之人代為完納。

　　一、計開水漆林三注公租，三年輪值一次……其配納陳碧
　　玉正供穀五石；陳瑞玉正供穀五石，共拾石，亦歸值收之人代
　　為完納。[34]

　　從文義上看，陳碧玉、陳瑞玉不僅是人名，應該也是陳家向政府
納稅（正供）的戶號，因此輪值收租之陳家後裔需代為完納稅穀。綜合
上述《臺灣私法附錄參考書》記載的北港朝天宮及陳立勳家族史料，
即可看出北港朝天宮創建歷史的完整性，及陳立勳家族護持的情形。
　　《臺灣私法附錄參考書》第一卷上，載有乾隆42年「陳寧老典
契」一則，也與朝天宮有關，文云：

　　　　出典契人陳寧老，自己與夥記承坐，明買瓦店壹座，前後
　　二進。坐在北港媽祖宮邊，坐北朝南。東西四至，俱載在上手
　　契內，明白為界。併店內大桶研石家器雜物各件，登明契後齊
　　全。今因乏本營生，愿將此店出典，先盡問叔兄弟侄人等，不
　　能承受。外托中引就與日升號，出首承典。三面言議；出得員
　　銀壹佰大員正，其銀即日同中交訖。店併家器物業，一齊隨時
　　點交銀主，前去掌管、收稅、納租，不敢異言生端。……，立
　　典契壹紙，併繳連上手及夥記分拆愿字共參紙，付執為炤。
　　　　代書人：楊允廈
　　　　作中人：楊世春
　　　　乾隆四十二年六月　　　日
　　　　立典契人：陳寧老
　　　　知見人：長男陳興英[35]

　　契約內容為陳寧老將自有瓦店出典予「日升號」。觀所附店內器
物名稱，應為染布坊，契中提到店鋪位於「北港媽祖宮邊」，可證
朝天宮在乾隆時代已為市集中心，「北港」一詞，在乾隆年間即已被

---

[34] 同註32，原契藏北港鎮華勝里文昌路陳庚來先生家。
[35] 見《臺灣私法附錄參考書》，第一卷上，頁514-515。

普遍應用。又契約代書人塲允廈，其姓名亦見於乾隆40年「重修諸羅縣笨港北港天后碑記」，時任笨港「總約」，為朝天宮擴建9名董事之一。

（二）相良吉哉《臺南州寺廟名鑑》

昭和8年（1933）12月，臺灣日日新報臺南支局相良吉哉將臺南州各主要寺廟沿革加以彙整，編印成《臺南州寺廟名鑑》一書，書中第235頁，「朝天宮」項，記載如下：

> 所在：北港街北港五九一
>
> 教別：儒教
>
> 祭神：天上聖母
>
> 創立：康熙二十三年
>
> 信徒：百五十萬人
>
> 例祭：舊曆三月二十三日、九月九日
>
> 管理人：北港一〇九一　曾席珍
>
> 財產：祠廟及其敷地之外，園三六甲一九三八，田四甲二八〇一餘，每年祭祀費及其他開支外，尚有餘。
>
> 沿革：康熙二十三年三月，僧樹璧奉湄洲朝天閣天后聖母到此地。附近九莊泉州、漳州人相議謀，建小祠祀焉。初僅為茅屋小廟，而祈禱報賽，相接不暇，廟貌與神威不相稱。雍正八年，關係者協議改建，改竹為木，改茅為瓦。乾隆三十八年，諸羅縣笨港縣丞金匱薛肇橫（熿）航海來臺，感神守護，命貢生陳瑞玉、監生蔡大成等鳩資一萬五千圓改築，其構造為神殿兩棟、拜亭二棟、東畔室仔六棟。正殿奉聖母，後殿聖父威靈嘉祐侯、母顯慶夫人、兄靈應仙官、姊慈惠夫人並祀之，室內為僧房。咸豐年間，王朝倫（綸）、蔡如璋等，重修各殿拜亭，增建東畔室仔一棟、西畔室仔七棟；工費約二萬圓。明治二十七年十月，拜亭罹火災，三十八年地震，四垂亭倒壞，大殿破損。於明治四十年北港支廳長安武

昌夫首倡，區長蔡然標發起申請募集資金六千圓改建，結果募得七萬八千餘圓，於明治四十五年一月竣工，即今廟貌。其信仰者之多，改建時捐款人達三萬餘人，遍及全臺及中國。[36]

書中將北港朝天宮的創建年代寫成康熙23年，較《臺南州寺廟名鑑》早了10年，但所述，僧樹璧奉湄洲朝天閣天后聖母到北港、九莊居民合建、雍正8年易茅為瓦的說法是與臨時臺灣舊慣調查會編印的《臺灣私法附錄參考書》一致的。

（三）宮本延人《日本統治時代臺灣的寺廟整理問題》

日本統治臺灣末期，為落實皇民化運動，而展開寺廟整理工作，燒神像、毀廟宇、沒收廟產，其最終目標是要消滅臺灣人的傳統信仰。因此事引起臺灣人極大反感，動搖臺灣人對日本統治的信心，臺灣總督府乃派宮本延人深入各地調查實施情形，並於民國33年中止施行。《日本統治時代臺灣的寺廟整理問題》即為宮本延人將當年調查報告加以整理編印成者，其資料為第一手史料。書中〈存續廢合寺廟有關說明資料〉，「媽祖廟」附加說明如下：

> 祭祀媽祖的廟宇，為臺灣廟宇的第三位。媽祖是女神，又稱天后或天上聖母。因屬航海神，水運業者信仰最深，加上其靈驗顯著，一般民眾信仰者很多，北港朝天宮的媽祖是其中最受崇敬者。媽祖發祥地在華南的福建省興化府莆田縣湄洲嶼，從此地迎請媽祖分身或香火者甚多。[37]

同書，〈信仰最深廟宇數例〉，中列舉不同性質廟宇五座，加以說明。其中媽祖廟以朝天宮為例，記載如下：

---

[36] 見相良吉哉編，《臺南州寺廟名鑑》，「朝天宮」，昭和 8 年 12 月，臺灣日日新報臺南支局印行，頁 235。

[37] 見宮本延人，《日本統治時代臺灣的寺廟整理問題》，〈存續廢合寺廟有關說明資料〉「媽祖廟」，民國 77 年（1988），日本奈良天理教道友社發行，頁 248。

（1）所在地：北港郡北港街北港五九一番地

（2）主神：天上聖母（媽祖）鎮殿媽、祖媽、二媽、副二媽、三媽、副三媽、四媽、五媽、六媽、糖郊媽、太平媽

（3）從祀：司香女、司花女、千里眼、順風耳

（4）配祀：土地公、文判、武判、招財、進寶、註生娘娘、五文昌、三界公、神農黃帝、十八羅漢、觀音佛祖、彌勒菩薩、釋迦佛、阿彌陀佛、善財、龍女、韋馱、護法、忠勇公（福康安）。

（5）經典：慈濟經、金剛經、觀音經、準提咒

（6）例祭日：三月二十三日、九月九日

（7）境內地：四百六十二坪一○五

（8）建物：二百六十六坪二合九勺

（9）維持區域：臺灣全島

（10）信徒：約三萬人

（11）參拜者：年約百五十萬人

（12）管理人：北港郡北港街北港一○九一番地曾席珍

（13）沿革：康熙二十三年，僧樹璧者，奉湄洲朝天閣天上聖母到此地。九莊（三棵榔、東莊、扶期家、溝皂、樹仔腳、考試潭、土間厝、春牛埔、劉厝莊）之泉州、漳州人相議，建小祠祀焉。初僅為茅屋小廟，而祈禱報賽無虛日。雍正八年改竹為木，改茅為瓦。乾隆三十八年十月，諸羅縣笨港縣丞金匱薛肇熿航海來臺，感神守護，命貢生陳瑞玉、監生蔡大成等鳩資一萬五千圓改築，三十九年十二月竣工，其構造為神殿兩棟、拜亭二棟、東畔室仔六棟，建築物離地面十三階。正殿奉聖母，後殿聖父威靈嘉佑侯、母顯度（慶）夫人、兄靈應仙官、姊慈惠夫人並祀之。咸豐年間，王朝倫（綸）、蔡如璋等，重修各殿拜亭，增建東畔室仔一棟、西畔室仔七棟；工費約二萬圓。咸豐五年十月起工，九年三月竣工。明治二十七年十月，拜亭罹火災，三十八年四月震災，四垂亭倒壞，大殿破損。於明治四十年二月，北港

支廳長安武昌夫首倡,區長蔡然標領銜,募集委員曾席珍外九名,向總督府申請舉辦全島性募捐改建資金,經總督府於明治四十年三月九日,以指令一七八九號認可。先募得六千圓,於明治四十一年八月二十六動工,總捐款額為七萬八千二百五十九圓叁拾壹錢五釐,於明治四十五年一月竣工。同月十一日舉行落成典禮,邀請全臺顯宦士紳與會,嘉義廳代理廳長佐佐木也出席。改建時捐款人達三萬餘人,其中捐款較多者,中國人為王子觀三百圓,臺灣人為辜顯榮二百圓。

（14）所屬財產:所屬財產,嘉義及北港田地約五十二甲(甲值一千五百圓),店舖六軒(年收一千七百圓)。

（15）收入及支出大要:年收入含前述田地、店舖收益及香油錢(昭和十六年度一千九百八十圓收入)、其他媽祖、神農迎請金等,年收入約三萬九千餘圓。支出以祭祀費、祭典費、僧侶工作費、書記薪津、工役費、修繕費、診療所補助費、稅金等。

（16）參考事項:

甲、往年祭典費,慣例由三郊承擔,即蔡(大姓,連續二年)、陳、楊、許各姓輪值一年,主持祭典。大正十年改為委員制,每年召開委員會一次,委員十一名(內一名為管理人)向居住北港之商業、轎班、音樂各團體及保甲役員代表六十名出席選出。百圓以上的支出,需經委員會議同意。

乙、祭神除媽祖及五文昌之外,其餘在昭和十六年十一月燒掉。

丙、昭和十三年春以後,廢止燒金紙之行為。大正七、八年間,景氣佳時,金紙銷售達千圓以上。

丁、團體參拜者,都住宿於香燭店。北港街有香燭店二十軒,大者一軒可住千人。此種香燭店並非旅館,只賣旅客香燭及金銀紙,免費提供食、宿。然近來團體參拜者少,且禁燒金銀紙,加上目前物資管

制，免費接待已形同廢止矣。

戊、本廟輪班會，一班四十名，共有五班。此五班之祭
神為祖媽、二媽、三媽、四媽、五媽。中、日戰
前，這些神，每年一月至二月被北部迎請，二月至
三月被南部迎請奉祀。

己、水師提督王得祿為剿平臺灣海峽海盜，祈求媽祖保
佑。事定後，奏請皇帝御書「神昭海表」匾賜之；
光緒時，地方大旱，祈求降雨，果驗，御書「慈
雲灑潤」賜之。又嘉慶年間水師提督王得祿親獻
「海天靈貺」匾；大正三年佐久間總督獻「享于克
誠」；昭和五年石塚總督獻「神恩浩蕩」匾。[38]

宮本延人在此將日本統治臺灣末期北港朝天宮運作情形及臺灣總
督府皇民化運動廢神的情形留下忠實紀錄。

四、北港朝天宮保存文物的記載

（一）北港朝天宮歷代住持牌位

北港朝天宮本身文物的保存，可謂相當良好，尤其歷代住持神位
牌，都完整無缺，經整理出如下：
1. 開山第一代圓寂比丘上樹下璧欽公蓮座。
2. 清臨濟正宗三十五世三代人祖重興北港宮彰化縣總持司篤齋能
   澤公蓮座。
   徒：梅、衍、珍、鞏、琛。孫：宗、仲仝祀。
3. 清臨濟宗順寂沙彌志心慈公蓮座。
   孝徒：修德、修成、修論。孫：浣衷仝祀。
4. 臨濟正宗重興北港宮兩次比丘上浣下衷常公蓮座。
   孝徒：皈藏、邇蓮、溫恭、邇鶴、丹嚴、丹霞；孝孫等合仝

奉祀。

　　內涵：生於乾隆乙酉（30）年9月1日丑時。

　　　　　卒於道光甲申（4）年6月17日卯時。

　　　　　坐昂十二度用縫針坐庚向申酉卯分金庚字。

　　　　　穴在田尾庄坐西向卯兼庚申分金丁酉丁卯。

5. 臨濟正宗重興北港宮沙彌上瑞下合惟公一位蓮座。

　　孝徒：振明、振寶、振華。孝徒孫：朝慶仝奉祀。

　　內涵：皇清順寂沙彌上瑞下合惟公一位之蓮座。

　　　　　生於嘉慶癸亥（8）年9月2日酉時建生。

　　　　　卒於咸豐丁巳（7）年5月19日申時別世。

6. 臨濟正宗重興朝天宮三（四）十四世順寂本師上振下明傳公
　　蓮座。

　　孝徒：朝慶、朝祥。徒孫：達聰、達慎等奉祀。

　　內涵：順寂本師法名振明傳公享壽71歲。

　　　　　源派福建省漳州府龍溪縣天柱巖住持。

　　　　　生於嘉慶戊辰（13）年10月24日亥時受生。

　　　　　卒於光緒戊寅（4）年5月12日丑時歸西。

　　　　　葬在埤頭抄封園坐辛向乙兼戊辰辛酉卯分金。

7. 臨濟正宗怡山都戒元釋達聰印公蓮座。

　　內涵：臨濟正宗怡山都戒元釋達聰公強年36歲。

　　　　　生於道光己酉（29）年4月9日。

　　　　　卒於光緒甲申（10）年7月23日。

8. 臨濟正宗怡山都戒元上添下澤證公蓮座。

　　孝徒：勤禮、惟參。孝孫：頓超仝奉祀。

　　內涵：生於咸豐甲寅（4）年12月13日吉時生。

　　　　　卒於明治庚子（光緒26）年7月12日巳時歸西。

9. 臨濟正宗重興北港宮沙彌上頓下超會公一位蓮座。

　　孝徒：松茂、松林（紅紙黏貼神位上）。

　　內涵：號會公，享陽壽34歲。

　　　　　生於大清光緒庚寅（16）年3月23日。

　　　　　卒於大正癸亥（民國12）年2月29日申時。

10.臨濟正宗上眼下淨公一位蓮座。

    內涵：孝徒：釋然妙奉祀。

        生於光緒戊戌（24）年7月4日。

        卒於民國辛亥（60）年2月3日。

11.臨濟正宗上然下妙公一位蓮座。

    內涵：生於民國11年4月11日。

        卒於民國76年12月27日。[39]

這十一代住持中，前九代自清朝康熙年間至日治大正12年止，係樹璧和尚一脈相傳下來者，其中第二代住持能澤曾兼任彰化縣總持司，第六代住持振明曾往福建省漳州府龍溪縣天柱巖習法。第七、八代住持達聰、添澤都曾往福建怡山（長慶寺或西禪寺）學習，並任都戒元職，在佛法上都有深湛造詣，此情形在早期臺灣佛教界恐不多見。至於第十代以後住持，則受日人政策限制，改聘日本妙心寺派下臺南竹溪寺出身僧侶為住持。

上述牌位，惟一有瑕疵者為第六代振明，其在臨濟宗的輩分應屬第四十四世，但神牌上誤刻為三十四世。

（二）北港朝天宮歷代僧侶合祀神位

北港朝天宮歷代僧侶，除曾任住持者圓寂後單獨立有神位外，其餘尚有合祀神位，其名諱如下：[40]

被祀者	生卒年月	奉祀者
岐衍仁智公	康熙已亥（58）年10月13日生 乾隆癸卯（48）年9月6日卒	孝徒法俊
妙珍傳公	雍正己酉（7）年2月19日生 乾隆戊申（53）年4月20日卒	孝徒志心
妙鞏應公	雍正乙卯（13）年8月8日生 嘉慶丁巳（2）年12月23日卒	孝徒仰仲
妙琛仁公	乾隆庚午（15）年3月2日生 道光癸未（3）年11月16日卒	孝徒體紀、體正

---

[39] 原神位牌現存北港朝天宮，括弧內年號數為筆者所加。

[40] 同註39。

被祀者	生卒年月	奉祀者
鼎梅惠公	乾隆甲戌（19）年9月16日生 乾隆壬寅（47）年10月29日卒	孝徒禪宗
禪宗友公	乾隆庚午（15）年12月23日生 乾隆癸丑（58）年11月3日卒	
體正寬公	乾隆庚辰（25）年8月13日生 嘉慶戊午（3）年10月25日卒	孝從景璋、葉祠
脩誠豐公	乾隆甲寅（59）6月3日生 道光乙亥（20）年12月10日卒	孝徒浣衷
丹嚴演公	乾隆丙申（41）年6月5日生 道光辛卯（11）年7月10日卒	孝徒清泰、清順
清泰寬公	乾隆吉年11月15日生 道光吉年6月1日卒	徒見昇、見益、見應
見應宏公	嘉慶吉年正月18日生 道光丁未（27）年10月25日卒	徒瑞合、從愿、瑞芳、佛傳
見昇宏公	嘉慶吉年3月3日生 道光丁未（27）年10月23日卒	孝徒從祐
見益宏公	嘉慶，癸亥（8）年3月10日生 咸豐己未（9）年8月9日卒	
從愿惟公	嘉慶戊午（3）年2月2日生 咸豐己未（9）年5月14日卒	徒淡如、淡轉
淡如傳公	嘉慶丁卯（12）年吉月吉日生 同治壬申（11）年5月20日卒	
朝慶法公	道光辛卯（11）年6月19日生 同治壬申（11）年11月21日卒	孝徒達聰
朝祥法公	道光辛卯（11）年吉月吉日生 同治甲戌（13）年6月26日卒	
朝復法公	道光庚子（20）年3月20日生 光緒癸未（9）年8月十12日卒	
添品證公	豐吉年吉月吉日生 光緒庚寅（16）年2月28日卒	孝徒勤智
勤禮悟公	同治吉年吉月吉日生 光緒甲辰（30）年3月16日卒	
勤智悟公	同治吉年吉月吉日生 光緒癸巳（19）年8月1日卒	孝徒頓超
松茂融公	明治壬寅（光緒28）年11月17日生 大正壬戌（民國11）年7月27日卒	

　　如此，與前述住持神位合併，可整理出清代臨濟宗系僧樹璧以下師承系統圖：

臨濟宗卅四世：樹璧

臨濟宗卅五世：能澤

臨濟宗卅六世：鼎梅　　妙琛　　妙鞏　　妙珍　　岐衍

臨濟宗卅七世：禪宗　　體紀　　體正　　仰仲　　志心　　法俊

臨濟宗卅八世：景端　　葉祠　　景璋　　修誠　　修德　　修論

臨濟宗卅九世：浣衷

臨濟宗四十世：丹嚴　　邇鶴　　丹霞　　邇蓮　　皈藏　　溫恭

臨濟宗四一世：清順　　清泰

臨濟宗四二世：見益　　見昇　　見應

臨濟宗四三世：佛傳　　從願　　瑞芳　　鳴合

臨濟宗四四世：淡轉　　淡如　　振寶　　振明　　振華

臨濟宗四五世：朝復　　朝祥　　朝慶

臨濟宗四六世：達慎　　達聰

臨濟宗四七世：添洪　　添潤　　添品　　添澤

臨濟宗四八世：勤智　　惟參　　勤禮

臨濟宗四九世：頓超

臨濟宗五十世：松林　　松茂

此一譜系，在臺灣佛教中，罕見如此完整者。根據此譜系，可發現朝天宮之僧侶曾在其他廟宇擔任住持者，竟有：第二代住持能澤之徒岐衍、妙琛於乾隆、嘉慶年間連任嘉義溫陵廟（今名朝天宮）住持；[41]第六代住持浣衷之徒邇蓮、第九代見應之徒瑞芳分別於嘉慶、道光年間出任臺南市普濟殿住持；[42]第七代皈藏、第十三代達慎二位出任西螺廣福宮住持，第十代從願於道光末年出任鹿港城隍廟鼇亭宮住持；[43]第十五代惟參在光緒年間任西螺福興宮住持。[44]

除此之外，《雲林縣采訪冊》所列北港天后宮之文物：「神昭海

---

[41] 見黃典權編，《臺灣南部碑文集成》，〈溫陵廟增置廟產碑記〉，民國55年3月，臺灣銀行經濟研究室發行，頁187-8。原碑現存嘉義市延平街朝天宮內。

[42] 見臺南市人和街普濟殿開山廳藏：歷代開山神位；又參見該殿現存〈普濟殿重興碑記〉。

[43] 見劉枝萬編，《臺灣中部碑文集成》，，〈重修城隍廟捐題牌〉，民國51年9月，臺灣銀行經濟研究室發行，頁144-148。原碑現存鹿港鎮城隍廟鼇亭宮內。

[44] 見蔡相煇編撰，《北港朝天宮志》，惟參蓮座，頁256-1。原牌位藏西螺鎮福興宮。

表」、「慈雲灑潤」、「海天靈貺」等三塊匾額，目前仍懸掛在北港朝天宮。「重修天后宮碑記」，則樹立在聖父母殿前。此固因朝天宮源深流長，始克擁有如此珍貴文物，但數百年來，臺灣歷經天災人禍及異族統治，若非前賢遠見，竭力保存文物，後人恐也無緣目睹矣。

五、結語

　　笨港天妃廟就是北港朝天宮，是臺南市以北最早建立的媽祖廟，也是臺灣信徒最多的媽祖廟，從閩臺歷年編修地方志及各種歷史文物的記載，可以發現：

（一）笨港天妃廟是康熙年間外九莊居民所建，土地原業主陳立勳於明末清初入墾雲、嘉地區，田連阡陌，其家族主要居住地在嘉義縣鹿草鄉，亦屬外九莊範圍，兩者是一致的。

（二）笨港天妃廟在康熙《諸羅縣志》稱為天妃廟，乾隆年以後所修府志，稱笨港天后宮。北港朝天宮雖未保留有「天妃廟」記載的文獻，但朝天宮在雍正8年重建，易竹以木，易茅以瓦，或許前此即稱「天妃廟」，此後稱「天后宮」，故朝天宮現存乾隆40年重修牌記碑額即篆書「重修諸羅縣笨港北港天后宮碑記」謂笨港天后宮建於雍正8年。另光緒年間雲林縣訓導倪贊元的《雲林縣采訪冊》，也稱北港朝天宮為天后宮。從「天后宮」的稱呼看，兩者是相同的。

（三）余文儀《續修臺灣府志》記載：「雍正二年，知縣孫魯批允笨港街天后宮僧人設渡濟人，年收渡稅充為本宮香燈」；又倪贊元《雲林縣采訪冊》謂：「北港天后宮僧侶皆恪守清規」，即笨港天后宮在雍正年間即從事地方公益服務商民，且至清末亦然。而北港朝天宮現存僧侶神位，其年代自康熙至民初共傳十七代，師承分明，與笨港天后宮情形是一致的。

（四）「笨港」一地，原涵蓋今雲林縣北港鎮及對岸嘉義縣新港鄉南港村一帶，至乾隆初，因街肆太大，被分割為「笨

港南街」、「笨港北街」，並分屬打貓西保、大槺榔東保管轄。至乾隆末、嘉慶初年，漳、泉分類械鬥及笨港溪氾濫，笨港南街受損；因北岸深、南岸淺，北岸可泊千餘石商船，南岸吃水僅三、四尺，船不敢泊；南街既無商船交易，商業自然萎縮，迫使街民移居新南港，改以農產品集散及農業耕種維生；笨港北街則因商船可停泊交易，日益興隆，「笨北港」逐漸取代「笨港」稱呼，至光緒年間再簡稱為「北港」。

　　據此，可推理笨港天妃廟與北港朝天宮關係如下：笨港天妃廟建於康熙年間，至雍正8年加以擴建，時因政府已予媽祖「天后」之封號，乃正名為笨港天后宮。乾隆年間，笨港街分為笨港南街與北街，乾隆40年笨港天后宮重建，因廟宇位於北街，故稱為笨港北港天后宮。至光緒年間，笨港名詞已被北港取代，故官書稱為北港天后宮，簡稱北港宮。

　　又「天妃」、「天后」都是官方予媽祖的封號，所以官文書稱媽祖廟為「天妃廟」或「天后宮」，而民間則暱稱為「娘媽宮」、「媽祖宮」。至道光年後，臺灣各地已有不少媽祖廟至朝天宮進香，為了便於識別，以其開基媽祖來自湄洲天后宮朝天閣，乃取「朝天宮」為名，以誌本源，並沿用至今。

第五章 臺北市首座媽祖廟關渡宮

一、閩人入墾臺北盆地

　　「關渡」之名,是從凱達格蘭族語「Kantou」而來,西班牙文獻中則記為「Casidor」,因為發音來源的語系不同,故而關渡也有多個別稱,常見的「甘答」、「干豆」、「干荳」、「肩脰」、「墘竇」和「官渡」等,乾隆25年（1760）續修《臺灣府志》開始使用「關渡」一詞,這是關渡宮以地為名的濫觴。

　　閩人入墾前,臺北盆地主要住民是以平埔族的馬賽人（Bassajos）為主,也就是今天為人熟知的凱達格蘭（Ketagalan）人,其生活型

關渡宮

態是以採集、漁獵和游耕為主。清朝平定臺灣後開始對羅剎及對西北用兵，康熙36年（1697）從福建進入臺北北投採硫磺的官員郁永河在其日記《裨海記遊》中對臺北盆地有如下記載：

> （五月）初二日，……由淡水港入，前望兩山夾峙處，曰：甘答門，水道甚隘，入門，水忽廣，瀦為大湖，渺無涯涘。……張大云：此地高山四繞，周廣百餘里，……甲戌四月，地動不休，番人怖恐，相率徙去，俄陷為巨浸，距今不三年耳。[1]

所說的大湖，即是史書上所說的「康熙臺北湖」，因康熙33年（1694）臺北大地震，關渡地區斷層的走山落石，阻礙了淡水河的出口而淤塞成湖，後來積水退去，但仍四處積水，直到一百多年後的嘉慶14年（1809）才呈現完整的盆地，範圍包含了現今的基隆河下游，以及北側的河道、社子島和關渡平原之部分地帶。

當郁永河來到北投地區探勘硫磺礦時，初到的數日便受到當地原住民的招待：

> 又數日，各社土官悉至，曰八里分，麻少翁、內北頭、外北頭……等二十三社，皆淡水總社統之，其土官有正、副、頭目之分。飲以燒酒，食以糖丸，又各給布丈餘，皆欣然而去。[2]

從明鄭統治臺灣以後，凡是漢人的聚落稱之為「庄」，原住民的聚落則稱之為「社」，在北投地區竟有23社的原住民的聚落，且對清朝官員十分尊敬。次日，郁永河接著在社人引導下走到新北投地區，他說：

> 緣溪入，溪盡為內北頭（投）社，呼社人為導。轉東行半里，入茅棘中，勁茅高丈餘，兩手排之，側體而入。……五步

---

[1]　郁永河，《裨海記遊》，頁62。
[2]　同註1。

之內，已各不相見。[3]

由此可見北投地區一片蠻荒、杳無人跡，尚也無華人拓墾的痕跡。

康熙30年代清朝對內蒙古及西藏用兵，不斷派人來臺採硫供製火砲，閩人來者日多，臺北盆地未開發的狀況也開始轉變。康熙48年（1709）諸羅縣令宋永清（鳳山縣令兼任）核准了泉州人士陳天章、陳逢春、賴永和、陳憲伯和戴天樞等五人合股成立的「陳賴章墾號」，開始進行「大佳臘」的開墾。「大佳臘」是今天臺北地區的舊名，宋永清批發的《大佳臘墾荒告示》如下：

> 臺灣府鳳山縣正堂紀錄八次署諸羅縣事宋，為墾給單示以便墾荒裕課事，據陳賴章稟稱：竊照，臺灣荒地現奉憲行勸墾。章查上淡水大佳臘地方，有荒埔壹所，東至雷厘、秀朗，西至八里坌、干脰外，南至興直山腳內，北至大浪泵溝，四至並無妨礙民番地界，現在招佃開墾，合亟瀝情稟叩金批，准給單示，以便報墾陞科等情。[4]

此給墾契批准開墾的地區，東至今新北市永和、中和區，西至八里區、臺北市北投區關渡外，南至新北市板橋、新莊區，北至臺北市大同區，包含了整個淡水河流域的臺北盆地，面積有100多平方公里，當然其中大部分為沼澤地，尚無開發價值。給墾契同時也規定墾戶對原住民已墾用土地不得侵耕，避免漢人與原住民的衝突。從此開始有閩人進入臺北開墾。

二、海防安全考量建立天妃廟

關渡宮創建年代，一直有明永曆15年或順治18年（1661）的說法，永曆15年也是順治18年。永曆15年的說法是民國64年臺北市政府

---

[3] 同註1。
[4] 見《大臺北古契字二集》二、大加蚋堡，1，「1709年上淡水社大佳臘地方墾單」，頁21。

民政局為關渡宮立碑時提出，謂：

> 斯宮約建於明永曆十五，民前二五一年，傳於雞籠令基
> 隆通事賴科開闢北投庄時所建，宮臨象鼻穴及三潮勝景，山明
> 水秀，初稱靈山廟，清乾隆五十一年重建，祀天上聖母始易今
> 名。其年代之久，與慈生宮並稱，其香火之盛，亦與鹿港天后
> 宮和北港朝天宮兩大媽祖聖宮相互媲美。
>
> 　　中華民國六十四年夏臺北文獻委員會主任委員楊寶發敬
> 撰，財團法人關渡宮董事會敬立，文獻委員會編纂黎民敏敬書[5]

順治18年創建說則是民國72年關渡宮董事會在《關渡宮建廟沿革
史簡介》提出，謂：

> 關渡宮立廟，始於清順治十八年（即公元一六六一年）
> 由福建臨濟宗派和尚石興恭請護駕兩尊媽祖渡海來臺，經滬尾
> （即今淡水）進港，入干荅門（即今關渡）來干豆靈山，以茅
> 結屋，供奉香火，迄今已三百二十三年歷史。[6]

左：開山碑傳說的石興和尚
右：石興和尚墓

這二則記載都是現代人的撰述，並無史料可資印證。史籍最早記載關渡宮，則為康熙56年修的《諸羅縣志》，謂建於康熙51年（1712），《諸羅縣志》謂：

> 天妃廟：一在外九莊笨港街。三十九年，居民合建。一在鹹水港街。五十五年，居民合建。一在淡水干豆門。五十一年，通事賴科鳩眾建。[7]

康熙51年關渡宮建廟時，臺北，尤其是關渡地區尚無漢人聚落存在，原住民也無媽祖信仰習慣，為何要在偏僻的淡水河畔建立天妃廟？其原因可能是當時的海防安全考慮。《諸羅縣志》，卷七〈兵防志〉，水陸防汛，陸路防汛謂：

> （康熙）五十年，因搜捕洋盜鄭盡心，調半線千總隨防縣治，以守備駐箚半線；調佳里興分防千總移駐淡水。[8]

軍方需調派一個營的軍隊駐防淡水，可知洋盜鄭盡心的勢力不小，為防範其徒黨進入淡水臺北地區，在淡水河畔建立一座廟宇來監視進出船舶，隨時可以掌握治安狀況似乎就很自然了。當時臺北關渡地區尚無漢人聚落，駐守軍人也不能去從事建廟雜役，工程就落到擅長搭建茅草屋的原住民身上。工程由當時由諸羅縣令派任，職司向原住民收取餉稅及指揮服勞役的吏員「大雞籠社（基隆及其以南的臺北地區）」的通事賴科負責。

廟宇落成後，各社原住民也熱烈參與慶祝。《諸羅縣志》，靈山廟，謂：

> 靈山廟：在淡水干豆門，前臨巨港，合峰仔峙、擺接東、西二流與海潮匯，波瀾甚壯。康熙五十一年建廟，以祀天妃。落成之日，諸番並集。忽有巨魚數千隨潮而至，如拜禮

7　《諸羅縣志》，卷十二〈雜記志〉，寺廟。
8　見《諸羅縣志》，卷七〈兵防志〉，水陸防汛，陸路防汛。

然。須臾，乘潮復出於海，人皆稱異。[9]

　　關渡宮位居進出臺北盆地要津，可發揮船舶進出臺北盆地資訊蒐集功能，但因建於山頂，冬天臺北的東北季風甚強，以木、竹、茅草建構的廟宇維持不了多久即需重建。康熙54年（1715），也就是廟宇草創三年後，正式改建為木構瓦頂的建築。官方非常重視關渡宮的存在，所需經費似由官方負擔，《諸羅縣志》謂：「五十四年重建，易茅以瓦，知縣周鍾瑄顏其廟曰『靈山』。」為增強廟宇結構的耐用度，還從福建廈門運來所需的木、石建材，並有在一天即運達的神異傳說，《諸羅縣志》謂：「康熙五十四年，干豆門重建天妃宮，取材鷺島；值西風，一晝夜而達。」文中的「鷺島」即是廈門的古名。落成時，縣令周鍾瑄不辭辛勞往返跋涉數百公里前來為天妃廟題名「靈山」，並將關渡宮所在的干豆門及往北投面臨臺北湖埔地數十甲授予住持僧綿遠，備供其招佃開墾收租維持廟宇香火，縣令希望關渡宮永續經營的態度非常明顯。

　　關渡宮原本興建於干豆門象鼻山山頂，但在新廟建成後4年的康熙58年（1719），又往下移遷至山麓，移建原因，推測是臺北堰塞湖隘口水位降低，福建來北投運載硫磺及雜貨的船舶停泊水面下移，關渡宮的功能日漸多元化，廟宇建築遂隨著關渡碼頭下移而向下遷移。

　　此次建廟，由漳浦、同安、安溪、興化四縣來臺北從事海運、採硫商人協議，公舉高飛鶴為董事，四縣人樂捐2,200餘元為資金，於康熙56年11月興工，57年11月竣工，主祀天上聖母，合祀三官大帝、觀音佛祖。而《淡水廳志》則記其事於康熙58年，謂：「天后宮：……一在關渡門，原建山頂，康熙五十八年，移建山麓。」[10]在周鍾瑄編纂的《諸羅縣志》山川總圖，干豆門旁所繪靈山宮即在平地，廟前水面上還有數艘海舶。關渡宮10年內在官方、四縣商賈協助下3次修建廟宇，是宗教史上很少看到的例子。

　　諸羅縣令周鍾瑄重視關渡宮的遠見，果然在建廟不久即得到具體印證，康熙60年（1721），閩人朱一貴在臺灣建立中興王國，年號

---

[9]　《諸羅縣志》，卷十二〈雜記志〉，古蹟，靈山廟。
[10]　見《淡水廳志》，卷五〈祠祀〉，天后宮。

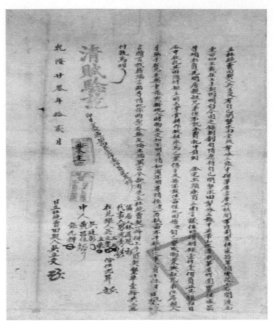
乾隆23年古契

永和。福建水師提督施世驃及南澳總兵藍廷珍率兵來臺追剿,次年,朱一貴被捕,藍廷珍怕餘黨逃入後山噶瑪蘭地區,指派淡水營守備謝周,優禮羅致關渡門媽祖宮廟祝林助,前往噶瑪蘭地區採探消息。又恐官兵有所疏漏,還派繪師同往,將往返路經山水繪圖攜回呈報,順利壓制反政府力量,讓臺北地區得到數十年的安定。

三、墾民移入與關渡宮的發展

　　清朝原把臺灣視為九邊重鎮,禁止百姓來臺,經歷朱一貴事件,新上任的雍正皇帝已知道「臺灣是要緊地方」,於是對移民入墾從嚴禁調整為弛禁,同意讓在臺官員、墾民接來住在福建、廣東的眷屬、家人至臺灣定居。雍正年間關渡地區漸有漢人入墾,雍正3年(1725)臺灣鎮總兵官陳倫炯的族人陳懷兄弟就入墾北投地區,並承墾關渡宮的園地,每年繳交50石租谷給關渡宮住僧綿遠。其他各姓墾民也陸續進入北投地區。通過官莊、漢莊和原住民社田的開墾三種方

式，吸納閩、粵二省過剩勞動力，加速臺灣土地的開墾，提高了農作物的生產能量。到了乾隆6年（1741），北投地區正式出現了北投、嘰哩岸和關渡三個漢人聚落，臺灣的稻米不但自給自足，還有餘糧可以回銷運往閩、粵二省內地。也就是北投地區在關渡宮建廟後30年間由動盪到快速發展的時空背景下，媽祖信仰已有了穩固的信仰人口與經濟基礎。

乾隆年間是臺灣經濟最繁榮，人民富足的年代，關渡宮擁有的田園也已經被佃戶大量開墾，當時田業除了北投地區外，還包含淡水河對岸的八里、蘆洲一帶。這些田園是諸羅縣令周鍾瑄授予關渡宮首任住持僧綿遠的，綿遠就是關渡宮法定的業主，乾隆28年（1763）擔任關渡宮住持的僧人石興，就以「關渡宮媽祖業戶綿遠僧，石興代理庄務記」[11]的章戳管理田園產業。

乾隆47年（1782）關渡宮進行大規模的重建。《淡水廳志》載：「乾隆四十七年修。道光三年重修。」[12]而民國5年（1916）〈北投公學校校長報告〉謂：「乾隆四十六年六月，管理人鄧大鳳以廟宇方位不正，與庄民協議，由廟方出財產二千元，庄民捐二千四百元，於次年重建。」[13]

這次重建所支經費達4,400元，是清朝歷次重建最高者，廟方自行負擔半數，似乎綿遠莊園收入租粟維持廟宇香燈外還有餘裕。莊民捐款者，除了臺北墾戶、商賈外，也有福建及廣東籍民，目前關渡宮正殿還保存鄧大鳳所立四點金石柱，鄧大鳳為廣東籍或閩籍客家族，拜殿也留下署名「北投社弟子潘元坤、劉士損、金佳玉全喜助。」的龍柱，「北投社弟子」指的是北投地區的原住民，另有同安籍人捐獻三川門左、右兩側的龍虎堵石雕，足證此次重修是閩、粵及平埔族三大族群共同合作的成果，今日關渡宮的基礎與規模都在此次重建時奠定。而此一廟方與居民各負擔約半數金額的建廟模式一直維持到臺灣割讓而止。

---

11 見《關渡宮文化資材叢書》《歷史篇・關渡宮沿革》，2015年11月，關渡宮董事會印行。
12 同註9。
13 見《臺北廳社寺調查報告書》《北投庄・關渡宮》原檔藏於國家圖書館臺灣分館。

道光3年（1823）臺灣經歷了一次嚴重的颱風，損害嚴重，關渡宮也進行重建。〈北投公學校校長報告〉謂：「道光三年六月暴風水害，屋宇破壞，管理人陳愿淡等以廟產二千四百元與庄民捐款四百元，於次年十月重修。」[14]此次重修莊民只捐款400元，較乾隆重修少了2,000元，可見颱風災害讓莊民損失慘重。但義舉卻引起包含廣東、福建及臺灣更多媽祖信徒的捐款，目前尚保留在關渡宮功德堂兩側的石碑，詳細記載了捐款人姓名及捐款金額，其中捐款最多者是泉州商郊組合在臺北新莊、艋舺經商的泉郊金晉順，捐銀200元；次高者為板橋林家林安邦捐100元，陳金聲80元，金道生、新竹林紹賢各捐60元，士林楊仰峰與何錦堂、嗶哩岸王錫棋、北投賴元華、新莊張廣福、關渡黃興遠，另有商號或船戶瑞成號、營成號、政源號、榮泰號等都有20元以上捐款，總捐款數達銀2,232元，加上廟方負擔的2,400元，金額與乾隆年的經費相當。

石碑上列名捐貲之墾號、商號與船戶大多無法考證，但關渡宮正殿入口的左右兩側保留的石窗和裙堵構建，左側上刻「同邑太學生高國基敬奉」，同邑是福建省同安縣；下方麒麟堵刻「廣東饒邑鴻崗許國良敬立」，廣東饒邑指廣東省饒平縣，右側下方刻「弟子臺長生敬奉」，臺姓為北投社原住民的漢姓，這些落款，正可反映出關渡宮已是整個淡水廳原住民、墾戶、商賈及來臺經商閩、粵籍民共同信仰了。

四、日據時期關渡宮的重建與管理權轉變

（一）廟宇重建

清末是中國備受列強侵凌的時期，光緒20年（1894）清朝與日本發生甲午戰爭，清朝戰敗，割讓臺灣給日本。光緒21年（1895）日本派近衛師團從三貂角登陸，以武力接收臺灣，明治29年（光緒22年）春，日軍佔領臺北，淡水、北投一帶義軍趁日軍入城，攻打芝山岩日本國語傳習所，關渡宮僧人因長期與官方維持良好關係，在抗拒日軍

---

[14] 同註11。

佔領期間也有僧人參與活動，正月23日，日軍來到關渡宮進行報復行為，往廟內潑灑煤油、企圖縱火焚燒廟宇未果，僅廟前榕樹被焚。當時關渡宮是兩殿兩廂式建築格局，前殿供奉媽祖，後殿供奉觀音，當夜八里蛇仔形高姓村民趕來搶救媽祖、觀音神像回村，藏匿於觀音山下的石壁腳，直到事平之後才又請回關渡。

　　日軍在攻臺灣過程中，日本佛教各宗派有隨軍僧侶，這些僧人為擴張勢力，紛紛把佔領廟宇兼併為系下聯絡廟宇。明治29年9月（光緒22年6月），日本曹洞宗駐臺佈教師佐佐木珍龍向當時臺北縣內務部提出：曹洞宗大本山永平寺、總持寺與關渡宮簽訂契約書，請准將關渡宮納為曹洞宗分寺的函，並獲總督府同意。明治30年9月4日《臺灣日日新報297號，關渡宮的再興》[15]記載佐佐木珍龍來關渡主持楊府大師（楊公）祭典，見「關渡宮伽藍尚存……地處形勝之地」，擬捐3,000元修繕廟宇。但是佐佐木珍龍的捐款似未得總寺的支持而落空。為瞭解這段歷史，關渡宮曾於向日本曹洞宗大本山永平寺、總持寺請求提供日治時期關渡宮為其分寺之史料。該寺提供檢索資料[16]，然竟全無關渡宮記錄。

　　曹洞宗未能實踐對關渡宮的承諾，鄉民只好與廟方合作自力修建。〈北投公學校校長報告〉謂：「光緒二十三年董事林大春及翁源隆協議，以廟財二千元及庄民樂捐四百元為修建。」[17]大部分的重建經費仍由廟方負擔，地方人士只象徵性的負擔五分之一，而主導這次修建的人是關渡出身的商人林人春。

　　關渡宮現存《重修關渡宮碑記》也記載林大春為勸緣首事，捐龍銀200元，再加上其他信徒共計捐龍銀1,276元，結算後尚缺龍銀85元，林大春再捐款補足缺額，總計此次修建經費合計銀1,361元，應只是中等規模的修建而非重建。因當時臺灣媽祖廟已多，臺北地區已有臺北府城、新莊、板橋、錫口、大龍峒、淡水、基隆等多座廟宇，關渡媽祖已是北臺灣領導廟宇，為了凸顯此歷史特性，廟宇落成後就

---

[15] 農曆為光緒 23 年 8 月 6 日，見《臺灣日日新報 297 號，關渡宮的再興》。
[16] 平成 12 年 9 月發行《比較文化史研究 2》，松金公正撰：「曹洞宗布教師による臺灣仏教調查と「臺灣島布教規程」の制定—佐々木珍竜『從軍実歷夢遊談』を中心に」。
[17] 《臺北廳寺廟宗教調查報告書》〈北投公學校校長報告〉，關渡宮。

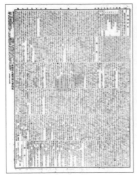

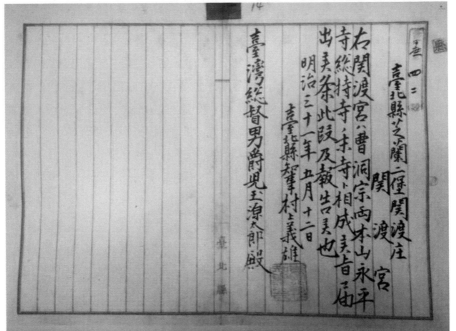

上左：明治30年（1897）關渡宮再興
上右：明治30年（1897）關渡宮再興
　下：關渡宮納為曹洞宗分寺

取關渡二字為名，稱「關渡宮」沿用至今。

　　明治38年（1905），臺灣發生大地震，震央在臺灣中部的苗栗至嘉義，許多廟宇倒塌，關渡宮受捐情況不明。當時北港朝天宮經臺灣總督府批准向全臺信徒發起募捐。明治40年（1907）關渡宮也向總督府提出募捐申請，也同樣經總督府同意。明治42年（1909）3月17日

《臺灣日日新報》載：「臺北廳下的關渡媽祖廟，籌新建廟附屋宇，其經費為七千八百圓，擬向全島募捐，前經該處魏田英外八名稟請，此際，經准其募捐矣。」[18]當時推動工程似已由魏田英執行並完成後續工程，建廟經費支出達7,800日元，是關渡宮創廟以來動支最高經費紀錄，落成後的殿宇規模是臺北地區數一數二。

（二）管理權轉變

乙未年日本佔領臺灣，便設置臺灣總督府為統治臺灣單位，總督府成立後即延聘日本東京大學織田萬等教授來臺，成立舊慣、土地、田野、森林等各種調查會，以調查成果報告供制訂施政方針參考。

關於土地制度方面，因荷蘭東印度公司在臺時期，將土地當公司生產工具，每年視需要種植特定農作，將土地分成若干標的，提供種籽、農具，公開招引華人來臺競標。得標者再返鄉織組農民來臺耕種，待作物收成，依約取得款項後全部撤離臺灣返鄉。第二年重新招標，如此周而復始，因此，在臺從事耕作的華人農夫與土地並未綁在一起。

明鄭治理時期，荷蘭人此一制度被沿用，除了鄭氏之外，鄭成功也允許各軍鎮將領、文武衙門圈地採用此制度招佃，以收入支付各項開支所需。因此臺灣有王田、官田及民田等各種名目不同的土地所有權。清軍在施琅佔領臺灣後，將王田、官田據為私有，稱為業戶，再將土地讓予摩下兵丁或親友耕作，每年收取作物收成十分之一折抵租金，至於政府應收租稅則向實際耕作農戶收收。這種制度被稱為「一田二主」成為大地主業戶逃稅而實際耕的小農被雙重收稅的特殊現象。

明治40年（1905），臺灣總督府為改善一田二主的現象，取消業戶大租權，讓實際耕種土地的佃戶為地主。關渡宮因而喪失原有綿遠莊田業的業主權。而原有廟宇建築所在的土地，則登記於關渡宮管理人林大春名下。林大春在日治時期仍經營回漕運輸業，但在大正年間遭遇漕船遇颱風沉沒及管理疏失，回漕船貨被客戶騙走，事業中落，於大正9年去世。大正年間關渡宮的廂房改建即無林大春身影，並由

---

[18] 明治 42 年（1909）3 月 17 日《臺灣日日新報（漢文版）》。

代表地方政府的北投庄役場為關渡宮管理人，直至二戰日本投降撤出臺灣而止。

關渡宮喪失大租收入後，仍有相關際典及信徒迎神收入。祭典主要有三，一為農曆3月23日的天上聖母祭，一為農曆6月19日的觀音佛祖祭，一為農曆正月15日的三官大帝祭。各神誕祭祀，每次約需費2、300元，即以收入迎神費充之。這三個祭日前，各方信徒會迎神至村莊遶境，信徒會在家門口擺置香案祭拜，或跟在神轎後隨香。迎神者主要來自臺灣的東北部地區，包含今天的宜蘭縣、基隆市、新北市及臺北市，迎神日期或數日，或月餘，均於事前協調，並向廟方登記，迎神前需預繳迎神費，其金額隨地方遠近不同，最低一天3元，或4、5元，最高6元。迎神費每年收入約千餘元。

神符

另關渡宮尚印有媽祖神符，供信眾迎回貼於家中正廳，早晚膜拜。民國以後慢慢被觀音媽彩繪取代。另廟內置僧人一名管理廟內事務，年薪180元。

五、當代關渡宮

二次世界大戰期間，臺灣總督府為增加兵源參與戰爭，全力推行：改姓氏、講日語及信仰日本神祇的皇民化運動。對傳統信仰，除了在各鄉鎮建立神社，官民學生每星期一固定前往朝拜外，各地原有廟宇或由地方政府接管，或由日本佛教宗派建立上下院關係，指振曾受日本佛教學校訓練畢業之臺籍僧人為住持。民國34年（1945）8月14日日本宣告戰敗，無條件投降，二次世界大戰結束。開羅宣言宣告日本戰後需歸還自1895年以後取自中國的土地，臺灣、澎湖地區即為需歸還土地。34年10月25日中華民國政府派陳儀來臺接收，在臺灣設立臺灣行政長官公署，原臺北州改稱臺北縣，由連震東接收，北投庄改稱北投鎮，鎮長初由官派。

（一）管理權回歸民間法制化

　　光復後，日治時期臺灣寺廟神像、財產被徵收者可由原管理人取回管理，但關渡宮前管理人是政府單位北投庄役場，光復後就由北投鎮公所接手管轄，維持日治時期的管理人制。民國39年底中華民國政府撤至臺灣，蔣介石復行視事，於北投設置陽明山管理局，下轄北投、士林二鎮。據所見文獻，光復後至民國46年間關渡宮的管理人為陳水藤先生，47年至51年的管理人為曾任北投鎮長的陳振榮先生。

　　光復初期，因國、共內戰，國民黨開始徵調臺灣人赴大陸參戰，對民間進行專賣制度，又以臺灣糖、米等資源運回內地支援戰爭，導致通貨膨脹，民生困頓，百業蕭條。關渡宮前的關渡街是淡水河進出北投鎮的吞吐口及通往關渡火車站的唯一要道，經多年戰亂破損不堪，民國39年世居關渡街的陳紅英與關渡宮管理人陳水藤首先發起居民樂捐修建關渡街路面，獲得街民支持順利完成。

　　民國42年陳紅英與眾多關渡漁民基於感恩媽祖庇佑，在北投鎮長廖樹、副鎮長郭元禮、關渡宮管理人陳水藤、關渡里長黃元壽支持下發起成立重建委員會，由陳紅英掛名「重建人」，邀請關渡出身的漁民及從事建築業的黃定等先生參與。新建工程從民國43年底開始興工，46年落成，建物為前媽祖，後觀音二殿，兩側室供奉三官大帝、文昌帝君、註生娘娘的傳統格局。

　　此次修建經費未見徵信碑，但由關渡宮正殿四點金石柱分由廖樹、郭元禮、陳水藤、黃元壽四人署名，可知重建工程由北投鎮公所主導，陳紅英並於正殿內乾隆46年鄧大鳳原立四點金柱石柱上署「重建人陳紅英」等字，另與黃定於拜殿捐獻花鳥石柱。此後直至民國51年，關渡宮即維持官、民並存的運作模式，官方的管理人由北投鎮公所指派，民間自組的重建委員會則負責營建事業。

　　民國52年葛樂禮颱風重創臺北，淡水河積水不退，水利單位發現關渡宮對岸觀音山延伸到淡水河的「獅子頭」，與關渡丘陵延伸至淡水河之「象鼻」地形犄角自然形成「獅子頭隘口」，原是天然漁場，卻成為颱風來時妨礙臺北平原淡水河下游排水的原因。民國53年政府將獅子頭地形炸毀，剷平象鼻山，遷移象鼻山上的慈航寺及57

1960年關渡媽祖　　　　1960年關渡宮

戶民宅,以拓寬淡水河道,導致關渡地區地形、地貌改變。為因應此新局,黃定邀集陳有福等地方人士開始籌劃成立管理組織來規劃關渡宮重建事宜。當時廟宇通行的管理組織名稱為「(廟名)管理委員會」,但關渡宮卻擬成立社團法人「理事會」以黃定先生為首任理事長向陽明山管理局提出申請。然以廟宇業務被歸類於民政部門,且戒嚴時期政府對民間宗教活動視為迷信浪費嚴加管理,未獲政府同意。但關渡宮卻已以董事會名義開始運作。

　　民國57年7月臺北市升格為院轄市,陽明山管理局併入臺北市,同年,政府發起中華文化復興運動,宗教活動認為是傳統文化的一部分。黃定先生乃依宗教財團法人的規定,先於關渡宮傳統信仰區徵求信徒,信徒每人需繳樂捐新臺幣100元建立分區信徒名冊,接著循法律程序召開信徒代表大會,選出董監事後,陳報陽明山管理局申請成立董事會。民國58年12月7日,經核准登記,經公告三個月,於民國59年4月3日取得臺北地方方院財團法人登記許可證,正式成立財團法人,全名為:「財團法人臺北市陽明山關渡宮董事會」開始以完整的會計制度,在地方政府監督下公開運作的新型態廟宇。

(二)關渡宮大改造

　　黃定先生從事建築業,其構想是以朝天宮的五軒起建築格局規劃重建關渡宮,就任後先邀潘澤漢、潘澤儀建築師協助規劃建築空間,

上：媽祖殿
中：觀音殿
下：三官殿

其構想：首先將正殿媽祖殿墊高10尺，三川殿建築線前推50尺，建立五軒起三縱列大建築，接著挑高正殿，將廟兩側室仔拆除新建觀音殿及文昌殿，即正殿為媽祖殿，左側為觀音佛祖殿供奉觀世音菩薩，右側為文昌帝君殿供奉文昌帝君及關聖帝君、註生娘娘。原觀音殿改建為三樓高凌霄寶殿，底層為財神殿，上為三官殿，並打通地道至知行路，外闢停車場。另以象鼻山慈航寺拆遷遺留之棄石整建後山的靈山公園。

三川殿及正殿的整建工程約在民國54年至58年間完成，其木構承作則聘請名師黃龜理先生負責造作，並新雕鎮殿媽祖、觀音及文昌三神佛聖像，同時黃定先生墊資收購「祭祀公業黃興遠」派下位於關渡宮後山坡地千餘坪，整建為廣渡寺，中央正堂為黃定先生獨資建築，董事會決議應歸由黃定家族永遠供奉歷代祖先神位，其前為地藏王菩薩，其左、右供一般信徒進主。廣渡寺興建完成後，繼於其上興建藥師佛祖殿，中供藥師佛，兩側殿供奉五百尊觀音菩薩立像及信士長生祿位，廊下奉祀十八羅漢，整個工程於民國59年竣工。民國58年為娛神之需於三川殿前建一天壇，面向關渡宮中門，供節日演戲酬神之用，於廟宇拜殿兩側建鐘鼓樓，左方建功德堂，奉祀歷代開山及歷代功勞者，工程於民國59年竣工。

關渡宮原有古佛洞，深約30餘尺，二戰時期被深挖至100餘尺，供百姓防空避難之用。董事會決定予以打通至知行路山腰，民國62年2月動工，洞壁以《華嚴經義》所載觀音顯化救人濟世故事雕於石板上，面對淡水河建千手觀音殿，洞外為一觀景臺，可觀覽關渡平原及觀音山美景，工程歷時3年至民國66年竣工。民國69年又於正殿龍邊興建種福池，立「種福池碑記」記其緣起。

興建古佛洞時接著興建三層樓高凌霄寶殿，同時向臺灣省水利局申請挖通財神洞，但未獲准。至民國71年莊阿螺任董事長始興工，工程從原觀音殿開挖，打通至淡水河濱，於出口處增建福德正神殿供信徒朝拜，另於洞口左側興建香客大樓，工程至民國73年落成。民國73年黃定回任董事長，財神洞右前方近淡水河濱原有抽沙場，次年由關渡宮提供200萬元補償金請其拆遷另闢建停車場供香客停車使用。財神洞、香客大樓竣工後，接著又將凌霄寶殿擴建為6層樓高，於民

古佛洞的千手千眼觀音像

國75年竣工。陳有福任內完成圖書館新建工程，於民國89年竣工。同年8月，陳林富接任董事長，任內又重修財神洞，補強洞內結構，並重做洞內門神、神殿結網，神龕網目木雕，亦重新彩繪按金，並增加牆面浮雕石刻及木雕天上聖母事蹟14幅，重修凌霄寶殿，完成內部裝設。民國92年聘請名匠師以傳統營造法式整修前殿，先後完成前殿木造結構、天花板結網整修並彩繪按金，屋頂剪黏、殿內外石雕、門神木雕則重新之，使本宮兼具傳統與現代建築之美。整個前殿重修工程，於民國94年竣工。民國96年又於宮外邊坡新雕了「天上聖母靈應神蹟」69則，記錄媽祖故事與關渡宮的歷史發展，圖文相證。民國100年開始整建香客大樓，102年至103年又整修藥師佛殿天花彩繪，藥師佛像重新按金，又重雕十八羅漢及兩側觀音立像，增置藥師佛燈座，讓宗教信仰與自然景觀結合，成為臺北市民最佳觀光、休憩景點，讓關渡宮每年各項收入金額都在億元以上，關渡宮又以大筆經費設置清寒助學金及各項社會救濟，協助政府安定社會，並年年獲臺北市政府表揚。

六、結語

　　媽祖信仰是臺灣民間最重要的信仰，關渡宮是因應社會治安的需要而創建，但媽祖海神信仰的特色，還是吸引各地來臺北墾拓的華人及海商前來朝拜，關渡宮影響力也與時俱進，清朝末期，連外國商人也參與了關渡宮重建的捐款行列，宗教信仰深入民心，可見一斑。

　　乙未割臺，關渡宮僧人也曾參與抗日活動，日治後臺灣社會開始劇烈轉變，關渡宮一度被日本曹洞宗納為附屬單位，又轉歸地方政府管轄，民國34年（1945）臺灣光復後，關渡宮的管理權由北投鎮公所轉由民間成立管理組織，民國59年再進化為財團法人組織，財務、人事自行管理，但相關會議記錄及財務表報均需經會計師事務所簽證後報政府相關管理單位核准，成為當前臺灣民間寺廟管理、經營的模範。

第六章 臺灣第一香：
南瑤宮笨港進香

一、前言

　　南瑤宮主祀媽祖，是臺灣中部規模最大，信徒最多的媽祖廟，從清朝嘉慶年間開始每年均前往笨港進香，曾是臺灣史上規模最大的進香活動領導廟宇。

　　民國86年9月，國立彰化師範大學地理學系出版了《彰化南瑤宮志》，全書分成10章449頁，詳細記載了南瑤宮的沿革、祀神、祭典、媽祖會活動、文物史料等，為南瑤宮留下歷史的見證。綜觀《彰化南瑤宮志》，可以發現南瑤宮的香火緣自「笨港」，創廟後二百餘年均至笨港進香，也因為至笨港進香的活動深獲臺灣中部信徒認同，透過媽祖會組織不斷的擴大，南瑤宮成為信徒跨越彰化、南投、臺中市三個行政區的大廟宇。《彰化南瑤宮志》第五章對南瑤宮笨港進香，記載云：

> 　　南瑤宮香火由前輩楊謙先生於清代雍正年間自笨港天后宮帶來。基於飲水思源及知恩圖報之雙重理由，遠在清朝初期，南瑤宮信徒即約每四年一次，選擇吉期前往笨港天后宮進香，並到南港探望楊謙先輩的後代子孫。但是嘉慶年間，笨港天后宮被洪水沖毀，因此該進香活動暫告受阻。然而，由於笨港附近後來仍有許多與原笨港天后宮有淵源之其他廟宇，如北港朝天宮、新港奉天宮等，因此，南瑤宮遂改至笨港地區繞境，並至北港朝天宮及新港奉天宮等廟駐駕會子時香。後來由於與北港朝天宮部分信徒產生誤解，逐漸地便只在該宮會午時香，而不駐駕過夜，如今只剩下拜訪之活動，而取消了與該宮會香之儀式。因此，如今之進香儀式暫時只限於在新港奉天宮一

處。[1]

這段記載，描述南瑤宮創於雍正年間，香火來源是「笨港天后宮」，但笨港天后宮因於嘉慶年間被洪水沖毀，故改至北港朝天宮及新港奉天宮會香。因南瑤宮認為北港朝天宮及新港奉天宮均非其祖廟，故轉往湄洲進香。《彰化南瑤宮志》云：

　　由於本宮香火來自笨港天后宮，而天后宮又遭洪水沖毀，造成本宮無祖廟可謁之情形。因此，自從臺海兩岸關係漸次開放緩和以後，本宮各媽祖會便積極地往大陸湄洲進香。目前已前往多次。[2]

據《彰化南瑤宮志》「歷年往湄洲媽祖廟進香一覽表」，南瑤宮從民國77年開始往湄洲進香，至民國85年編修宮志時，每年均有媽祖會前往湄洲進香，已經成為一個習俗，「笨港」只成為南瑤宮媽祖起源地的象徵。如此巨變，肇因於民國50年代新港奉天宮提出「笨港天后宮被洪水沖毀」的說法，造成南瑤宮媽祖起源地概念的改變，進而導致其進香廟宇的轉變，影響甚大。南瑤宮何時創建？為何前往笨港進香？楊謙與南瑤宮的關係？「笨港天后宮被洪水沖毀」說法的依據為何？是否正確？若能加以釐清，南瑤宮到笨港進香的歷史真相始能顯現。

二、南瑤宮的創建

（一）南瑤宮的創建緣由

南瑤宮何時創建？彰化縣令周璽修的《彰化縣志》〈祀典志〉謂建於乾隆中，云：「天后聖母廟，在南門外尾窯，乾隆中士民公建，歲往笨港進香，男女塞道，屢著靈應。」[3]但未說明創建背景。昭和

---

[1]　國立彰化師範大學地理學系，《彰化南瑤宮志》第五章主副祀神與祭典，第二節祭典活動，三笨港進香，民國86年9月，彰化市公所發行。

[2]　《彰化南瑤宮志》，第五章第四節，大陸湄洲進香。

[3]　周璽，《彰化縣志》，〈祀典志〉，道光15年（1835）。

11年（民國25年，1936）彰化南瑤宮重建落成，改築委員會立有「南瑤宮沿革碑」，記載建廟緣由云：

> 前清雍正時代，彰化置縣始建城池，亘至乾隆十二年終告功成。建城時，掘土燒磚以疊城垣之用，有招募外來窯工以從事者，中間有工人楊姓者，自笨港應募而來……攜有久在笨港最著靈感之神，即受封與天同功天上聖母娘娘之香火，欲藉為庇身之用，祀之坯藔（即造磚場）址在本廟地也。……每入夜頻見五彩毫光，居人奇之，入藔尋覓一無所有，惟香火存焉！咸謂必神之靈顯使然，遂共祀於鄰福德廟內，禱告輒靈。自茲以後，香煙日盛，越二年，庄民議建廟，然初建基不滿十坪，湫隘難堪。[4]

這篇沿革碑記，並未敘明南瑤宮創建年代，但觀前後文語氣，廟應是在乾隆12年（1734）前後創建，雖較《彰化縣志》略早，但相差不遠。而創建背景則與彰化縣城的修築有關。因臺灣原為明鄭抗清據點，清朝佔領臺灣後又多變亂，故政府不喜築堅固的磚城，至乾隆52年（1787）林爽文抗清事件平定後，清廷態度始改。記錄清朝平定林爽文事件的《欽定平定臺灣紀略》，乾隆親撰〈平定臺灣聯句〉「郡縣增城石或磚」附註云：

> 臺灣郡縣城圍，向用竹木編插，不足以垂久遠。康熙年間，朱一貴滋事平定後，總督滿保首議及建城；維時以其地處海外，無城雖難以防守，然失之易、復之亦易，是以未經建立，以省煩費。此次林爽文糾眾猝起，攻劫彰化縣城，究由莿不能防禦所致。聖意以當日未及建城，與其失而復取，徒煩兵力，曷若設城固守，更為有備無患。曾諭令於事定後，將郡城、廳縣酌量建城，以資保障。或設立窯座，用外磚內土之法，如式砌造；或就彼處開採石料以代磚工，尤為便易。[5]

---

[4] 「南瑤宮沿革碑」現存彰化南瑤宮。

[5] 《欽定平定臺灣紀略》，乾隆親撰〈平定臺灣聯句〉「郡縣增城石或磚」，乾隆

可知清初臺灣府、縣所在地並無實體城牆，乾隆52年林爽文事件後乾隆皇帝始諭令酌量建城，彰化縣城的修築也在林爽文事件之後。《彰化縣志》對彰化築城有很詳細的記載，云：

> 半線之營壘，即今縣治也。自雍正元年設治，十二年，邑令秦士望始倣諸令周鍾瑄之法，於街巷外遍植莿竹為城，分東西南北為四門。彰化之有竹城，實權興於此焉。自是歲有栽種，亦頗茂密。迨乾隆五十一年，林爽文之亂，砍伐殆盡。六十年，陳周全再擾，兩經蹂躪，固宜濯濯矣。嘉慶二年，邑令胡應魁仍依故址，栽植莿竹；又於四門增建城樓。然海外土鬆，時多地震，經十餘年，城樓半就傾圮。十四年，制憲方巡臺抵彰，紳士王松、林文濬等僉呈，准民捐建土城。制憲方據情入奏，詔報可。於是邑令楊桂森分俸倡捐，州同銜賴應光等一十六人先捐銀一萬五千元助之，遂庀材興工。旋以士民向義樂輸，王松等以土城易坍，議易以磚，謂足資鞏固而垂永久。楊縣令再為通詳列憲，兼籌形式，依舊址而窺之，似葫蘆吸露之樣。以地勢而相之若蜈蚣照珠之形。辛未年經始，至乙亥年告成。[6]

據此，雍正12年（1734）彰化縣始種植莿竹為城，乾隆末年連遭林爽文、陳周全之亂，莿竹砍伐一空；嘉慶2年（1799）縣令胡應魁重植，始於四門增置城樓；築磚城始議於嘉慶14年（1811）縣令楊桂森，工程從嘉慶16年（1813）辛未興工，嘉慶20年（1815）乙亥竣工。易言之，「南瑤宮沿革碑」所述南瑤宮楊謙是彰化縣城築城時請來燒磚瓦的工匠，則其攜香火來彰化的年代應在嘉慶2年至20年間，而其時南瑤宮已經建立。

（二）楊謙與南瑤宮香火

南瑤宮沿革碑謂：

---

53 年。

[6] 同註3，周璽，《彰化縣志》。

建城時，掘土燒磚以疊城垣之用，有招募外來窯工以從事者，中間有工人楊姓者，自笨港應募而來……攜有久在笨港最著靈感之神，即受封與天同功天上聖母娘娘之香火。[7]

因為南瑤宮的媽祖香火來自笨港，所以每年往笨港進香，《彰化南瑤宮志》第五章，直指這位楊姓工人為楊謙。按《彰化南瑤宮志》記錄南瑤宮六個媽祖會有先輩圖，「南瑤宮老四媽會先輩圖」在「天上聖母四媽」下以小字書寫「笨港祖家楊謙」等字，其餘各媽祖會均無；兼以楊謙彰化縣城修築的年代在嘉慶年間，當時南瑤宮已建立數十年，楊謙帶去的可能僅是「天上聖母四媽」的香火，楊謙的家只是老四媽的祖家。

祖家與祖廟不同，祖廟是指神的香火來源廟宇，祖家是指神像（香火）原奉祀於某人家，某家再贈予某神明會或廟宇。如臺南市將軍區的清湄宮，所奉祀三媽神像為朝天宮前的謝源利商號雕贈，但這尊媽祖神像雕造入聖時所用香火取自朝天宮，清湄宮祖廟為北港朝天宮，謝源利商號即為其祖家，每年清湄宮至北港進香都會到謝源利商號換神袍服；另臺中市梧棲區浩天宮亦有一尊媽祖為日治時期北港朝天宮管理委員會委員蔡培東雕贈，北港朝天宮為這尊媽祖祖廟，蔡培東家則為祖家。浩天宮近百年來每年至北港進香，一定先至蔡培東先生老家換龍袍，再至朝天宮。南瑤宮老四媽會成立於光緒9年（1883），老四媽為南瑤宮天上聖母中的一尊，並不代表南瑤宮所有媽祖香火都由楊謙帶來。

南瑤宮創於乾隆年間，嘉慶7年（1802）擴建始稍具規模，其後更因每年往笨港進香，信徒慢慢會組成媽祖會組織，籌募經費備辦進香祭祀相關牲醴及香燭，南瑤宮老大媽會至老六媽等十個神明會組織即在此背景下漸漸組成。《彰化南瑤宮志》第6章第3節〈重要史料〉「彰化南瑤宮老大媽會合約」記載老大媽會成立於嘉慶19年（1814），與《彰化縣志》記載彰化築城的歷史較吻合。

---

[7] 同註4。

三、南瑤宮笨港進香

（一）臺灣第一個進香團

臺灣歷史文獻可見的第一支進香團隊，是彰化南瑤宮赴笨港進香的隊伍。這支進香團，最遲在清朝嘉慶19年（1814）就成立，南瑤宮老大媽會保留的一份嘉慶21年（1816）成立合約，載明老大媽會為了經辦赴笨港進香而成立的過程及參與成員。老大媽會合約內容如下：

全立合約字人：鄭印、王喜、陳才、呂元、林造、謝明、周奉、何文、李喜、林仕、徐螺、鄭傑、鄭煥彩、戴連貴、謝安定、王辛、黃知、李燦、曾悅、黃求、林良、陳□、魏明、馮結、李福、呂給、黃質、莊潤、許隨、李生、胡□、黃福、蘇興、陳□、林一善、嚴讀、呂陞、楊德、鄭諒、王文、余姣、戴悅等，竊聞：官有正條，民有私約。是約之立者，原欲為諸同人立制度而守常規，庶無陂（頗）之弊，以免將來爭競之端者也。

我南門外　天上聖母聲靈溢乎四海，赫濯著於普天。印等誠見聖母之威靈庇佑我無疆，是以每年往笨進香。願隨聖母之鑾駕者，蓋有四十二人焉。祇因聖母回宮之日，而四十二人各具一點精誠，敬備牲酒，欲鳩多少，未免費神。遂于嘉慶十九年三月廿三日聖母千秋之日眾為公議，每人出銀壹元，存為公銀，而我諸同人，亦各樂從，一時捐出銀肆拾貳元，議交一人生放，逐年所收利息以為聖母壽誕之用。倘用有餘，入為公銀，使同人之公積日多，而聖母之壽誕日興也，永無廢弛之慮，于茲有三年矣。除費用外，而算母利公銀，共有五拾元，今所以欲再議者，誠恐世遠公積日多，人心不古，故有是議貳，一議者，同人中不許借出此公銀，如違，革罰，又一議，同人僉舉一誠實之人出為總理，遞年則將此公銀交總理生放。並設立帳簿兩本，登記年收利息若干，存之于簿。至三月屆期，又要將此公銀母利一足清出，公算共若干，再交總理收

放。其所放之銀，倘或母銀被人侵吞，亦或利息不敷，俱係總理賠出，不得藉稱被人慷吞□□滋事。倘日後公銀若多，或要均分，再為籌議。其爐主逐年憑筶過爐，週而復興。此係公議，俱各喜悅，口恐無憑，合具公約壹樣，共肆拾貳紙，各執壹存照。總理戴悅。嘉慶貳拾壹年參月　日立公約[8]。

據本合約，可知嘉慶19年南瑤宮赴笨港進香時，已有42人隨護聖母鑾駕。以北港朝天宮為例，轎班20人為一組，每次8人抬轎，八人輪替，其4人支援其他工作。南瑤宮至笨港進香，因路程遙遠，其護駕人員加倍，為42人，光從護駕人員數推估，當時南瑤宮港進香人數應有200人以上。這支團隊，歷經清朝、日治，至今己有200多年，是臺灣史上歷史最早，規模最大的媽祖進香團隊。

（二）南瑤宮為何往笨港進香？

1.笨港經濟繁榮

「笨港」指的是今雲林縣北港鎮附近地區，北港鎮明鄭時期歸天興縣管轄，有鄭成功部將陳縣入墾，為臺灣最開發地區之一，康熙23年（1684）清朝改置諸羅縣，陳立勳以贊助清朝施琅攻臺軍費，入墾其地，康熙年間即稱笨港，為當時臺灣府屬最大市鎮，康熙《諸羅縣志》云：

> 笨港街，商賈輳集，臺屬近海市鎮，此為最大。

據劉良璧《福建臺灣府志》的記載，雍正9年（1731）清廷於此置縣丞（副縣長）以稽查船隻出入，兵備則置陸軍北路營千總一員，兵150名分防笨港汛，另有軍事設施砲臺、煙墩各一座，水師則置左營守備一員、把總一員、兵230名，戰船3隻分防；商業稅收則有店599間，年徵銀200兩5錢，佔全臺灣府餉稅十分之一強，繁榮情形可見。

---

[8]　原件老大媽會保存，亦見《北港朝天宮志》第六篇，雜記，第二節重要史料，九、彰化南瑤宮老大媽會合約，民國84年，北港朝天宮印行。

笨港是以北港溪為中心點向南、北二岸發展起來的港口，笨港街本
身尚細分為笨港南街、笨港北街，二街分屬不同的行政保管轄，南街
屬打貓保，北街屬大槺榔保，余文儀《續修臺灣府志》〈笨港〉謂：

　　　　距縣三十里，南屬打貓保，北屬大槺榔保。港分南北，中
　　　　隔一溪，曰南街，曰北街，舟車輻輳，百貨駢闐，俗稱小臺
　　　　灣。

　　現存北港朝天宮乾隆40年（1775）重修碑記題額「重修諸羅縣笨
港北港天后宮碑記」即其證。乾隆49年（1784）鹿港正式成為對渡福
建的口岸，笨港的地位才漸被取代。

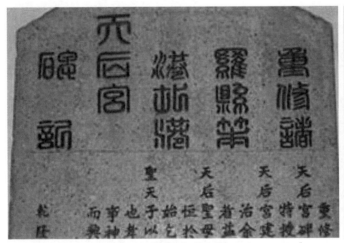

左：重修諸羅縣笨港北港天后宮碑記有「北港」二字
右：重修諸羅縣笨港北港天后宮碑記

2.笨港天后宮住持兼管彰化縣僧綱司

　　笨港天后宮創建於清朝康熙39年（1700），是臨濟宗僧人樹璧
和尚開山，康熙60年（1721）朱一貴在臺灣建立中興王國，雍正元年
（1723）清朝在虎尾溪以北增設彰化縣，雍正8年（1730）年諸羅縣
令批准笨港天后宮僧人在笨港溪設立義渡。乾隆年間，樹璧徒弟能澤
繼任住持，並兼任彰化縣總持司，管理彰化縣僧侶事務，換言之，乾
隆年間今天雲林縣以北所有寺廟的僧侶和宗教事務都受能澤指導、管

轄，而南瑤宮建於乾隆年間，與笨港天后宮住持維持良好關係，進而發展出進香習俗，似為人之常情。

3.楊謙帶笨港媽祖香火至南瑤宮

此說法已見於前述南瑤宮大正年間重建碑文，不再贅述，蔡、許、楊、陳四姓，素為笨港大族，清朝官文書常見提及，目前此四姓仍為北港的大姓。楊謙帶香火引起後續南瑤宮的創建，也是南瑤宮流傳百年以上，見於南瑤宮重建碑記及老四媽會先輩圖的說法。

4.南瑤宮笨港進香廟宇何在？文獻直指北港

南瑤宮笨港進香的祖廟到底在何處？其實清代文獻也曾留下記錄。清咸豐4年（1854）5月，臺北發生小刀會匪事件，同治元年（1862）號稱臺灣第三大抗清事件的戴潮春事件爆發，彰化縣城被攻陷。閩浙總督左宗棠奏調臺籍將領出生於彰化霧峰的提督林文察帶兵返臺，配合在臺灣的總兵曾玉明等將領平亂，同治3年（1864）3月，事定，林文察返回福建，堂弟副將林文明則留居家鄉。林家一門出一陸師提督，一副將，家門顯赫，全臺無與倫比。[9]

霧峰林家雖為官宦人家，但仍然保存庶民氣習，奉祀媽祖，且為南瑤宮信徒，霧峰信徒參與南瑤宮老五媽會，扮演領導角色的第一角即稱霧峰角，林文察族弟林文欽（號允卿，光緒19年舉人）即為老五媽會的第5任總理。

同治9年（1870）3月，在籍副將林文明被推為南瑤宮往笨港進香大總理，但當時臺灣內亂、外患頻仍，地方官員居於治安考量，並不支持是年依例舉辦的進香活動；臺灣鎮總兵楊在元、臺灣道黎兆棠為此頒布禁令，不准紳民前往，並要求具結。換言之，當時政府不僅宣告禁令，且為防信徒不知，還要求城內、外各媽祖會首具結不辦理往北港進香的年例活動。彰化縣令王文棨云：

> 臺屬每年三月十六日，各屬男婦赴北港進香，前署鎮楊並

9　《重修臺灣省通志》，卷九〈人物志〉，人物篇，第三章，武功，第一節，林文察。民國87年，臺中，臺灣省文獻委員會印行。

前道憲黎，慮其聚眾滋事，照例示禁，城鄉均各具結遵依。[10]

除了具結，彰化縣令王文棨為阻止南瑤宮至北港進香，故意將天后神像移奉縣城內觀音亭，希望讓信徒看不到輪值年進香的媽祖神尊，降低民眾的仰望，當時官方史料記載云：

> 臺屬每年三月十六日，有各處男婦赴嘉義之北港進香、人眾混雜，易滋事端；且其時又有匪類入內山勾結拜會之謠。當奉鎮、道憲出示禁止，並由縣派撥義勇分路巡查。王令（文棨）又因彰化縣城外南壇廟供天后神像，向來北路人民抬赴北港進香，遂先期將神像移入城內觀音亭中，示諭不准抬往，各紳民均各遵從。[11]

彰化縣典史許其棻也說明政府兩難的立場而將往北港進香神像移置城內觀音亭，希望信徒知難而退，云：

> 嘉義北港地面，向有建立天后聖母廟宇，全臺人民無不敬信供奉，每屆三月聖誕之際，南至鳳山，北至噶瑪蘭，不分裏山沿海、男婦老幼，屆期陸續咸赴北港進香。各執一小旗，燈籠一盞，上書北港進香字樣，或步行或乘輿，往返何止數萬人。是以因燒香人眾，謠言不一，前道憲黎（兆棠）行文禁止。乃年久習俗，禁之不住，阻之不得，故彰化縣王令文棨將彰化南門南壇天后神像，向來北路香客隨神像同往北港之神像，請入城內，藏供觀音亭廟中。[12]

（三）笨港進香中輟

因為治安問題，駐臺軍事最高指揮官臺灣鎮總兵官及文官系統臺

---

[10] 吳幅員輯，〈臺灣冤錄——林文明案文獻叢輯〉，六〈臺灣府周懋琦奉委查覆〉，《臺北文獻》直字 55、56 期合刊，民國 76 年 6 月，臺北市文獻委員會印行。
[11] 同註 10，〈凌定國奉飭稟覆〉。
[12] 同註 10。

灣道、臺灣府、彰化縣三級政府均下令不准前往北港進香，但笨港進香「乃年久習俗，禁之不住，阻之不得」，已讓地方官左右為難；更巧的是當年南瑤宮進香總理為在籍副將林文明，官品高於文官的彰化縣令，因而仗勢率眾赴彰化縣城交涉。

　　彰化縣令雖為文官，但卻同時兼任地方司法審判官，林文明率眾至縣衙門交涉時，縣令視其行為為聚眾謀逆，當場加以格殺。發生重大命案，官方也怕林家反擊，彰化城風聲鶴唳，進香活動大概就中止了。但林家並未以武力反擊，而由林文明母親進京控告，纏訟多年，成為清代晚期最大京控案。[13]

　　林文明案，林母在控狀中仍稱進香為笨港進香，而較精確的官文書：臺灣道、府、縣三級衙門文件則稱「北港進香」，信徒香旗上也書「北港進香」，可以看出南瑤宮進香目的地笨港的精確位置是笨港的北港，而非南港或新港。

　　林文明被殺事件，影響南瑤宮進香活動有多久，尚未見文獻記載，但以霧峰信徒組成的老五媽會即有中斷過爐的歷史可為參證，《彰化南瑤宮志》謂：

> 老五媽過爐吃會之傳統於日據時代曾經中斷，不過在臺灣光復之當年（民國三十四年）即由第一角（霧峰角）於農曆四月十六日再度起會。[14]

　　或許與林文明命案有關。林文明畢竟是進香大總理，霧峰老五媽會成員或會受影響暫停結社活動，接著林家又赴北京控訴十餘年，可能會影響到老五媽會的運作。

（四）大甲媽祖趁勢而起

　　同治9年（1870）3月，在籍副將林文明為進香總理的南瑤宮笨港

---

[13] 黃富三，〈林文明「正法」案真相試析：兼論清代臺灣的司法運作〉，《臺灣風物》，第 39 卷第 4 期，民國 78 年 12 月，臺北，臺灣風物社印行。

[14] 《彰化南瑤宮志》，第七章，〈媽祖會與活動〉，第二節各媽祖會的沿革組織與活動，十、老五媽會。

進香中止了，終止多少年也還沒看到史料記載，但事過境遷後，其他地區的媽祖香活動還是要照常舉行，而逐漸取代彰化南瑤宮的就是大甲媽祖。同治9年彰化縣典史許其棻說：

> 北港地面，向有建立天后聖母廟宇，全臺人民無不敬信供奉，每屆三月聖誕之際，南至鳳山，北至噶瑪蘭，不分裏山沿海、男婦老幼，屆期陸續咸赴北港進香。

北港媽祖是全臺灣媽祖聚焦的目標，南瑤宮未舉辦進香活動，北路的進香領頭宮廟就由大甲天后宮取代了。在淡新檔案中，有一則光緒13年（1887）大甲巡檢許其棻呈給新竹縣知縣方祖蔭的稟文，題為：「為聖母聖誕將屆前往北港進香者較前加倍故不克前往查看，稟請賜示如何申覆」的公文，云：

> 敬稟者。竊卑職於本月十七日，奉本府憲　雷　札委查看憲署監獄、羈所木床有無遵照活板說，一律改設活板，隨時抽洗等因。奉此，卑職本擬即日束裝馳赴　憲轅遵札查看。迺因　聖母聖誕將屆，且近日天氣晴明，赴北港進香者較前加倍，往返不絕，晚間歇寓，無不擁擠滿屋，誠恐有不肖匪徒假扮香客，乘機竊劫，不可不防，故晝夜巡守，希冀無事，致卑職不敢分身。茲特照抄　憲札奉閱，請作為卑職親身到地。至應如何申覆，伏乞賜示，俾得遵行申覆，是所盼禱。謹肅稟懇。恭請勛安，仰祈垂鑒。
>
> 卑職許其棻謹稟。三月十八日申

許其棻也就是同治9年的彰化縣典史，曾辦理過南瑤宮進香案，光緒13年（1887）升任新竹縣大甲巡檢，管理新竹縣至臺中市治安，他的呈文可以看出：北路媽祖信徒要往北港進香，大甲已經成為信徒會合的重鎮了。從另一個角度觀察，南瑤宮中止北港進香，大甲天后宮就有取而代之的樣態了。這件史料也讓我們瞭解早在清朝後期，大甲媽祖的地位已經是中北部地區的領導廟宇了。

南瑤宮笨港進香的活動在承平時期仍然持續不斷，在日本統治時期，仍有數萬人徒步往返。昭和10年（民國24年，1935）南瑤宮重建竣工，也舉辦大規模進香活動，當時報刊《臺灣日日新報》即以〈彰化赴北港參拜媽祖〉為標題云：

> 中臺灣名剎彰化南瑤宮媽祖廟正殿新建工程已告竣工，決定於十八日往北港媽祖廟參拜，該廟信徒以百萬計。當日十餘萬信徒奉神輿行列市內遊行後出發，彰化火車站為服務參拜者特開臨時列車募集香客五百名。[15]

5月4日（農曆4月2日）《新高新報》第14頁刊出〈彰化南瑤宮往笨港進香夜宿西螺〉新聞云：

> 虎尾郡西螺街，上月十九日，適彰化南瑤宮媽祖往北港進香日，是夜媽祖分駐於各廟以應一般參拜。善男信女不下數萬之眾，呈未曾有之雜沓。[16]

上述清代至日治時期的南瑤宮進香活動，目的地均為北港，並無至南港或新港的記載，因為南瑤宮笨港進香活動是從嘉慶年間開始舉辦，所以一直沿用舊例稱北港為笨港，但從現仍保存於嘉義縣新港鄉南港村水仙宮的：道光30年重修碑記看，在道光年間北港就是整個笨港的核心，從嘉慶年間至日本統治時期的史料，也找不到有什麼洪水沖毀北港的事，所以北港是南瑤宮笨港進香的唯一目的地。

日本統治時期，同化臺灣人是臺灣總督府的一貫目標，但政府還是允許臺灣人拜媽祖，日本總督還到北港朝天宮上香賜匾，一直到昭和12年（民國26年，1937）七七事變後日軍對中國展開全面攻擊，臺灣總督府開始整頓廟宇，昭和16年（民國30年，1941）日本海軍偷襲珍珠港，美國正式對日本宣戰，臺灣總督府實施戰時體制，全臺經濟總動員支持戰爭，民間的進香活動全被禁止。

---

[15] 《臺灣日日新報》，昭和 10 年 4 月 11 日，第 3 版，〈彰化赴北港參拜媽祖〉。
[16] 《新高新報》，昭和 10 年 5 月 4 日，第 14 頁，〈彰化南瑤宮往笨港進香夜宿西螺〉。

臺灣光復後，南瑤宮再恢復進香活動，其進香目的地仍是北港朝天宮，民國51年4月27日《聯合報》第7版刊出彰化訊，標題〈慶祝媽祖誕辰今日達到最高潮，彰化進香團昨返縣全市民眾夾道相迎〉記載云：

> 彰化南瑤宮媽祖信徒笨港（北港）進香團，經過六天的長途跋涉後，於昨（二十六）日上午六時許返抵彰化。當這個擁有十萬善男信女，被稱為本省光復以來最大規模的媽祖進香團進入市區時，全市家家戶戶競燃爆竹相迎，一時鞭炮、鑼鼓聲響徹九霄之外，街頭巷尾人山人海，盛況空前。[17]

　　長年的習俗，南瑤宮形成大媽、四媽一組，二媽、五媽一組，三媽、六媽一組分年輪流往笨港進香的習慣，民間並有：「大媽愛潦溪（走過濁水溪床時需涉水而過，喻當年雨水足，五穀豐成），二媽愛吃雞（當年畜產業會很好），三媽愛冤家（常會發生械鬥）」的諺語留傳。

四、從笨港到北港

　　笨港雖分南、北港，繁盛一時，但在乾隆52年前後的林爽文事件卻遭嚴重破壞。林爽文事件時的笨港分為南、北二港，南港被林爽文據為巢穴，《欽定平定臺灣紀略》云：

> 查笨港地方分南北二港，離諸羅二十餘里，離鹽水港三十里，離海口三十里。自五月失陷後，北港竟成片土，南港一帶搭蓋草寮，約計二百餘間，悉係賊巢，賊匪得以肆行無忌。[18]

　　這段記載反映出當時南港被林爽文大軍佔領，並築有草寮二百餘

---

[17] 《聯合報》，民國51年4月27日，第7版，〈慶祝媽祖誕辰今日達到最潮，彰化進香團昨返縣全市民眾夾道相迎〉。

[18] 《欽定平定臺灣紀略》，卷四十，乾隆52年10月初8至20日。

間為據點，林軍於乾隆52年5月攻陷北港，商店竟被燒一空。是年10月官兵收復笨港，指揮官普吉保奏報後，乾隆撰詩云：

> 茲值十月亥當律，小陽春令回陽和。
> 曉來驛章遞佳信，普吉保報殲賊多。
> 焚燬賊莊獲賊械，收復笨港安民家。[19]

其下註云：

> 普吉保奏：九月初六日帶領官兵，由大突溪前往笨港，援應諸羅。十一日行抵麥仔寮，有賊數千在彼處苛派銀米，百姓正值驚惶無措；聞官兵踵至，歡聲動地，賊眾奔逸。普吉保分作三隊直前衝殺，連次殺死賊匪數百人，生擒三人，奪獲器械米穀無算，並焚燒板頭厝等賊莊七處；收復笨港，安集良民。

從這註文，可見今新港鄉舊南港村以東的板頭厝等農莊變成賊巢，笨南、北港均遭毀滅性的嚴重損害，清軍並於收復笨港後安集良民，當時所指的笨港，就已是今天的北港了。

乾隆53年（1788）諸羅縣改稱嘉義縣，南、北港再度興起，嘉慶年間因洪水氾濫，部分南港居民遷居麻園寮另建新街，北港街的繁榮遠勝南港。新港鄉南港村水仙宮，現存一方道光30年（1850）〈重修水仙宮碑記〉，記載水仙宮重修，笨港地區各鋪戶捐款情形：

> 樸樹街：
>
> 盈發號捐銀五十元，邱寶興捐銀四十元，蘇源興捐銀二十大元，長發號捐銀十五元，益源號捐銀十二元，源隆車捐銀十二大元，協美號捐銀八大元，長勝車捐銀六大元，振順車捐銀六大元，立裕車捐銀六大元，源勝車捐銀六大元，協豐車捐銀六大元，瑞德號捐銀六大元，隆美號捐銀六大元，源順號捐銀

---

19 《欽定平定臺灣紀略》，卷首，御制詩〈普吉保奏收復笨港詩以志慰〉。

六大元，大川號捐銀六大元，永源號捐銀六大元，萬利號捐銀四大元，泉興號捐銀四元，源泉號捐銀三元。以上二十條，共銀二百二十八元。

新南港街：

米舖戶捐銀四十八元，邱景隆捐銀四十元，敢郊捐銀三十五元，方淵觀捐銀十二元，振隆號捐銀十二大元，集興號捐銀十大元，榮芳號捐銀八大元，晉益號捐銀六大元，豐美號捐銀六大元，朱怡和捐銀六大元，崇德號捐銀四大元，集利號捐銀四大元，錦盛號捐銀三大元，東利號捐銀三大元，恒生號捐銀二大元，泰興號捐銀二大元，東涼號捐銀二大元，捷成號捐銀二大元。以上一十八條共銀二百零五元。

舊南港街：

許龍順捐銀二十元，郭振池捐銀十六元，金鳳春捐銀八大元，復振號捐銀六大元，益興號捐銀四大元，源昌號捐銀二大元，合利號捐銀二大元，順利號捐銀二大元，益利號捐銀二大元，益豐號捐銀二元，振發號捐銀二元。以上一十一條共銀六十六元。

笨北港街：

貢生蔡慶宗捐銀二十元，裕順號捐銀二十元，隆發號捐銀二十元，吳怡茂捐銀一十八元，陳永順捐銀十六元，捷發號捐銀十二元，洽興號捐銀一十二元，德源號捐銀十大元，許合勝捐銀十大元，許協裕捐銀十大元，許協德，錦瑞號，益豐號，　正美號，茂源號，鼎發號，隆順號，鼎興號，寶豐號，晉德號高元振觀，吳怡成，　源發號，泉吉號。以上各捐銀八大元。

新盛號，榮發號，長順號，珍興號，義合號，鎰勝號，盈記號，順興號，泰源號，豐利號，新春車，大吉車，協吉車。以上各捐銀六大元。

德興車，成美車，長盛車，長發車，源美車，德利車，萬利車，合順車，益順車，隆吉車，德利車，德美車，德記車，復興□，合興車，茂順車，瑞利車，周振裕，鎰和車，捷盛

號，恒□□，合吉車，怡泰車，新順吉，晉錦號，新協成，義
利號　，□□□，合盈號，泉泰號。以上各捐銀四大元。

　　同順號，勝珍號，勝隆號，振益號，廣興號，日陞號，
協春號，協順號，義興號，　茂林號，泉興號，萬順號，長盛
號，捷益號。以上各捐銀二大元

　　源興號捐銀一元。

　　以上八十二條共銀四百八十七元。[20]

　　據此，樸樹街捐款商號20，共捐銀228元。新南港街捐款商號
18，共捐銀205元。舊南港街捐款商號11，共銀66元。笨北港街捐款
商號82，共捐銀487元。

　　水仙宮建於笨港溪畔南岸的笨南港街，新南港與舊南港商號對自
己轄境的神廟捐款應該最踴躍，但二者捐款總數約僅為笨北港五成五
（205+66/487=55.6%），顯示嘉慶、道光年間的笨港重心在北港。

　　光緒年間臺灣建省，大槺榔保劃歸雲林縣，改稱大槺榔東堡，北
港街狀況如下：

　　　　北港街即笨港，因在港之北，故名北港。東、西、南、
　　北共分八街，煙戶七千餘家，郊行林立，廛市毘連。金、廈、
　　南澳、澎湖商船常由內地載運布疋、洋油、雜貨、花金等項來
　　港銷售，轉販米石、芝麻、青糖、白豆出口；又有竹筏為洋商
　　載運樟腦前赴安平轉載輪船運往香港等處。百物駢集，六時成
　　市，貿易之盛，為雲邑冠。俗人呼為小臺灣。[21]

　　編於稍後的《嘉義管內采訪冊》〈打貓西堡〉已漸脫離使用「笨
港」名稱，直接使用「南港」為地名，而以「新」、「舊」區別南港
街，當時南港地區戶口為：

20　原碑現存南港村舊南港水仙宮虎門內壁。
21　倪贊元，《雲林縣采訪冊》，〈大槺榔東堡〉，北港街，民國57年，國防研究院
　　印行。

> 新南港街，一千一百零六番戶，四千九百七十五丁口。
>
> 舊南港街，一百五十一番戶，六百九十三丁口。[22]

北港街的戶數為新、舊南港街總數的5.6倍，丁口數為7.2倍，故各種官、私文書所指笨港，大體均指北港。

民國4、50年代，除南瑤宮外，臺南大天后宮也還是以笨港稱北港，民國45年（丙申，1956），臺南大天后宮重修，廟內有五堵與笨港有關彩繪壁畫，為彩繪巨匠陳玉峰作品，一題「東山捷報」「本廟與笨港朝天宮重溫舊好留念。玉峰盥寫。許世祿敬獻。」；一題「適周問禮」「本廟與笨港朝天宮重溫舊好紀念，時丙申春，蔡天寶敬獻。」一題「春夜晏桃李園」「與北港重溫舊好留念，玉峰盥寫。蘇郁、蘇成風敬獻。清石仿畫。」一題「壺中日月袖裡乾坤」「時丙申春，笨港來本廟重溫舊好紀念。玉峰盥手。蘇郁、蘇成風敬獻。」另一條幅無題，繪和合二仙，題「和氣致祥百福駢臻，以應笨港朝天宮重溫舊好。玉峰寫。丙申初春，莊金壽敬獻。」[23]

五幅或書「笨港朝天宮」或書「北港」或書「笨港」，三種稱呼都指北港朝天宮。易言之，在民國4、50年代，不論臺南人或彰化人，「笨港」的義涵都是北港，「笨港進香」就是到北港朝天宮進香。

五、「笨港天后宮」歷史的爭議

（一）文獻記載的北港天后宮

能當得起全臺灣媽祖信徒進香的廟宇，北港朝天宮自有其悠久歷史與重要性，康熙《諸羅縣志》，卷十二〈雜記志〉，廟，天妃廟，云：

> 一在城南縣署之左。康熙五十六年，知縣周鍾瑄鳩眾建。一在外九莊笨港街。三十九年，居民合建。一在鹹水港

左：大天后宮壁畫稱北港朝天宮為笨港朝天宮
右：台南大天后宮壁畫稱北港為笨港

街。五十五年，居民合建。[24]

　　據此，朝天宮建自康熙39年，為今臺南市以北最早建立的廟宇，
光緒13年（1888）臺灣建省後，北港被劃規新設的雲林縣，《雲林縣
采訪冊》，大槺榔東堡，祠宇，〈天后宮〉云：

　　　　天后宮，在街中，雍正庚戌年建。乾隆辛未年，笨港縣丞
　　薛肇熿與貢生陳瑞玉等捐資重修，兼擴堂宇，咸豐十一年訓導
　　蔡如璋倡捐再修，擴廟庭為四進：前為拜亭，兼建東西兩室；
　　二進祀天后；三進祀觀音大士；後進祀聖父母。廟貌香火之
　　盛，冠於全臺。神亦屢著靈異，前後蒙頒御書匾額二方，現今
　　鉤摹，敬謹懸掛。每歲春，南北居民赴廟進香絡繹不絕。他如
　　捍災、禦患、水旱、疾疫，求禱立應。官紳匾聯，多不勝書。
　　宮內住持僧人供奉香火，亦皆恪守清規。[25]

　　清朝時期北港朝大宮官方正式名稱為天后宮，因建廟歷史早，媽
祖由湄洲朝天閣請來，捍災、禦患、水旱、疾疫，求禱立應，兼有僧
侶主持祀事，故臺灣南、北二路居民前往進香絡繹不絕，廟貌香火冠
全臺。日本領臺後全面調查記錄各地歷史，臺灣總督府臨時臺灣舊慣
調查會編印《臺灣私法附錄參考書》卷二，上，記載朝天宮沿革云：

[24]　《諸羅縣志》，卷十二〈雜記志〉，廟，天妃廟。
[25]　《雲林縣采訪冊》，〈大槺榔東堡〉，北港街。

北港朝天宮，前繫笨港天后宮，自康熙三十三年三月，僧樹
璧奉湄洲朝天閣天后聖母到地。因九庄前繫泉、漳之人雜處，
素感神靈，無從瞻拜，故見僧人奉神像來，議留主持香火，立
祠祀焉。僅茅屋數椽，而祈禱報賽，殆無虛日。雍正中，神光
屢現，荷庇佑者，庀材鳩資，改竹為木，改茅為瓦，草草成一
小廟。乾隆間，笨港分縣因航海來臺，感戴神庥，始捐俸倡
修。命貢生陳瑞玉、監生蔡大成等鳩資補助，廣大其地，廟廡
益增巍峨。以神由湄洲朝天閣來，故顏其額曰朝天宮。[26]

朝天宮香火源自康熙33年（1694）湄洲朝天閣，雍正年重建，乾
隆年間開始由官方捐俸倡修，並在嘉慶及光緒年間由朝廷賜匾。《雲
林縣采訪冊》大榔槺東堡，匾，云：

神昭海表：在天后宮，嘉慶間御賜。
慈雲灑潤：光緒十二年嘉邑大旱，知嘉義縣事羅建祥屢
禱不雨，適縣民自北港迎天后入城，羅素知神異，迎禱之，翌
日甘霖大沛，四境霑足，轉歉為豐，詳經撫部院劉公具題，蒙
御書「慈雲灑潤」四字，今敬謹鈎摹，與嘉慶年間所賜共懸廟
廷。[27]

另嘉慶年間蔡牽、朱濆擬據臺，福建水師提督王得祿統兵平定，
事後亦獻匾朝天宮，《雲林縣采訪冊》云：

海天靈貺：道光十七年，本任福建水師提督王得祿統兵渡
臺，舟次外洋，忽得颱風，禱神立止，兼獲順風以濟，遂平臺
亂，上匾誌感。[28]

---

[26] 臨時臺灣舊慣調查會編印《臺灣私法附錄參考書》，卷二，上，斗六廳，北港街
朝天宮來歷。臺灣總督府，明治43年（1909）。
[27] 《雲林縣采訪冊》〈大榔槺東堡〉匾。匾額前懸掛於北港朝天宮。
[28] 同上註。

朝天宮因而成為全臺媽祖信仰的重心，南瑤宮到笨港進香目的地從嘉慶年間到民國51年都是到北港進香。

（二）文獻記載的新港奉天宮

　　新港奉天宮其實有許多史料記載留下來，只是新港人常常視若未睹，李安邦、李獻章從未提及歷史文獻記載的奉天宮。清光緒年間臺灣建省，官方為編纂臺灣通志，下令采輯各縣歷史，當時編成的史料《嘉義管內采訪冊》即載有目前新港鄉轄區的廟宇多座，包含乾隆45年（1780）建的南港水仙宮，56年（1791）建的水月庵，嘉慶9年（1804）年建的大興宮，嘉慶23年（1818）建的奉天宮等廟宇記載，奉天宮項，謂：

　　　　奉天宮，在新南港街，奉祀天上聖母，嘉慶戊寅三月紳民公建。

李安邦的《新港奉天宮由來史》

戊寅即於嘉慶23年，尤其奉祀保生大帝的大興宮，不僅位於新港的主要街道大街，建立年代也較奉天宮早十幾年，是嘉慶年間新港人的主要信仰。

嘉慶23年彰化南瑤宮已經有笨港進香的習俗了。那一年，洽也是臺南祀典天后宮發生火災的一年，因大火由內向外燃燒，神像付之一炬。臺南三郊董理重建工程，特別禮請北港朝天宮三郊媽至府城坐鎮，形成府城郊商迎北港媽祖下府城的年例，新港素為北港農產品主要供應地，奉天宮虎爺會以地利之便都會擔任媽祖神輿護駕任務，遂有北港媽祖，新港老虎的諺語形成。大正5年（1916）北港與臺南府城因原擬迎請三郊媽，迎回糖郊媽的不愉快發生，新港想取而代之，遂創造出是莆田第一尊媽祖的說法，大正7年（1918）《臺灣日日新報》謂：

> 嘉義新港奉天宮，建于嘉慶四年，崇祀大媽，即當時閩省興化府莆田縣迎來第一尊，距今已歷百十數年。[29]

昭和8年（1934）《臺灣日日新報》相良吉哉負責調查的《臺南州祠廟名鑑》，也謂奉天宮建於嘉慶15年，廟宇附屬的社團有：「東班四街媽會」（會員16人）、「西班四街媽會」（會員24人），可見奉天宮自始奉祀的媽祖稱為「四街媽」，既非笨港媽祖，也非開臺媽祖，但已把自家媽祖稱為莆田迎來的第一尊媽祖了。

因為建廟歷史不長，建廟後也沒有具體的靈應事蹟，卻心懷壯志雄心，想把自家廟宇推至全臺第一，民國40年代奉天宮開始為自己添加歷史，民國42年前後印行的《天上聖母正傳》，篇中〈奉天宮之由來〉即將創廟年代向前推，謂其媽祖為乾隆年來臺的船仔媽，接著自稱是笨港天妃宮被沖毀後建立的廟宇。民國51年奉天宮新印《新港奉天宮媽祖簡介》，遂大幅更動《天上聖母正傳》內容，將創建年代改為明朝天啟2年（1622），媽祖則來自湄洲天后宮，且自稱為「開臺媽祖」。轉變之大，令人瞠目結舌，不知依據為何。

---

[29] 大正 7 年（1918）《臺灣日日新報》。

（三）「笨港天后宮沖毀」說

《彰化南瑤宮志》卻提到笨港天后宮被洪水沖毀的說法，謂：

> 嘉慶年間，笨港天后宮被洪水沖毀，因此該進香活動暫告
> 受阻。然而，由於笨港附近後來仍有許多與原笨港天后宮有淵
> 源之其他廟宇，如北港朝天宮、新港奉天宮等，因此，南瑤宮
> 遂改至笨港地區繞境，並至北港朝天宮及新港奉天宮等廟駐駕
> 會子時香。[30]

《彰化南瑤宮志》引述史料來源皆未註明出處，事實上「笨港被
洪水沖毀」的說法為新港奉天宮董事李安邦《漢族開臺基地笨港舊蹟
及其歷史文物流落考》偽創，李安邦所據資料有二，第一為〈重修南
港水仙宮碑記〉，第二為〈景端碑記〉。

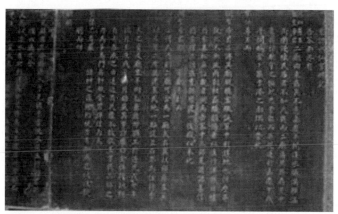

道光三十年重修笨南港水仙宮碑記

〈重修（笨）南港水仙宮碑記〉石碑立於道光30年（1850），現
尚存新港鄉南港村水仙宮，筆者核對原文，發現李安邦竟在碑文中動
手腳。云：

---

[30] 同前引《彰化南瑤宮志》第5章。

吾笨（南）港有水仙尊王、關聖帝君二廟由來舊矣。不意嘉慶年間，溪水漲滿，橫溢街衢，浸壞民居者不知凡幾，而二廟蕩然無存。里中者宿悼廟宇之傾圮，思崇報而無從，遂於嘉慶甲戌年（十九年，一八一四）間，鳩金卜築于港之南隅，以崇祀水仙尊王。而關聖帝君亦傳其廟規模宏敞，誠笨中形勝地也，但歷年既久，不無風雨剝蝕，蟲蟻損傷，兼以溪沙渾漲，日積月累，基地益危，觀者惻焉。吾笨中三郊，爰請諸善信捐金，擇吉、仍舊，重新增建一後殿，以奉祀關聖帝君。雖帝廟未創而神靈亦得式憑，則二廟可合為一廟矣。右翼以禪房，左翼以店屋二座，並建置民地一坵，設立石界，為住持香火之資。是廟坐辛向乙兼酉卯，興工於道光戊申年（二十八年，一八四八）端月，至庚戌年（三十年，一八五〇）梅月始蕆其事，計縻白金伍仟玖佰有奇，落成之日，遠近商民靡不致敬，蓋實我三郊之力為多焉。（下略）是役也，余以株守桑梓未獲共襄盛舉，因五弟學同躬親其事，備陳三郊誠敬之心，暨諸喜捐者之樂善，以記請。自維淺陋不文，姑序緣起俾勒貞珉云。晉江生員王庭璋薰沐謹記。賜進士出身，誥授中憲大夫，候選吏部主事，前甘涼兵備道刑科給事中，掌京畿道監察御史，翰林院編修，國史館纂修，侯官郭柏蔭敬書。道光歲次庚戌孟秋穀旦董事泉州郊金合順、廈門郊金正順、龍江郊金晉順同泐石[31]

　　碑題原為〈重修笨南港水仙宮碑記〉李安邦將「笨」字刪除，成為〈重修南港水仙宮碑記〉讓人誤認「南港」為「笨港」。其次將文首「吾笨南港」刪除「南」字，成「吾笨港」，讓人誤認「笨港」為南港。

　　原碑詳列各單位捐款人、捐款數額及各項開銷，可藉為分析建廟時「新南港街」、「舊南港街」、「笨北港街」鋪戶及經濟實力。但因其內容適為「笨港被沖毀」的反證，李安邦竟隻字不提。碑文敘述笨南港因嘉慶年間溪水漲滿，水仙尊王廟傾圮，於嘉慶19年重建；

---

[31] 李安邦，《漢族開臺基地笨港舊蹟及其歷史文物流落考》註一，民國 55 年 4 月，《法海週刊》，141 期。

關聖帝君廟因風雨剝蝕，基地益危而於道光年間併祀於水仙宮。全無「笨港天后宮」之相關記載。

李安邦笨港被洪水沖毀的第二個根據為署「僧景端謹誌，嘉慶壬申桐月日十八庄董事仝敬立」的碑記（下簡稱景端碑）。

景端碑碑文云：

> 子曰：鬼神之為德，其盛矣夫。視之而弗見聽之而弗聞。體物而不可遺，使天下之人，齊明盛服，以承祭祀。洋洋乎如在其上，如在其左右。詩曰：神之格思不可度思，矧可射思。夫微之顯，誠不可揜如此夫。此其頌我聖母德盛乎。溯自我天后聖母，在笨之宮，因烏水氾濫棋遭衝毀，我笨亦幾乎至蕩然無存毀於一旦，何其虐乎。斯時也拙義無反顧，毅然與笨眾，敬遷我諸神聖像於笨之東蔴園寮肇慶堂。於此洪氾雖可遠避，然舊日巍巍廟宇已不復存。思念及此臥寐難安，於是商諸我笨諸耆宿。太子少保子爵軍門王捐俸倡建於前，諸紳商鼎力虔誠捐獻於后。不數載竟再建聖母之宮於此地，其規模之宏輪奐之美有過原廟而不及。軍門王，廟成之日，必奏請聖天子御賜宮號奉天宮。美矣哉，此非神德之盛何以致之。嗚呼，逝者已矣，拙與我神諸聖像東遷于此垂十餘載，而莫敢知有此日。證諸孔子讚神之義，詩經神之格思不可度思之理，實不謀而暗合，大哉我神。至誠通神今有徵，拙雖耄亦足矣。筆至此，思及我笨宮跡遺有重修諸羅縣笨港天後宮碑記一座，因無由疏遷崩陷溪中，未能同在裏此盛舉，誠拙終生之憾事也。茲聖宮新建竣事，感觸殊多，興之所至誌於此，意在示人明聖母神德盛，以知敬神所當誠之由云爾。
>
> 僧景端謹誌。嘉慶壬申桐月日十八庄董事仝敬立。十八庄即海豐、後底湖、大潭、新港、古民、崙子、埤仔頭、田心仔、柴林腳、中庄、後庄、板頭厝、頂下灣仔內、南港、頂菜園、下菜園、埤頭。[32]

---

[32] 李安邦，《漢族開臺基地笨港舊蹟及其歷史文物流落考》，（新港奉天宮由來史），民國55年4月15日，法海週刊，第141期。嘉義縣新港鄉奉天宮印行。原碑無

筆者於民國60年初在奉天宮見過景端碑原碑，為高約100公分，寬60公分淺灰色花岡石，楷體字，民國86年筆者再度到奉天宮時已變成高136公分，寬67公分之赤紅色花岡石，行楷體。景端碑疑點重重。

第一，碑文署名者僧景端，曾任臺灣府僧綱，其神主牌位尚存臺南武廟，但其生存年代為道光至光緒年間，與碑文所署年代不符。其神主牌額題：「南院順寂府治僧綱司上景下端廣和尚蓮座。孝徒振維、振慶暨徒孫等奉祀。」內涵書：「圓寂比丘上景下端。葬在竹溪寺五尼頭山頂。生於道光乙未年二月九日寅時受生。皈於光緒癸未年七月念四日未時歸西[33]」。

景端生於道光乙未年，為道光15年（1835），卒於光緒癸未，為光緒9年（1883），享年49。景端碑立碑年署嘉慶壬申，為嘉慶17年（1812），早於景端出生年23年。人尚未生，何能撰碑？

第二，景端碑云：「遷我諸神聖像於笨之東蔴園寮肇慶堂……拙與我神諸聖像東遷于此垂十餘載，而莫敢知有此日。」景端碑立於嘉慶17年，上推十餘載至少為嘉慶7年，意即嘉慶7年以前即遷至肇慶堂。然《嘉義管內采訪冊》記載肇慶堂建於嘉慶16年，云：

> 肇慶堂，在新南港街之大街，崇奉福德正神，嘉慶辛未紳民公建。[34]

嘉慶辛未為嘉慶16年（1811），景端碑所述笨港諸神像東遷之年肇慶堂尚未創建，如何能安置神像？

第三，碑文謂：「太子少保子爵軍門王捐俸倡建於前，諸紳商鼎力虔誠捐獻於后。」嘉慶7年7月王得祿才被擢升金門鎮左營游擊，「太子少保」是道光13年（1833）張丙之亂，王得祿親往嘉義聯莊捕

題額，民國55年3月臺銀經濟研究室印行的《臺灣南部碑文集成》未錄，民國83年，何培夫《臺灣地區現存碑碣圖誌》〈義縣市篇〉（83，國立中央圖書館臺灣分館發行）始見收錄，以「新建奉天宮碑記」為題，碑文為行楷體，刪除十八庄地名。

[33] 此神主牌位存臺南市祀典武廟。

[34] 《嘉義管內采訪冊》，打貓西堡，街市，民國57年，國防研究院印行。

賊，而由道光皇帝於是年5月賞加太子少保銜；[35]撰碑者宛如未卜先知預知20年後之事。

第四，碑文又謂：「軍門王，廟成之日，必奏請聖天子御賜宮號奉天宮。」彷彿王得祿深受嘉慶寵倖，可隨時見皇帝提出任何請求。碑文作者應是受民國3、40年代臺灣流行的《嘉慶君遊臺灣》[36]故事影響，認為王得祿為嘉慶君遊訪臺灣被土豪欺侮時的救命恩人、結拜兄弟，深受寵信，隨時可觀見皇帝，請賜宮號「奉天宮」是輕而易舉的小事。事實卻完全相反，王得祿平定海盜蔡牽被擢任福建水師提督，與皇帝並無民間傳說的交情，王得祿雖屢次請求陛見，但嘉慶皇帝僅准接見一次。且賜宮名也由禮部依例提出，景端何得預其事？如真有其事，《嘉慶皇帝實錄》、《嘉義管內采訪冊》也會有記載，可見這事非歷史事實。

第五，景端碑又謂：「筆至此，思及我笨宮跡遺有重修諸羅縣笨港天后宮碑記一座，因無由疏邊崩陷溪中，未能同在裏此盛舉，誠拙終生之憾事也。」「重修諸羅縣笨港天后宮碑記」也是奉天宮的文物。

事實上北港朝天宮現存有比「重修諸羅縣笨港天后宮碑記」更重要的文物，就是印證笨港天后宮歷史的歷代開山蓮座，景端偽碑作者卻不知其重要性，不僅不提，反而批評「北港朝天宮歷代和尚神主牌荒謬怪誕之處很多，有師已亡，徒弟還未出世，亦有徒弟先去世，師還未出世之處，實在可笑」[37]，但民國78年《北港朝天宮志》將朝天宮僧侶系統整理出，奉天宮改口說：「民國四十年代本宮興建後殿，拆除舊舍，有一位叫乙師的土水師任意將本宮三百多年（包含笨港天后宮時代）的歷屆住持僧的神主牌位搬去，……遂喪失了自能澤以下歷代住持的神主牌位。」[38]

第六，碑文中景端口氣太大，白書「僧景端謹誌」，與例不合。僧綱雖為僧官，但比照八品小官，水師提督則為一品大員，不可相提

---

35 蔡相輝、王文裕，《王得祿傳》，臺灣省文獻委員會，民國86年。另《九朝東華錄》道光朝，卷七，則謂為是年7月。

36 丁得春，《嘉慶君遊臺灣》，民國36年10月，臺南市實芳出版社發行。

37 林德政，《新港奉天宮志》，卷十〈文獻篇（上）〉，致北港朝天宮公開反駁信（1979年3月），民國82年新港奉天宮。

38 《新港奉天宮志》，卷十三〈雜記篇〉，第二篇，住持僧的神主牌。

並論，廟宇建廟立碑，排位均由官而紳，住持僧僅得列末，朝天宮現存乾隆40年「重修諸羅縣笨港北港天后宮碑記」兼任彰化縣僧綱的能澤列名碑末，即其例。

第七，碑既為建廟竣工碑，理應詳載經始、落成之年，但碑中無一語提及；全無軍門子爵王得祿與諸耆宿郊商名號及捐款數額，也與碑例不符。

第八，碑末署名立碑者為「十八庄董事」，也與嘉慶年間臺灣的行政區劃名稱不符，據《臺灣省通志‧土地志》記載，當時打貓西保只有17莊，「新港」稱為「新南港街」，至光緒13年臺灣建省，打貓西保始轄18莊。「新南港街」因不是海港，日治時期被改名「新巷」，光復後再改回「新港」，可見這篇碑記是光緒13年以後的作品。而「庄」字是日本人漢字用法，漢人則用「莊」字，可見碑文作者是受過日式教育，但中國四書、五經也曾涉獵的近代人。

總之，景端碑與真的景端生存年代不符，碑文內容錯誤、與史實不符者處處可見。但李安邦卻把這些資料提供給返臺調查臺灣媽祖史料的旅日華僑李獻章。李獻章也看出「景端碑」有問題，云：

> 碑文記「太子少保軍門王……」，因王得祿晉封太子少保，是在道光十三年，不免自相矛盾。但細看之下，該文謂「茲聖宮新建竣事，感觸殊多；興之所至，誌於此，意在示人，明聖母神德之盛，而知敬神所當誠之由云爾。」乃一隨感錄，本非為要刻碑而作者。[39]

但李獻章最後還是將「笨港天后宮沖毀」的說法照單全收，在民國56年10月至11月出版的《大陸雜誌》第35卷第7至9期發表〈笨港聚落的成立及其媽祖祠祀的發展與信仰實態〉一，鋪衍出：笨港於嘉慶年間遭洪水，笨港天后宮被毀，後來漳州人先於新港建奉天宮，泉州人後於北港建朝天宮的說法，間接影響彰化南瑤宮、大甲鎮瀾宮轉往新港進香。

---

[39] 李獻章，《媽祖信仰研究》附錄一，〈笨港聚落的成立及其媽祖祠祀的發展與信仰實態〉，註5，民國68年（1979），日本東京，泰山文物社印行。

（四）〈戈培爾效應〉：謊言重複一百次，就會成為真理

戈培爾是1933年德國總理希特勒任命的教育與宣傳部長，他給謊言穿上真理的外衣，他有一句名言：「重複是一種力量，謊言重複一百次，就會成為真理。」俗稱「戈培爾效應」。

奉天宮既以「笨港天妃宮」正統自居，再三宣揚是笨港天妃宮，當然也把彰化南瑤宮至笨港進香說成是到新港進香。《新港奉天宮媽祖簡介》〈彰化南磁宮之由來〉，云：

> 距今約八十餘年前的事實，南港有一個勞動界的人，姓楊名琴因在家鄉無生活計，朝不補暮。不得已，背井離鄉，到彰化找工作，他是一個造瓦的技術者，充任在磁內工作，這個楊琴平素極其信仰聖母，所以出外均帶聖母之香火，在身邊保護出外平安，香火帶在身上對工作上很是不便，故將香火懸掛在瓦磁內之竹柱上，朝夕虔誠焚香朝拜……焚香向香火禱告，求取爐丹，無不應驗，從此遠近聞名……凡有經營瓦磁業者，皆彫刻有發鬚之聖母……未幾大廟完成，擇日舉行慶祝落成典禮命名為南磁宮（南磁宮起源由此）因記念該香火，由南港人，帶在磁內，故將南磁兩字，取號甚有意義……彰化南磁宮至今香火不斷參拜者絡繹不絕每年特別組織團體，前來新港奉天宮進香。

南瑤宮已被新港人說成是奉天宮的分香廟宇。笨港天后宮被毀的說法，透過李獻章〈笨港聚落的成立及其媽祖祠祀的發展與信仰實態〉傳遞給學術界，李安邦《漢族開臺基地笨港舊蹟及其歷史文物流落考——新港奉天宮由來史》（後改名《新港奉天宮由來史——漢族開臺基地笨港舊蹟及其歷史文物流落考》）透過《法海週刊》傳遞給佛教界，透過鸞壇《聖道》雜誌以善書形態傳遞給道教界及各廟宇，奉天宮也不斷刊印手冊分送媽祖信徒及進香客，大量且不斷的文宣，直接動搖北港朝天宮的龍頭地位。

李獻章於二戰期間畢業於日本早稻田大學，畢業論文為《媽祖

《法海週刊》的《新港奉天宮由來史》　　把南瑤宮至笨港進香說是新港進香

傳說研究》，民國43年起即常返臺調查媽祖信仰資料，又從日本圖
書館中國古籍獲見許多媽祖資料，撰文於期刊發表。民國50年代臺
灣史的研究還在萌芽階段，媽祖信仰研究者更少，李獻章、李安邦二
篇文章提出後，北港朝天宮雖曾請求臺灣省文獻會廖漢臣編《朝天宮
志》[40]、洪敏麟撰〈從潟湖曲流地形之發展看笨港地理之變遷〉[41]等
文章，但亦無法澄清真相。透過不斷的重複，奉天宮簡介自稱「開臺
媽祖」、「笨港毀滅」的說法經過不斷重複，就產生戈培爾效應，許
多廟宇相信了。南瑤宮也是其中之一。

　　《彰化南瑤宮志》：

　　　　嘉慶年間，笨港天后宮被洪水沖毀，因此該進香活動暫告受
　　阻。然而，由於笨港附近後來仍有許多與原笨港天后宮有淵源之其
　　他廟宇，如北港朝天宮、新港奉天宮等，因此，南瑤宮遂改至笨港

---

[40] 廖漢臣，《朝天宮志》，民國 56 年，北港朝天宮印行。
[41] 洪敏麟，〈從潟湖曲流地形之發展看笨港地理之變遷〉，《聖女春秋》，第 6 至
　　18 期，民國 62 年 5 月至 63 年 6 月，北港朝天宮發行。

地區繞境，並至北港朝天宮及新港奉天宮等廟駐駕會子時香。[42]

的說法，印證南瑤宮信徒受笨港毀滅論的影響甚深，五十年代以後南瑤宮雖仍維持往北港進香的習俗，但心中的疑團，終有引爆之時。民國44年彰化市政府接管南瑤宮。官方接管的好處是依法行政，但公務員不一定是媽祖信徒，不會主動整合各媽祖會進行年例進香活動。從民國35年至民國77年之43年間，南瑤宮僅民國36、45、49、51、53、68、69、70、71、75等年舉辦笨港進香活動，約平均4年舉辦一次，且規模大小不一，最後一次往北港進香則在民國75年。據朝天宮前總幹事吳祥口述略謂：

> 約民國七十五年農曆三月十九日上午八時餘，南瑤宮媽祖抵達北港至朝天宮進香。每年農曆三月十九、二十二天朝天宮媽祖循例遶境古笨港地區，相當忙碌。南瑤宮因四、五年未往朝天宮進香，三媽會進香大總理等人不知農曆三月十九日朝天宮有大慶典，朝天宮則以為南瑤宮會避開出廟時間。農曆三月十九日朝天宮董事長郭慶文與總幹事吳祥等人恭送媽祖鑾駕出廟後即至宮門前等侯南瑤宮總、董。但因媽祖儀仗甚盛，炮火沖天，南瑤宮媽祖跟本無法靠近朝天宮。南瑤宮總、董久候不耐，以為是朝天宮故意整人，怒氣沖沖的走到郭、吳二人面前，撂下：「你們朝天宮是在幹什麼？」即轉頭往新港方向而去。[43]

此後直至民國93年吳祥退休，南瑤宮未再到北港進香或南瑤宮所稱會香。而彰化信徒的傳說則謂是年前往北港進香，隨行陣頭與北港當地的八家將發生衝突，故轉往新港進香。北港朝天宮神轎出巡，從無八家將隨駕，真是一場誤會，但若非南瑤宮深受「笨港天后宮被洪水沖毀」說法的影響，即不致動搖對朝天宮的信心，而終止前往進

---

[42] 同前引，《彰化南瑤宮志》第5章。
[43] 民國77年筆者編《北港朝天宮志》時即曾由朝天宮董事長郭慶文先生提及，96年9月撰寫本文時筆者再向吳祥先生確認其事。

香。是年雖改往奉天宮進香，但宗教氣氛未必相同，南瑤宮還是無法認奉天宮為祖廟，並自民國79年開始前往湄洲天后宮進香，並重新認定湄洲天后宮為祖廟。

六、結語

「進香」原是宗教信仰行為中，上、下廟宇間互動、學習的管道，宛如女兒出嫁後回娘家，回娘家是一個過程，但回到娘家後母女間的互動、學習才是文化傳承的重點。南瑤宮笨港進香除了媽祖信徒獲得精神上的安慰外，宗教文化的學習與傳承是不可忽視的重點。從嘉慶7年南瑤宮重建至民國75年（1802~1986）185年間，南瑤宮進香有高潮，但也曾因政治的變化或意外事故中止進香，尤其被彰化市政府接管後，信徒的宗教熱忱不容易整合，加上新港奉天宮為爭取媽祖領導地位創出笨港天后宮被洪水沖毀的說法，讓南瑤宮動搖對朝天宮的信心，一旦有誤會產生，北港進香活動就告終止。

新港人力爭上游、領袖群倫的企圖心，在政治上建構了橫跨嘉義、雲林二縣的林派，操控地方政治勢力數十年，鄉人曾經出任過嘉南農田水利會長、嘉義縣長、雲林縣長、中國國民黨中央黨部副秘書長、臺灣省民政廳長、內政部長、交通部長、考試院副院長，臺灣省長（凍省後）及中央、地方各級任民意代表，人才不可謂不多。但宗教的深厚內涵並非虛名可得，南瑤宮信徒雖至奉天宮進香，但感受不到濃郁的宗教氣息及認同感。民國76年以後湄洲天后宮對臺灣各媽祖廟展開熱情的聯絡，南瑤宮的祖廟認同也隨而轉移，開始往湄洲進香。但隔海至湄洲進香畢竟不易，所以每年還會攜香火至南瑤宮的祖家楊謙家換龍袍。原先居住笨南港的楊謙家族已經無存，彰化南瑤宮信徒和舊南港居民為懷念楊謙功德，在當地新建一座天后宮以為南瑤宮笨港進香紀念。實證是檢驗歷史的真理，知識不夠可以補足，偽造歷史只會讓自己難堪、朋友受害。

第七章 北港朝天宮與 臺南大天后宮的分合

一、前言

　　北港朝天宮臺南大天后宮都是臺灣媽祖信仰的重鎮，大天后宮是最早的官建媽祖廟，朝天宮則是全臺信仰人口最多的廟宇，府城居民迎請北港媽祖至府城遶境、坐鎮大天后宮接受南臺灣府居民香火，曾經是臺灣歷史上動員人力規模最大、官民全神貫注的宗教活動。大正年間，二廟卻終止雙方的合作關係，使臺灣最具規模的宗教活動因此中止。朝天宮、大天后二廟的合作大大提振臺灣媽祖信仰的聲勢，讓媽祖信仰成為臺灣民間信仰的主流；二廟分道揚鑣分後，大甲媽祖至北港進香成為全臺注目焦點，朝天宮與大天后宮的分合象徵臺灣媽祖信仰由南向北轉進的一個大轉變。

北港朝天宮全景

二、朝天宮、大天后宮背景分析

（一）商港都市屬性

　　北港古名笨港，是臺灣最早有漢人進入開發的區域之一。明末鄭芝龍率閩南饑民為盜曾入此區，荷據時期，此地有許多漢人活動，荷蘭人在此駐兵收稅。明鄭時期則有將領陳縣入墾，清領臺灣，繼有陳立勳入墾，至康熙24年（1685）起，笨港即為臺灣北路米糧出口港，也是雲林、嘉義、南投縣市物產的吞吐口，商業興隆，素有小臺灣之稱。大量的船舶載運各種貨品在臺灣海峽兩岸穿梭，基於祈求海上航行平安的心理，就為航海守護神媽祖的信仰提供一個很大的空間。

　　臺南市的開發與北港約略相當，自明鄭時代起，即為全臺灣的政治中心及商業中心，其都市規模遠較北港宏偉，其北岸臺江潟湖，在道光年以前可泊船數百艘，海運之繁盛，更在北港之上，同樣也為航海守護神媽祖的信仰提供廣大空間。

（二）廟宇屬性

　　北港朝天宮自始即是由地方士紳鳩資創建，其土地業主陳立勳具生員身分，其家族在清朝領臺後即入墾笨港地區，田連阡陌，家族自有商號經營絲線等行業，至乾隆40年（1875）朝天宮重修時，其後裔陳瑞玉仍居董事職位，其餘董事，則有貢、監生、笨港街總理、行戶等，甚至嘉義梅山的行戶蔡世國也在其內，可見朝天宮的董事人員包含信仰圈內的紳、商及自治團體領袖，較具自主性。因民間屬性高，廟宇經營較具彈性，民間參拜者多，香火自然日趨鼎盛。

　　北港朝天宮雖是由地方士紳鳩資創建，但由乾隆40年（1775）笨港縣丞薛肇熿協助重興，道光年間由子爵王得祿奏請道光皇帝賜祭，宛如祀典廟宇；光緒年間又由巡撫劉銘傳奏請光緒帝賜匾，可見朝天宮與清朝官方關係良好。從地方居民屬性來看，北港居民以商業為主要謀生方式，社會安定的需求高，心態上傾向於與執政者合作，因此，歷年臺灣民變，北港居民都支持清政府。

　　臺南大天后宮自始即由水師提督施琅就明寧靖王邸改建，並以

臨濟宗第34世和尚勝修任住持，兼管臺灣府僧綱，其後大天后宮的修建也多由當地官員領銜捐修，其官廟性質明確，必須受臺灣府知府指揮，其作為官方得以完全主導，甚至影響到迎神遶境活動之有無，如徐宗幹在其《斯未信齋文集》中即提到道光年（張丙抗清事件）因恐進香活動影響治安，其前任道臺不願居民迎北港媽祖至府城，故意囑咐大天后宮住持在卜筊時為不來之語，不無影響大天后宮的香火發展。嘉慶23年大天后宮火災後，官方導入臺南三郊參與重建，開始迎北港媽祖南下，活化大天后宮的經營，也提升大天后宮的信仰地位，至大正年間其俗中止，大天后宮的進香潮也漸減少。

（三）奉祀神

朝天宮的祀神，正殿以媽祖為主神，香花女侍兩側，千里眼、順風耳立於神龕外左右，後殿以觀世音菩薩為主神，善才、龍女為挾侍神，十八羅漢為陪侍神。觀音殿後為聖父母殿，供奉媽祖父母及兄、姐神位，其左側偏殿為開山廳，供奉開山樹璧和尚以降歷代僧侶神主牌位。觀音殿左方凌虛殿，供奉三官大帝。右方五文昌夫子殿，供奉五文昌夫子。五文昌殿前右側室仔供奉境主公、福德正神，凌虛殿前左側供奉註生娘娘、婆姐。目前朝天宮供奉神祇雖包含佛、道二教，但其供奉主神是以正殿主軸的媽祖、觀世音菩薩、聖父母為主。

臺南大天后宮建築格局因原係明朝寧靖王邸，康熙23年改建時，前祀媽祖，後祀觀音，目前祀神，正殿以媽祖為主神，千里眼、順風耳為挾侍神。左側殿奉祀水仙尊王，右側殿奉祀四海龍王，後殿為聖父母殿，供奉媽祖父母及兄、姐神位、寧靖王神主、功德主及歷代僧侶神主牌位。右側佛祖殿，以釋迦牟尼佛、三寶佛為主神，右側前殿奉祀觀世音菩薩。另有臨水夫人、註生娘娘、三界公（三官大帝）、福德爺、月老公等神。奉祀之神，如釋迦牟尼佛、水仙、臨水夫人等與朝天宮略有不同，但以媽祖為主要祀神是相同的。

（四）住持僧侶

北港朝天宮媽祖是臨濟宗第34代樹璧和尚迎請而來，樹璧和尚出身福建莆田湄洲天妃宮，湄洲天妃宮本身雖也有官方色彩，但朝天宮

僧侶平常即深入社會為民服務，夏秋水漲，在笨港溪設義渡渡人，平常為信徒講解佛理，辦理佛事。一般廟宇前來進香，僧侶為其主持誦經、刈火儀式，廟宇或家庭前來朝天宮迎請媽祖或請大符（即印有媽祖神像之黃色宣紙）也會捐獻香油錢，朝天宮的收入頗豐，雲嘉彰地區重要法事，常禮聘朝天宮僧侶主持。朝天宮由樹璧和尚住持後，僧侶一脈相傳，如能澤、皖衷皆為一代名僧，直至日據時期共傳承了17代，至大正10年（1921）始改聘臺南市竹溪寺僧眼淨和尚及其傳人住持至今。僧侶外傳為他廟住持者，如嘉義市朝天宮、臺南市普濟殿、鹿港鰲亭宮、西螺福興宮、廣福宮等均有其人。

臺南大天后宮前身為明朝寧靖王邸，雖然寧靖王在殉國前已將王邸捨為佛寺，並由僧人宗福住持，但清朝將臺灣收入版圖後，施琅將之改建為天妃宮，並改聘福建省泉州府開元寺僧，臨濟宗第34世僧勝修任住持，並以勝修兼任臺灣府僧綱司事，總管臺灣佛教事務，至嘉慶23年天后宮火災而止。勝修傳人也代代相承在大天后宮住持奉祀香火，至日據後始結束，其歷代僧侶牌位仍保留在後殿永享人間香火。勝修雖也是臨濟宗第34世，但其師承來自泉州府開元寺，派別不同。

三、北港媽祖巡府城

北港朝天宮與臺南大天后宮的關係非常密切，朝天宮媽祖在道光年以前即常被迎請至府城巡歷，並駐蹕大天后宮接受信徒膜拜經月始返。文獻最早記載此事者為清代臺灣最高行政長官臺灣兵備道徐宗幹之《斯未信齋文集》。其文云：

> 壬子（咸豐元年，1851），三月二十三日，為天后神誕。前期，臺人循舊俗，迎嘉邑北港廟中神像至郡城廟供奉，並巡歷城廂內外而回。焚香迎送者，日千萬計。[1]

徐宗幹雖謂此是臺人舊俗，但卻未提及始於何時。徐文又謂：

---

[1] 徐宗幹，《斯未信齋文集》，〈斯未信齋雜錄〉，〈壬癸後記〉，民國49年，臺灣銀行經濟研究室。

「歷年或來、或否，來則年豐、民安。販賣藉此營生。前任或密囑住持卜筊，假作神話，以為不來，愚民亦皆信之。省財、省力，地方不至生事，洵為善政。」即朝天宮媽祖並非每年均至府城巡歷，而去或不去的關鍵則是大天后宮住持卜筊的結果，去或不去，完全由大天后宮決定，而非北港。從這段記載看，北港朝天宮到臺南，並駐蹕大天后宮，應只是單純的民間迎媽祖活動，而非廟與廟間的進香活動。

朝天宮媽祖南巡，依例必被迎駐大天后宮供府城居民膜拜，因大天后宮為官方祀典廟宇，具有代表政府的象徵意義，故久了之後，臺南方面也有人謂府城居民赴北港為進香，迎北港媽祖至府城為乞火。成書於清光諸年間的《安平縣雜記》，〈風俗現況〉謂：

> 三月，北港進香，市街里保民人沿途往來數萬人，日夜絡繹不絕，各持一小旗，掛一小燈，燈旗各寫「天上聖母、北港進香」八字。迨三月十四日，北港媽來郡乞火，鄉莊民人隨行者數萬人入城。市街民人款留三天。其北港媽駐大媽祖宮，為閤郡民進香。至十五、十六日出廟繞境，沿途回港，護送者蜂擁，隨行者亦同返。此係俗例，一年一次也。[2]

原來單純的府城居民至北港迎媽祖至府城供奉的宗教活動，至日據初已被分為二項活動，把府城居民至北港迎媽祖稱為進香，把北港媽祖至府城稱為乞火。

北港朝大宮、臺南大天后宮，二廟間是否有祖廟與分香廟的關係？大天后宮成立於康熙23年（1684），朝天宮創建於康熙39年（1700），經核對二廟的僧侶系統，大天后宮僧侶來自泉州府開元寺，朝天宮僧侶則來自湄洲，開山和尚同為臨濟宗第34世，並無師徒的關係，且朝天宮媽祖直接來自湄洲，兩廟並無分香的關係。至於稱府城居民至北港迎媽祖為進香，北港媽祖至府城為乞火，與臺灣民俗慣例不同，可能是撰稿者對臺灣民俗尚未充分理解下的用語。究竟府城居民迎北港媽祖南下供奉的原因為何，推測可能與下列因素有關。

---

[2]　林勇校訂，《安平縣雜記》，風俗現況。

民國94年重修之臺南大天后宮鎮殿媽祖神像

（一）大天后宮祝融之災

　　大天后宮雖有僧侶住持，但在清嘉慶23年（1818）3月癸丑卻遭嚴重火災，廟內神像付之一炬。《臺灣采訪冊》〈祥異〉七〈火災〉，記道光9年（1830）陳國瑛采訪的內容云：

> 　　嘉慶二十三年戊寅三月十六日寅時，天上聖母廟災，中殿及後殿俱燼，神像、三代牌位蕩然無存。住持僧所蓄銀錢俱鎔化，惟大門一列尚存。凡火焚至廟宇而止。此次專焚神像，殊堪詫異。[3]

　　陳國瑛的這段描述其實隱藏有貶抑大天后宮僧侶之意，因陳在此采訪冊中，除了一般店鋪民宅火災外，同時記錄了乾隆35年（1770）正月真武廟前火災、道光庚寅（1830）年前街失火等災，但均燒至廟前即止，而獨於大天后宮有：「凡火焚至廟宇而止。此次專焚神像，殊堪詫異。」的話，應是話中有話。此次火災，中殿、後殿及僧房俱被燒毀，且住持僧所蓄銀錢俱鎔化，可想陳國瑛是暗示火苗應是由僧房發出，其原因若非住持僧失職，至少其管理亦有問題。

---

[3]　《臺灣采訪冊》，〈祥異〉七，〈火災〉，按本文據國防研究院臺灣叢書本，臺灣銀行本則將條刪除，僅錄西定坊天后廟火災條。

大火之後，大天后宮面臨著廟宇重建、神像新雕、經費籌募等種種複雜問題，直接影響到此後大天后宮的發展、管理型態。

（二）三郊參與大天后宮事務

大天后宮原為官廟，住持僧是政府禮聘來臺的泉州開元寺僧，其僧侶兼管理臺灣佛教事務，也有官品，一般官員應對其相當禮遇。大天后宮早期修建均由官方負責推動，乾隆以前的重修碑文可能在嘉慶大火中燒燬不得其詳，但大天后宮殘存資料，尚可見及乾隆5年（1740）鎮標左營游擊石良臣於後殿左右建二廳，乾隆30年（1765）知府蔣允重修；乾隆40年（1775）的知府蔣元樞發起重修；乾隆49年（1784）知府孫景燧也加以整修等，可見官方對大天后宮支持的程度。

祀典大天后宮被焚燬勢必讓天后祀典無法舉行，此對官方而言是一件大事，因大天后宮規模宏偉，重修經費非上萬圓不敷應用，此鉅額款項實非臺灣府收入所能負擔。署臺灣知府鄭佐廷乃發起募捐，並將重任委請三郊協助。

府城三郊成立於清雍正初，是臺灣最早成立的行郊。配運於上海、寧波、天津、煙臺、牛莊等處之貿易者，尤以糖業為主要商品，稱北郊，郊中有20餘號營商，群推蘇萬利為北郊大商。配運於金廈兩島、漳泉二州、香港、汕頭、南澳等處之貨物者，以油、米、什穀為主要商品，稱南郊，郊中有30餘號營商，群推金永順為南郊大商。熟悉於臺灣各港之採糴者，曰港郊，如東港、旗後、五條港、基隆、鹽水港、朴仔腳、滬尾配運之地；港郊中有50餘號營商，共推李勝興為港郊大商。

三郊雖各有營業範圍及營業項目，但既處在同一地方，必有共通之問題及互相支援協調之事，因而由三郊首領：北郊蘇萬利、南郊金永順、港郊李勝興帶頭發起組成「三郊」，以統領諸商事務；內置董事3人，由蘇萬利、金永順、李勝興各執其權，為義務職。三郊共置三益堂為辦事處，奉祀水仙尊王為主神。乾隆51年（1786）冬，林爽文事件，南路莊大田起來響應，聚眾攻打府城。三郊為維持商業活動，不願見地方動亂，醵金募招義民，給頒白布旗號，助平林爽

文之亂，因此，戶部賞給軍功。嘉慶12年（1807），蔡牽亂，地方官長札諭三郊募集義民。時三郊公號僅存蘇萬利、金永順、李勝興之公戳記，各郊董事者為陳啟良、郭拔萃、洪秀文，以三人為三郊之義民首，助平蔡牽亂，而三郊之名著於全臺，署臺灣知府鄭佐廷才會將重建大天后宮任務委請三郊負責。

重建工程，從嘉慶23年開始募款進行，工程持續進行至道光10年（1831）年止，先修觀音殿、更衣亭，俾天后神位有所妥靈，官方祀典得以維持不斷，接著陸續重建正、後殿、山川門及其他部分，並重雕天后媽祖及相關神明金身。正殿竣工後，其左側神龕奉祀有水仙尊王，右側神龕則奉祀四海龍王，此後，三郊漸漸參與大天后宮的經營，也擴大了大天后宮在媽祖信仰的影響。今大天后宮尚保存有道光元年正月，三郊以蘇萬利、金永順、李勝興之名獻上「貺昭慈濟」匾。[4]

（三）三媽巡府城

笨港原包含今天雲林縣北港鎮與嘉義縣新港鄉南港村一帶，早在康熙24年即為臺灣北路米糧出口要港，據康熙61年（1722）巡臺御史黃叔璥所撰《臺海使槎錄》，〈赤崁筆談〉所載，當時近海港口，哨船可入者，只鹿耳門及南路之打狗港，北路之蚊港、笨港、淡水港、小雞籠、八尺門等處。如笨港比鄰之猴樹港、海豐港、二林港、三林港、鹿子港則僅可通舢舨船而已。又謂當時臺米販運內地，北路米由笨港販運，南路米由打狗販運，而笨港並有小港可通鹿耳門內，即名馬沙溝是也。[5]

康熙50年代，當時之外九莊，已有土獅仔、猴樹港、洪水港等街；大奎璧莊有鹽水港街，但是商賈之輳集及市面之繁榮，亦皆不及笨港街。笨港得迅速發展，肇因於當地郊行林立，郊行最大者，為經營笨港、泉州間貿易之泉州郊商組合金合順；經營笨港、廈門間貿易之廈門郊商組合金正順；經營笨港、漳州以南地區貿易之龍江郊

4　有關大天后宮匾額，可參閱林衡道，〈大天后宮〉，《臺灣文獻》，25卷，3期；
　　石萬壽，〈臺南府城的行郊特產點心〉等文章，《臺灣文獻》，31卷，4期。
5　沈雲龍主編，《近代中國史料叢刊》續編第51輯；黃叔璥，《臺海使槎錄》。

商組合金晉順，此外尚有糖郊、米郊、簽郊、布郊及甚多之船行、油車，列肆甚盛。康熙56年（1717）修的《諸羅縣志》謂：「笨港：商船輳集，載五穀貨物」、「臺屬近海市鎮，此為最大。」雍正至乾隆中葉，為笨港地區發展最速時期，笨港街肆隨人口大量增加而不斷擴展。乾隆6年（1741）諸羅縣行政區劃漢人居住區原僅為4里、7保、17莊，至乾隆29年（1764）增闢39保、1莊，共計4里、46保、18莊。笨港街則以人口眾多，被劃分為南、北二保，北街屬大康榔東保，南街屬打貓西保，對外仍合稱笨港街。余文儀乾隆29年《重修臺灣府志》，描述當時笨港情形云：

> 笨港街，距縣三十里，南屬打貓保，北屬大康榔保。港分南北，中隔一溪，曰南街，曰北街，舟車輻輳，百貨駢闐，俗稱小臺灣。[6]

康熙年以後，笨港與府城同樣成立了行郊，其成立確實年代不詳，但在乾隆4年（1739）笨港三郊已與府城三郊同樣取得郊商領袖的地位，也合資創建水仙宮以為公所處理闔港郊商有關問題，兼祀水仙尊王。從府城、笨港三郊發展的模式，可以看出二者十分雷同，連奉祀的守護神也相同，更奇特的是三郊參與天后媽祖的事務也在嘉慶以後，如乾隆40年朝天宮的重建，雖已有行戶劉恒隆、張克昌、鄭奇偉、陳愧賢及梅山蔡世國等擔任重建董事，但卻未見三郊列名其中。[7]

嘉慶年間笨港三郊除了水仙尊王之外，也開始信奉媽祖。北港朝天宮在嘉慶年間曾經重建，當時也新雕媽祖神像。民國85年（1996）朝天宮重修三媽神像，在神像背部發現一長寬各約15公分的空間，裡面安置當年神像雕刻完竣時入聖所置寶物，計含：媽祖香火一份（用黃綢布包裹）、鴝鵒（八哥）一隻、金幣一枚、銀幣一枚、當朝歷代錢幣（即順治、康熙、雍正、乾隆、嘉慶等朝通寶各一枚）、生鐵一小片、白絲線一束（象徵三魂七魄）、小銅鈴一個、五穀種少量（稻豆等當地農作物種籽）、小銅鏡一枚、細長竹片一片（象徵德行）、

---

[6] 　余文儀修，《重修臺灣府志》，乾隆 29 年，臺灣銀行經濟研究室版。
[7] 　見北港朝天宮現存〈重修諸羅縣笨港北港朝天宮碑記〉。

黃曆、祝詞一份（含雕塑神像僧侶法號、生辰八字、開雕、入聖、安座日期時刻，並署上年月，用絲線綁妥。）

祝詞內文如下：

嘉慶辛未歲次十六年九月廿八日吉日良時，重興北港朝天宮，奉祀天上聖母恩主及諸佛神聖金身寶像，住持僧浣衷，弟子本命乙酉年九月一日丑時建生，心念虔敬，新雕二媽、三郊媽天上聖母金身寶像，擇于五月初八戊辰日丁巳時起工雕刻。聖母入聖，香火、金身、寶像及諸寶物安腹，擇于六月初九己亥日戊辰時入聖大吉。聖母開光進殿，擇于八月初三壬辰日乙巳時安座大吉，祈求神恩庇佑，佛力提攜，合境和順，老幼平安，士農有喜，工商便利，四時無災，八節有慶，伏願廟宇興隆，永繼彌深，代代相傳，年年成順，惟望風調雨順，國泰民安，境土咸寧，父慈子孝，兄友弟恭，鄰里和睦，止訟息爭，和相勸勉，實力奉行，乃天地歡喜，光陰照臨，馨香久遠，日月流行，則善者自申矣。嘉慶貳拾肆年五月　日叩祝

這篇祝詞是當時北港朝天宮住持浣衷所立，裡面明記北港朝天宮於嘉慶16年（1811）重建，歷經8年竣工。由於嘉慶年間的重建並未有碑文留下，無法見及三郊捐款情形，但由浣衷發願新雕朝天宮三郊媽之行為，應可證明三郊在朝天宮重建過程中必定出力甚多，以致浣衷願意雕造三郊媽奉祀並以自身本命護持之，也反映笨港三郊在嘉慶年間已開始介入朝天宮的運作。此祝文的出現，可印證臺灣府民迎請的「北港三媽」，真正的稱呼是三郊媽。

嘉慶23年（1818）大天后宮大火導致官方一時無媽祖可奉祀，新雕媽祖也需有其他媽祖裹贊香火，北港朝天宮大和尚浣衷又新雕三郊媽祖，而府城、北港間的商號又素有往來，遂在二地三郊的合作下，開啟了北港媽祖南巡的契機。

民國93年（2004）1月臺南大天后宮鎮殿媽祖因地震頭部斷落，重修時發現神像內有三方小玉牌，第1塊銘文云：「天上聖母寶像，道光元年，泉郡晉水陳成居敬造」，第2塊銘文云：「福建興化府莆

民國94年臺南大天宮鎮殿媽祖神像內發現的三塊道光元年重修玉牌

田縣湄洲嶼天上聖母降誕於大宋建隆元年三月念三日吉時,開光於道
光二年十一月十六日午時吉」,第3塊銘文云:「重興總事三郊蘇萬
利、金永順、李勝興,監生陳瑛疆」,[8]可證明在嘉慶23年(1818)3
月至道光2年(1823)11月新雕天上聖母開光以前,大天后宮是須藉
重於其他媽祖香火坐鎮的。

　　從現存臺南大天后宮咸豐8年〈鑄鐘緣起碑記〉,北港廈郊金正
順、泉郊金合順、糖郊金興順共捐款120大圓,為全臺各地捐款最多
者及北港朝天宮現存神轎、神案、祭器許多是臺南商人如張立興號等
捐獻,可以佐證兩地郊商互相合作、支持對方媽祖信仰的情形。

　　府城迎媽祖,除了單純的宗教因素外,對府城的影響如何,徐宗
幹曾加以評論云:

　　　　歷年或來、或否,來則年豐、民安。販賣藉此營生。前
　　任或密囑住持卜筊,假作神話,以為不來,愚民亦皆信之。省
　　財、省力,地方不至生事,洵為善政。然祈報出於至誠,藉以
　　贍小民之貿易者,亦未可弛而不張,且迎神期內,從未滋事,
　　故聽之。十五日,同鎮軍謁廟,男婦蜂屯蟻聚,欲進門,非天

8　三方玉牌現存大天后宮,另石碑照片亦刊載於曾吉連編,《祀典臺南大天后宮》,
　民國94年7月,臺南大天后宮印行;臺南大天后宮第七屆管理委員會編,《金面
　重光—祀典臺南大天后宮鎮殿媽祖神像修護實錄》,民國95年2月,編者印行。

后神轎夫執木板辟易之，不得前。偶微服夜巡，自宵達旦，用朱書「我護善良，進香須做好人，求我不能饒你惡」云云簡明告諭，並大書「販賣洋土、船破人亡」八字於殿前，乘其怵惕之心以道之。神道設教，或可格其一二耳。

徐宗幹謂「來則年豐、民安。販賣藉此營生，藉以贍小民之貿易，乘其怵惕之心以道之」是迎媽祖的利，至於缺點只是「省財、省力，地方不至生事」既有利於商業發展，又可年豐、民安，兩者相衡，當然是繼續舉辦下去了。

四、三媽中止巡府城

（一）輿夫衝突

府城迎北港媽祖畢竟是一個數萬人參與的大規模宗教活動，參與活動之基層人員素質不一，難免會有意外狀況發生。徐宗幹《斯未信齋文集》已記載了咸豐元年3月迎北港媽祖雙方輿夫發生衝突的情形云：

壬子三月十六日，神輿出巡，輿夫皆黃衣為百夫長，手執小旗，眾皆聽其指揮。郡城各廟神像，先皆舁之出迎，復送天后出城而後返。舉國若狂，雖極惡之人，神前不敢為匪；即素犯罪者，此時亦無畏忌，以迎神莫之敢攖也。是日午後，忽大雷雨，霹靂不已。郡城舁神輿者，至城門皆覺重至千鈞，兩足不能前，天后之輿則迅疾如駕雲而飛。雨止，聞北港之夫與郡城神輿之夫爭路挾嫌，各糾約出城後互鬥洩忿。城外溝岸內埋伏多人，為雨驅散；南門外同行三十餘人，雷斃其二，餘皆被火傷，不知其何為也！非此雷雨，則鬥必成，而傷害之人多矣。神之靈也，民之福、官之幸也。

這年的爭路挾嫌糾約互鬥因雷雨而終止，但這種事例也可能常發生，大正4年（1914）5月12日《臺灣日日新報》有一篇報導，是

月8、9兩日，臺南居民合迎臺南國姓公與北港媽祖，在4月27日卻也發生臺南永華宮頭旗被人折毀，旗手被毆的爭執事件。此類事件，終究因敬神及未觸及雙方經濟利益，故雙方尚能忍受。但大正4年（1914），雙方終因利益糾葛而停止往來多年的迎神活動。

（二）經濟利益衝突

大正4年（1914）5月27日《臺灣日日新報》有一篇題為〈聖母塑像原因〉的報導，詳細記載了雙方終止往來的原因，原文雖稍長，但因具史料價值，錄其全文如下：

> 曩者北港朝天宮，議欲重新起蓋，曾稟督府許准，向全島信徒捐題七萬金，南部數有六萬餘圓，實臺南市內宮後街布商錦榮發主人石學文之力也。石素慈心敬佛，奉三媽到處捐題，於市內紳商不憚矢口勸誘，而又奔走於打狗、鳳山、阿緱等地，善為鼓舞，故有此鉅額，占全島八、九之數，因此得董事之名義，而與北港之重要人物，如曾席珍、蔡聯（然）標等時相往來結契甚篤。者番因景氣不佳，臺南諸紳商議迎請聖母。初次石往北港，與曾等交涉，即為應承。緣官紳合議，聖母來南，將與國姓爺合迎繞境，必加倍熱鬧。例年，常因爭舁聖母轎以起禍。擬當市八派出所每管下壯丁六名，計四十八名，分作兩班一班二十四名，直往北港舁下，一班到半途迎接。遂惹惱藥王廟街人，以為如此破常例。蓋前清咸豐三年，土匪戴萬生（潮春）擾亂時，臺南戒嚴，值聖母將來進香，官府恐土匪扮作香隊混入城內，出阻。聖母在城外，乃暫駐駕於藥王廟。以後，聖母凡南下來往，須由藥王廟街人舁之，他人不得與焉。
>
> 乃有該街人王福田者，寫一信，托北港本島人某刑事，向該支廳長言，若聖母駐南十餘天，當地生意影響有三萬金。一般商人亦起而大反對。至期，石往迎，曾等以支廳長不肯辭。石飛電話來南，南紳托臺南廳長與支廳長交涉始肯。無如北港紳商任石如何交涉，終不肯。後擬將北港糖郊媽充作三媽。石無可如何，乃舁下，不敢言，預約陰曆四月一日送媽祖至鹽水

港，以備該街人民歡迎。

自媽祖稅駕大媽祖宮，石每早晚往為參香，至陰曆三月二十九晚，循例而往，至中殿，見內爐香煙滾滾自爐底起。以該爐係在內帳下，不時三炷香而已，何以能發爐？意媽祖必有所指示。乃扶乩請聖母出駕。曰：余感南部爾眾一片信誠，茲北港諸爐下，既不以信誠待爾，雖余正身不來南，余真神實來南，所謂有其誠即有其神是也。自茲以往，余要長住臺南，以受爾眾香煙。

越四月一日，連日大雨滂沱。鹽水已知臺南所請者為糖郊媽，亦即直到北港請三媽去敬奉。石至是乃對南紳言明：三月十二夜三點鐘，要請三媽坐轎起駕，被北港人請出，如是者三五次。眾大憤，謂：北港諸紳商待我如此惡感情，三媽既要長住臺南，可塑神像以為南部人敬奉，翌年免往北港。遂醵金數千金以為基本并備置一切。會議一年一次，合國姓爺大道公出為遶境，市內諸神輿齊出，其三媽神像，擇定此二十四日開斧，二十八日開光。將來入神後，必有一番大熱鬧云。[9]

這篇報導內容，第一段描述臺南布商錦榮發主人石學文因敬祀媽祖，在北港朝天宮重建時協助勸募鉅款而被聘為朝天宮董事，與朝天宮董事蔡然標、曾席珍等交情甚篤。第二段描述因景氣不佳，臺南紳商擬迎請北港媽祖與延平王共同遶境以創造商機，及同治年戴潮春事件以後為防盜匪混入，形成北港媽祖入城後改由藥王廟街民抬神轎慣例。第三段描述北港方面同意媽祖南下，但在規劃活動時，入府城後不依例由藥王街人抬神轎，引起該街民不滿，由王福田致函北港友人轉報北港支廳長，以影響北港收入三萬元為理由勸勿讓媽祖南下，其所述並獲北港商人認同。最後在臺南廳、北港支廳長協調下，北港以糖郊媽代替三媽至臺南並約定4月1日送回供鹽水街民迎請。第4段描述農曆3月29日發爐，經扶乩請神降臨，媽祖指示欲長駐臺南。第5段描述4月1日，鹽水街民已知三媽仍在北港，即直接至北港迎請三媽而

9　參閱《臺灣日日新報》，大正4年5月12日，6版。

未至臺南大天后宮迎糖郊媽，石學文乃將真相說出，臺南紳商大憤，決定明年不再往北港，並捐數千圓雕塑北港三媽金身以替代。[10]

　　這篇報導將雙方中止往來過程已全講出來，從臺南方面來說，是依古例迎請三媽，迎媽祖時，各種陣頭繡旗錦簇，香客人手一旗，旗海飄揚，光是布料的使用已極為可觀，石學文經營的錦榮發號即為布業，本身即是獲利者，加上當時臺南尚有三郊組合，傳統商業組織尚未解體，香客赴臺南的大量採購，可促進雙方經濟繁榮，是互利的行為，故在經濟不景氣的時候亟欲推動迎北港媽祖的活動。但北港方面，朝天宮的主事者雖仍有行商如經營布業和春行的王雙等人，但負決定權者已是日本政府起用新一代的紳士，其經濟利益不在傳統產業，而在煙酒等消費品上，希望將消費者留在北港，因而產生讓糖郊媽替代三媽南下的決定。

　　按笨港三郊資本同時在泉州、廈門流通，二岸皆有事業體，日本據臺後，三郊曾觀望一段時間以決去留，但日本從關稅方面阻撓臺灣與大陸之貿易，致三郊無利可圖，至大正年間，三郊勢微，雖仍有行商參與朝天宮事務，但影響力則已不如從前。《臺灣日日新報》大正4年（1915）5月27日報導的北港重要人物，曾席珍、蔡聯（然）標二人即為朝天宮新的領導階層，蔡然標為當時朝天宮管理者，其地位如同今之主任委員。

　　蔡然標祖籍福建省晉江縣，於清同治年間移居北港，蔡然標於光緒年間考進嘉義縣學為生員，後雲林設縣，撥入雲林縣學，曾於雲林縣學任職，兼任北港文祠聚奎閣塾師。日本據臺後北港設立公學校，北港無人前往就讀，日人聘請蔡子珊、蔡萱培、蔡然標等前清秀才任教後，北港人始願前往就學。蔡然標長久擔任教師，也曾在雲林縣衙服務，熟諳行政事務，在北港地區深具影響力。日人因此刻意加以攏絡，任為北港街街長、北港區區長等職務，給其家人北港地區酒類製造權。大正元年（1911）朝天宮重建，蔡然標即為董事兼管理人，大正10年（1921）朝天宮正式成立管理委員組織，即出任朝天宮管理人直至昭和4年（1929）去世始止。除了專賣利益外，蔡然標也在北港

---

10 見〈聖母塑像原因〉，《臺灣日日新報》，大正4年5月27日，6版。〈媽祖像近況〉6月3日，6版。〈媽祖塑像彙報〉，6月25日，6版。

中秋路北港舊碼頭旁建有店面數間，俗稱八卦樓，租人販售金紙香燭等祭祀用品，利潤甚高。[11]

曾席珍本姓蘇，原籍也是福建省晉江縣，自幼入塾習文史會計，於光緒年間十餘歲來臺，不意船在雲林縣口湖外海翻覆，被當地曾姓人家救起，遂改姓曾，為曾家養子。因曾席珍文史根柢佳，曾在明治35年至41年（1902-1908）間受聘為北港公學校教師，其後轉業經營恒茂行，善與日人溝通合作，日人授予北港郡煙酒專賣權，獲利頗豐，中年以後又出任臺南支廳參議職。大正10年（1921）朝天宮管理委員會成立時曾即兼任北港朝天宮會計委員，蔡然標去世後，曾席珍即接任朝天宮管理人職務。蔡然標長孫女蔡亦好許配曾席珍長子曾人潛為妻，二家有姻親關係，主導北港朝天宮各項事務。[12]

蔡、曾二氏的主要收入皆與煙酒有關，北港區的煙酒消費額越高，其專賣收益也越多，故從私人收入論，進香客赴北港越多，煙酒消費量越大，對二家越有利，據當時《臺灣日日新報》的報導，往朝天宮進香之信徒年達二、三十萬之多，致當時各製糖會社，如大日本、新高、東洋等公司經營之輕便鐵路，為爭取乘客，紛紛予進香團體打折優待。足證藥王廟街王福田所提的說法並非無稽，故能打動蔡、曾二人的心。

迎請媽祖遶境，會給當地帶來平安，參拜人潮能為各行各業帶來甚多經濟利益，故各地迎奉之風甚盛，臺北、嘉義地各年舉辦產業共進會時，都迎請北港媽祖駕臨當地廟宇以供無法到北港朝拜信徒瞻拜，在《臺灣日日新報》大正4年所見迎北港媽祖的報導即有宜蘭冬山、臺北大稻埕慈聖宮、龍山寺、文山堡大坪林、新竹市、新埔、苗栗後龍、嘉義城隍廟、嘉義西門街、彰化南瑤宮等。[13]媽祖信仰能成為臺灣民間信仰主流，行商的推波助瀾應是主要原因。

---

[11] 蔡相輝，《北港朝天宮志》，第5篇，〈人事〉；《北港鎮南陽國民小學創校九十週年校慶特刊》歷任教職員名錄，並蔡然標孫女林蔡素女口述。

[12] 蔡相輝，《北港朝天宮志》，第5篇，〈人事〉；《北港鎮南陽國民小學創校九十週年校慶特刊》歷任教職員名錄，並曾席珍女婿蔡子寬校長、呂雲騰校長口述。

[13] 參閱《臺灣日日新報》，大正4年至14年，有關各地迎媽祖及北港朝天宮之報導。

五、互動餘波

（一）大天后宮雕鎮南媽

　　臺南紳商為迎請北港三郊媽神像與北港決裂後，先有坐鎮大天后宮的北港糖郊媽祖香爐發爐，接著臺南紳商扶鸞請神，結果北港三郊媽降臨，指示要長駐臺南以受南人香火。扶乩之語，誠如徐宗幹《斯未信齋文集》所云：「前任或密囑住持卜筊，假作神話，以為不來，愚民亦皆信之。」、「神道設教，或可格其一二耳。」其實所有神降臨指示的事都是人為創造出來的，它只反映出臺南紳商主事者決心要仿雕北港三郊媽，不再受制於人而已。雕塑北港三媽神像事，委由臺南市嶺後街西佛國號裝塑，此尊新雕的北港三媽即為後來臺南大天后宮的鎮南媽。大正4年（1914）6月3日鎮南媽面目形體已具，並定舊曆5月16日開光，20、21兩日遶境，22日安座舉行大典，由臺南廳廳長松木茂俊先行上香，東區區長許廷光主祭、西區區長謝群我陪祭，三郊組合長許藏春、董事石學文與祭。[14]

大正4年6月25日《臺灣日日新報》
的報導

---

[14]　同註10〈聖母塑像原因〉，《臺灣日日新報》，大正4年5月27日，6版。。

（二）朝天宮二度挽回

臺南紳商與朝天宮決裂後，不僅未將南下大天后宮的糖郊送回北港，並雕塑鎮南媽取代北港三郊媽，強烈表達對北港的不滿。北港方面，一則主事者已非傳統三郊，對於府城是否迎北港媽祖並不介意，加上臺南紳商未將糖郊媽送回，也不無失禮，故未積極彌補挽救。大正4年（1914）鎮南媽開光後的遶境儀式，北港媽祖即未參與。

民國18年（1929）9月，朝天宮管理者蔡然標去世，曾席珍接任管理人。曾席珍任期從民國18年（1929）9月至民國42（1953）年11月去世，達24年之久，其間也兼擔任臺南州參議，雖有機會與臺南紳商接觸，但雙方關係未曾改善。民國42年（1953）曾席珍去世後，其女婿王吟貴繼任朝天宮管理人。王吟貴為北港和春號（布商）王雙之子，其兄王吟梓曾參與投資現代化的紡織事業臺南紡織廠，但未介入廟宇事務。

民國44年（1954），臺南大天后宮重修，朝天宮董事長王吟貴與前清貢生蔡培東陪同往訪，捐獻兩壁堵，表明重修舊好意願。民國45年（1956）正月15日臺南大天后宮護送糖郊媽回北港，並約定農曆3月17日再度迎北港媽祖赴臺南會香。當時臺南布商石學文已去世，屆期，雙方復以北港媽祖至臺南究係進香或南巡意見不合而未成行。[15]

民國76年（1987），北港朝天宮為慶祝媽祖成道千年舉辦環島遶境祈安活動，朝天宮以北港、臺南兩地媽祖淵源深厚，不可不至大天后宮駐輦，雙方恢復往來。民國82年（1993），中華民藝華會在臺南市舉行，大天后宮董事長駕臨朝天宮邀請媽祖前往會香遶境。民國83年（1994）朝天宮慶祝建廟三百週年舉行媽祖及藝閣全臺遶境展示，也駐輦臺南大天后宮，民國89年（2000）2月大天后宮舉辦元宵遶境，朝天宮也受邀參與，雙方迭有往來，化解了近百年來的心結。

（三）餘波蕩漾

北港朝天宮與臺南大天后宮200年間的分合演進過程中，也見餘

---

[15] 參見《祀典臺南大天后宮簡介》。

波瀲漾。早年北港媽祖到府城時，新港奉天宮的轎班也常隨行，北港、新港雙方維持良好關係。但至大正年間大天后宮與朝天宮發生爭執時，新港開始有取而代之的企圖。在《臺灣日日新報》的報導中也看到南港聖母（新港媽祖）的報導，大正4年（1914）6月25日《臺灣日日新報》所登〈媽祖塑像彙報〉中，有如下記載：

> 北港聖母三媽，感南人奉祀真誠，發爐卜筶示意，要塑金身，永駐臺南護民，已誌前報。茲擇舊曆五月十六日開光，二十、二十一兩日遶境。而與北港對座之南港聖母，前常與北港聖母來大天后宮進香，今亦欲先一日菴南，越日即同市內各境神輿隨駕燦行，屆時之熱鬧，諒不減前番聖母同聖王合迎之盛況。

文中，記錄了：1.南港聖母常與北港聖母南下；2.臺南紳商不迎北港聖母後，南港聖母卻欲先一日南下，次日參與遶境活動。

這個紀錄，充分顯現南港聖母的企圖心，希望趁臺南紳商不迎北港媽祖的空檔取代之，而其意圖之強，甚至不待臺南紳商之迎請而自行前往。大正7年（1918）1月18日《臺灣日日新報》刊登〈爭迎鎮南媽祖〉一文，又見如下記載：

> 臺南市大天后宮，自前二年新塑鎮南天上聖母以來，靈應昭彰，不期進香者每日絡繹不絕，即各村落凡有建醮祈安，罔不虔備神輿恭請監臨。……迨月之十六日，南港建醮。奉天宮媽祖，係從大天后宮分靈者，故前三日，即以該港紳董為總代，到臺南市與該紳董交涉，即於初四日早番車，恭請鎮南聖母神駕蒞臨。

文中指「該港人民，以該街所祀奉天宮媽祖，係從大天后宮分靈者」，與新港奉天宮所印的各版簡介及宮志所說「船仔媽」的說法都不同。

大正7年（1918）1月19日《臺灣日日新報》刊登〈奉天宮落成〉

的報導，云：

> 嘉義新港奉天宮，建于嘉慶四年，崇祀大媽，即當時閩省
> 興化府莆田縣迎來第一尊，距今已歷百十數年。迄明治三十九
> 年，震劫，殿宇塌頃，翌春三月，同地善信，重修議起。時嘉
> 義玉峰書院毀折，乃將屋蓋移歸新構。計釀四萬五千三百餘金
> 以成其事，今已告成。

文中所說「嘉義新港奉天宮，建于嘉慶四年，崇祀大媽，即當時
閩省興化府莆田縣迎來第一尊」，與前天同報的大天后宮分靈說法又
大不相同，廟雖「建于嘉慶四年」，但所「崇祀大媽」，已是「閩省
興化府莆田縣迎來第一尊」。這段記載，似乎反映了新港奉天宮為爭
取替代朝天宮不惜自為大天后宮分靈的說法不被臺南接受，進而自稱
為「大媽」。如果奉天宮所言其媽祖為嘉慶4年自莆田迎來是真的，
則以湄洲媽祖歷史之悠久，當時被迎出的媽祖也絕不可能是第一尊。
換言之，今日新港奉天宮自稱「開臺媽祖」早在80年前的這篇報已見
端倪了。

六、結語

歷史的真相需要史料來證明，民俗史並不是史學的核心課題，故
將每一環節研究清楚並不容易。北港朝天宮與臺南大天后宮的關係，
史料並未見精確記載，根據清代及日據時代文獻記錄加以考察，二廟
之間並無主、從廟宇關係，臺南大天后宮之所以迎請朝天宮媽祖前往
供奉，一則為朝天宮新雕三郊媽，專門庇佑三郊；二則大天后宮祝融
之災後需其他神來助威，在笨港三郊與府城三郊的合作下，促成了北
港媽祖下府城的壯舉。

北港媽祖南下，給臺南帶來了繁榮、年豐民安，讓官民都歡迎。
但是，盛大的活動偶發的衝突也讓人擔心，但這個活動維持了近百
年，終因三郊衰微，朝天宮領導結構轉變，加上臺南藥王廟街民的挑
撥，讓朝天宮做出以糖郊媽代替三郊媽南下的不禮貌行為。事情發生

後，臺南方面也難免意氣用事的雕造鎮南媽替代三郊媽，導致雙方無法轉圜。大正5年以後府城紳商即不再迎請北港媽祖南下，終止了此一延續約百年的宗教活動。

民國45年（1956），北港朝天宮首先試圖與大天后宮和解，但因雙方立場不同而失敗，民國76年（1987）以後，北港朝天宮再度伸出友誼之手與大天后宮合作，大天后宮也給予善意回應，雙方開始互相往來。

朝天宮與大天后宮雖再度合作，但臺灣社會、產業、交通、人民信仰心態都與90年前有很大不同。從社會結構看，臺灣已由農業社會轉為工商業社會，看天吃飯、冒險渡海的壓力不復存在，工、商服務業者對宗教的需求已非單純祈求平安，同時也要求精神生活的修養；產業結構的改變，臺灣生產已由傳統農工商業居首轉變為以資訊產業為主，大型宗教活動帶給地方的經濟利益已降低。其次民間信仰的功利化，讓神明的雕塑成為商品，到處可購買，神像的莊嚴性已不如古代。

由歷史上府城迎媽祖的實況分析，居於迎神結構最上層主導整個活動者為臺南、北港兩地的郊商，尤其是三郊。其中層結構則為維持迎神活動過程於不中綴的神明會、鋪戶與民俗藝團。基層結構則為大批虔誠的信徒，他們在迎神活動中來往兩地隨香，構成盛大人潮。觀察民國76年（1987）、88年（1999）北港媽祖二次參加臺南大天后宮迎神活動，已看不到有早年的架構存在，維護雙方合作的三郊今已不在，兩地繼起的各種商業同業公會尚無此共識。兩地的神明會、鋪戶與民俗藝團都奄奄一息自身難保，而扮演基層支柱往來兩地的進香客則少之又少。此一活動如想再復當年盛況，則臺南、北港雙方若不能提出雙方互利，且能吸引信徒參與的辦法，否則不易突破。

第八章　日據時期的
　　　　北港朝天宮

一、朝天宮的創建與經營

　　康熙33年（1694），佛教臨濟宗第三十四代禪師僧樹璧奉湄洲天后宮朝天閣媽祖神像來臺，在諸羅海口笨港登陸。時臺灣荒地已闢，外九莊人口日增，笨港扼海交通要衝，船隻輳集，人口之增加尤速；莊民均自福建渡海而來，素感神靈，無從瞻拜，故見僧人奉神像來，遂議留為主持香火。初賃民居，矮屋低簷，至為簡陋。

　　康熙39年（1700）九莊居民再議公建，時有陳立勳者，為福建省同安縣十七都積善里劉營社人，於明季即入臺拓殖，於今嘉義縣鹿草鄉、六腳鄉；雲林縣水林鄉、北港鎮一帶擁有田園數百甲、糖廊、店面甚多，為大業戶[1]，並於朝天宮前左側，營土礱間，碾米販運內地，時感神靈，思報神恩，乃捐獻廟地，編竹葺茅，成一小祠，此為朝天宮的由來。[2]

　　朝天宮雖是由外九莊居民合建，但其能不斷茁壯，卻與僧侶的用心經營有密切關係。當時笨港溪春夏間水漲，南北兩岸行旅維艱，樹璧和尚向當局申請設立義渡。雍正8年（1730）諸羅縣令馮盡善准之；雖不收費，但渡者都能酌情樂捐，樹璧自力更生，以義渡所得為朝天宮香燈之資，不但奠立其個人良好形象，也為朝天宮開闢了穩定財源。

　　樹璧以「人能宏道，非道宏人」，深知欲使廟宇萬世馨香，則必培養生徒俾繼其志，乃擇能澤（篤齋）為徒，夙夜勤加教導。而能澤

---

[1]　參見蔡相煇，〈開拓嘉雲地區的陳立勳家族史料〉，《國立中央圖書館臺灣分館館訊》，第 15 期，頁 87-106。
[2]　參見臨時臺灣舊慣調查會編，〈斗六廳北港街朝天宮來歷〉，《臺灣私法附錄參考書》，第二卷上，頁 228-234。

亦能仰體師意，勤奮向學。及樹璧圓寂，能澤遂繼其志，主持祀事。能澤主持朝天宮後，先後收錄岐衍、鼎梅、妙琛、妙鞏、妙珍等五人為徒，量才分授以學。因能澤學養精湛，譽望日隆，遂為彰化縣令某禮重，聘兼彰化縣僧綱司事，總管虎尾溪以北佛教事務，[3] 其徒弟岐衍、妙琛兩人，並在乾隆、嘉慶年間出任諸羅縣西門溫陵媽祖廟住持。[4]

　　嘉慶年間，朝天宮第六代住持僧浣衷也十分傑出，整合笨港地區行郊合祀媽祖〈三郊媽〉，參與朝天宮祭典，招致各地信徒前往進香，又遣徒邇蓮往福建漳州天柱巖習法（返臺後出任臺灣府普濟殿住持），並重興北港朝天宮兩次，奠立朝天宮香火不衰的根基。道光17年（1837），子爵太子太保前福建水師提督王得祿以討伐張丙之役，統兵渡臺時，舟次外洋，忽遇颱風，禱神立止，兼獲順風以濟，遂平變亂，事定後王得祿獻「海天靈貺」匾一方及鐘鼓各一於朝天宮，[5] 北港媽祖威名，更加顯赫，光緒12年（1886），嘉義大旱，縣令羅建祥建壇屢祈不雨，適西門街民迎北港媽祖賽會，乃齋戒三日，親身虔請媽祖神像祈禱，登壇未幾，大雨傾盆，四境霑足，乃經臺灣巡撫劉銘傳咨部奏請欽賜匾額懸掛，光緒帝特賜匾額「慈雲灑潤」於14年5月，飭令知縣羅建祥、工部主事徐德欽奉匾到宮懸掛[6]後，北港朝天宮乃成全臺媽祖信仰的重鎮。

　　北港朝天宮自樹璧、能澤以後，歷代僧侶一直維持培育生徒的傳統，至大正12（1923），因日本統治政策使然，其傳承始告中斷，二百餘年間，朝天宮僧侶共傳衍了十七代，其系統圖如下：[7]

樹

璧

臨

濟

宗

卅

四

世

3　參見蔡相輝，〈朝天宮歷代住持與僧侶系統〉《北港朝天宮志》，頁250。
4　見黃典權，〈嘉義朝天宮增置廟產碑記〉，《臺灣南部碑文集成》，第2冊，頁187-188。
5　見倪贊元，〈大槺榔東堡・祠宇・天后宮〉，《雲林縣采訪冊》，頁49。
6　同註5，頁50。
7　同註3，頁282-1。

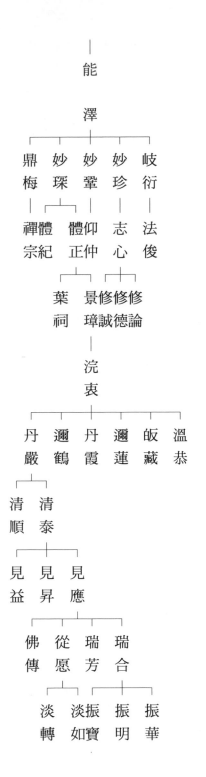

臨濟宗卅五世

臨濟宗卅六世

臨濟宗卅七世

臨濟宗卅八世

臨濟宗卅九世

臨濟宗四十世

臨濟宗四一世

臨濟宗四二世

臨濟宗四三世

臨濟宗四四世

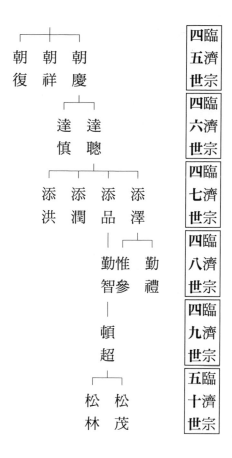

二、朝天宮的重建

　　光緒20年（1895）10月，北港街內商店洽興號因燃放爆竹，引燃大火，在東北季風助勢下，街肆受損嚴重，幸因朝天宮建築自成格局，未與四週民宅相連，僅拜殿一部被焚。[8]是年因中日甲午戰爭，清廷戰敗，割讓臺灣予日本，人心惶惶，紳商逃回內地避難者甚多，無人領導籌議修築事項，僅就原狀予以修復。

　　明治38年（光緒31年，1905）4月，嘉義地方發生大地震，北港街災情慘重，本宮大殿破損，四垂亭倒壞。當時日本統治臺灣已經十

8　參見翁佳音，〈府城教會報所見日本領臺前後歷史像〉：北港火燒（光緒20年12月，《府城教會報》，117卷，頁130-131），《臺灣風物》，41卷3期，頁87-88。

年，各項治理已有成效，時任北港區長的前清秀才蔡然標乃謀於地方士紳倡議募捐重建，並於明治40年（光緒33年，1907）2月、明治43年（宣統元年，1910）12月，先後得到嘉義廳北港支廳支廳長日人安武昌夫、野田寬大之支持，向全臺各地展開勸募。[9]

此次重建，總工程費共15萬元，向外募得79,000餘元，捐款者遍及全臺另有來自中國福建、廣東、江西信徒商號、居臺日人和洋行等，捐款人數達3萬餘人，其中部分芳名刻在朝天宮四圍石欄杆上者，包含：王得祿裔孫王子覲、辜顯榮，板橋林本源家族之林嵩壽、林祖壽，地區捐款者有：臺北州大稻程；臺北廳石碇堡茄苳腳庄、海山堡大料崁街、海山郡板橋街；桃園廳參坑仔區、竹北二堡咸菜硼街；新竹廳新竹街、後龍街；高雄州潮州郡打鐵庄、老東勢、番仔埔、內埔庄、西勢庄、二崙庄、頓物庄、美崙庄、長興庄；阿猴廳港西下里內埔庄、港東中里新埤頭、茄苳腳、上埔頭、下埔頭、東石郡六腳佃及北港附近各部落、商號。[10]

工程於明治41年（光緒34年，1908）8月26日開工，大正元年（民國元年，1912）1月竣工，作主工匠俱為當時聞名匠師：木匠為臺北外員山庄木匠師陳應彬，石匠為艋舺江瀨街蔣文山、蔣棟材，土匠為泉州府安溪縣廖伍，淋燙（交趾陶）為泉州府同安縣柯訓。[11]

北港朝天宮的建築，雖相當宏偉，但其周邊道路卻甚狹窄曲折，乃趁此重建機會收購部分民宅土地，使朝天宮建築群成一橢圓形狀，周圍環以石牆，拓寬四周道路為六米寬以利進香人潮進出，朝天宮至此遂為臺灣建築格局最完整，揉和建築與庭園藝術於一體，石木工藝俱佳，最具華南廟宇特色的宏偉建築。工程竣工後，臺灣各地信徒前往獻納匾聯、文物及香資者頗多，如大正2年（民國2年，1913）3月，第五任臺灣總督佐久間左馬太陸軍大將特獻〈享于克誠〉匾額及現金100元於朝天宮。[12]

---

[9] 同註3，頁113、256。
[10] 同註3，頁302-309。
[11] 見朝天宮現存〈朝天宮建築事務所〉契約書及領收證。
[12] 同註3，頁211-3。

三、朝天宮管理制度的建立

　　清代政府於直隸及省以下各級政府單位內設有僧綱管理轄區內僧侶；僧綱通常由行政首長聘請轄內聲望素孚之僧人出任，故一般有僧人住持的廟宇，士紳多未干預廟宇事務；朝天宮歷年重建，雖多賴地方士紳鼎力支持，但廟務及經費的收支則全由僧侶自主，不受外界干預。

　　日人據臺以後，朝天宮的僧侶也如同清朝政府一樣，走向衰頹的命運，住持添澤於明治33年（光緒26年，1900）圓寂，尤其徒勤禮繼任。勤禮復於4年後圓寂，尤其單傳徒弟頓超繼任。頓超英年有為，於大正年間命其首徒松茂往浙江普陀山學法受戒。松茂稟賦甚佳，又勤學，為不可多得之人才，返臺後，即經常應聘至各地主持法會，大正11年（民國11年，1922）7月，應聘至民雄主持中元普渡法會，因天熱衷暑，延誤送醫時間，且醫者診治不當，於當月病逝。次年，北港地區發生流行性傳染病，頓超去逝，其首徒松茂已先1年去逝，次徒松林則年少無法繼續主持宮務，由朝天宮管理者請其父母領回還俗，朝天宮傳承200餘年之僧統至此中斷。[13]

　　明治、大正年間朝天宮的重建工程，因規模宏偉，經費龐大，非住持僧侶所能勝任，故由地方士紳組成董事會給予協助。迨重建工程完成，朝天宮有關經費（含香油錢收入）、人事等主導權，實際上已由管理人會掌握，朝天宮僧侶備辦各種祭典所需經費，住持也須向管理人會領取，易言之，朝天宮的掌管權，已由僧人變為地方士紳矣。

　　大正10年（民國10年，1921）3月，由主導朝天宮重建工程的北港區長蔡然標向北港郡郡守副島寅三郎提出〈北港朝天宮管理規則〉認可案，次月被批可，朝天宮正式成立管理委員會，由蔡然標出任首任管理者，正式接管朝天宮庶務，此為臺灣廟宇正式有管理章程的嚆矢。其管理規則如下：

　　北港朝天宮管理規則（大正10年4月21日奉北港郡守副島寅三郎

---

[13]　此後朝天宮改聘臺南竹溪寺僧人為本宮住持，至民國70年代始改聘竹溪寺派下高雄元亨寺法師為住持。

庶字第377號認可在案）

第一條：朝天宮之事務，依本規則處理之。

第二條：朝天宮之經費，以喜捨金、寄附金及其他收入為主。

第三條：朝天宮之事務，分為庶務、營繕、祭祀、會計、監查五組，各設委員若干名分掌之。

第四條：朝天宮設置左列職員處理事務。

一、管理者一人。

二、委員十六人。（含管理者）

三、書記一人。

除前述人員外，管理者得推載（北港）郡守為顧問，並設名譽委員若干人。

第五條：委員由信徒總會選舉之，管理者由委員互選之。

第六條：管理者對外代表朝天宮，負責處理與朝天宮有關事務；對內指揮、監督全體職員；擔任信徒總會暨委員會議議長。管理者有事無法執行職權時，由庶務委員之年長者代理之。

第七條：管理者得推聘顧問、名譽委員；任、免書記。

第八條：委員任期兩年，連選得連任；補缺委員之任期，僅得補足前任者殘留任期。

第九條：（原條文無第九條）。

第十條：庶務組設委員三名，掌理左列事項。

一、印章保管有關事項。

二、文書之收發、編纂及保管有關事項。

三、職員（含僧侶）及工人聘、免等有關事項。

四、與會議有關事項之處理。

五、與一般寺廟有關法令之處理事項。

六、聖母之勸請（含聖符）有關事項。

七、不歸其他各組掌管之事項。

第十一條：營繕組設委員三名，掌理左列事項。

一、建築、改築、修繕有關事項。

二、廟宇結構體及附屬建築管理有關事項。

第十二條：祭祀組設委員三名，掌理左列事項。

一、聖母、五文昌之春、秋祭祀及其他一般祭祀有關事項。

二、聖母出巡有關事項。

三、神佛像及其附屬品（含各項祭祀器具）之保管有關事項。

第十三條：會計組設委員三名，掌理左列事項。

一、預算、決算有關事項。

二、備品（含獻納品）之保管及處分有關事項。

三、金錢之出、納及保管有關事項。

四、物品之買入、賣出有關事項。

五、財產之管理及處分有關事項。

第十四條：監查組設委員三名，掌理左列事項。

一、各組事務性有關文書、現金、郵票及其他現品之監查；並於
信徒總會報告等事項。

第十五條：總會分為定期與臨時二種，由委員及居住北港有力者
十五名以上合組之。定期總會於每年舊曆四月中召
開；臨時總會於臨時必要場合召開。

第十六條：管理者於有重大事務或單項支出費用在一百元以上
時，須經三分之二委員出席，過半數同意後執行；
若正反兩方同票，則由管理者決定之。但若事情緊
急必須立刻執行，則須在事後提請追認。

第十七條：朝天宮會計年度，以每年舊曆四月一日開始，次年舊
曆三月底結束。各項收入、支出，不論其原因為何，
皆以舊曆三月底結算；結算後開支皆併入新年度。

第十八條：管理者於每年舊曆五月十五日以前，需將年度事務概
況書及收支計算書向郡守報告。

附則

第十九條：原有財產在大正十年三月三十一日整理完竣後，依本
規處理之。

第二十條：本規則之訂正、變更，須經總會決議同意後為之。[14]

---

[14] 見北港朝天宮保存，《朝天宮管理規則認可證件》原件。

此章程將朝天宮有關管理委員會委員人選產生辦法、職權、人事組織、經費管理稽核等項，都予以制度化、公開化，在當時確為一項創舉，也深受好評，但其最高權力機構「信徒總會」的組成分子：「委員」及「居住北港有力者十五名以上」，卻無明確產生辦法，使朝天宮管理委員會的組成，容易陷於紛爭。

此缺陷在大正14年（民國14年，1925）7月21日的定期總會得到解決。本次會議，將管理委員名額由16名減為9名，但增置監查委員二名，專司監查工作，將行政與監查適度分工；另將「居住北港有力者十五名」，修改為「北港在住保甲役員、商業、轎班、音樂各團體代表者六十名以上」，使信徒代表有明確的代表性，且其名額增多，較不易為少數人壟斷。[15]此章程訂定後，歷經增補，由「管理人」、「管理委員會」，再演化至現行的「財團法人董事會」，但其行政與監查分工的大原則並未改變，當年章程的訂定，應可謂周延。

四、北港媽祖南北巡行

北港朝天宮媽祖南巡，駐蹕府城天后宮供居民膜拜，不知起自何年何月，也未見清代文獻記載其原因，或許與三郊奉祀媽祖有關。現存文獻明記北港媽祖赴郡城巡歷事，年代最早者為徐宗幹所撰：《斯未信齋文集‧壬癸後記》。文云：

> 壬子（咸豐二年，一八五二）三月二十三日，為天后神誕。前期，臺人循舊俗，迎嘉邑北港廟中神像至郡城廟供奉，並巡歷城廂內外而回。焚香迎送者，日千萬計。歷年或來、或否，來則年豐、民安；販賈藉此營生，而為此語也。前任或密囑住持卜筊，假作神話，以為不來，愚民亦皆信之。省財、省力，地方不至生事，洵為善政。然祈報出於至誠，藉以贍小民之貿易者，亦未可弛而不張，且迎神期內，從未滋事，故聽之。
>
> 十五日，同鎮軍謁廟，男婦蜂屯蟻聚，欲進門，非天后

---

[15]　同註 14，《朝天宮管理規則認可證件》原件。

神轎夫執木板辟易之,不得前。偶微服夜巡,自宵達旦,用朱書「我護善良,進香須做好人,求我不能饒你惡」云云簡明告諭,并大書「販運洋土、船破人亡」八字於殿前,乘其恍惕之心以導之;神道設教,或可格其一二耳。

十六日,神輿出巡,輿夫皆黃衣為百夫長,手執小旗,眾皆聽其指揮。郡城各廟神像,先皆舁之出迎,便送天后出城而後返。舉國若狂,雖極惡之人,神前不敢為匪;即素犯罪者,此時亦無畏忌,以迎神莫之敢攖也。是日午後,忽大雷雨,霹靂不已。郡城舁神輿者,至城門皆覺重至千鈞,兩足不能前,天后之輿則迅疾如駕雲而飛。雨止,聞北港之夫與郡城神輿之夫爭路挾嫌,各糾約出城後互鬥洩忿。城外溝岸內埋伏多人,為雨驅散;南門外同行三十餘人,雷斃其二,餘皆被火傷,不知其何為也!非此雷雨,則鬥必成,而傷害之人多矣。神之靈也,民之福、官之幸也。[16]

按:徐宗幹,字樹人,江蘇南通人,嘉慶25年(1820)進士,道光28年(1848)4月起任分巡臺灣道,咸豐4年(1854)卸任,所述為當年任官臺灣時目睹之事。據徐宗幹的說法,府城居民北港媽祖,除了宗教上可以安百姓的心,可以告戒百姓不得為惡外,迎神可以贍小民之貿易,促進經濟之繁榮,故官方也樂觀其成,所以此一習俗能一直沿襲不斷,至日本大正年間仍在進行。

根據大正4年(民國4年,1915)5月12日《臺灣日日新報》的報導,是月8、9兩日,臺南居民合迎臺南國姓公與北港媽祖,給臺南各行業帶來甚多經濟利益,但是在4月27日卻也發生臺南永華宮頭旗被人折毀,旗手被毆的爭執事件。[17]

而臺南與北港雙方關係的惡化,也在此次南巡發生。據大正4年5月27日《臺灣日日新報‧聖母塑像原因》的報導,謂:

囊者北港朝天宮,議欲重新起蓋,曾稟督府特准,向全島

---

[16] 見徐宗幹,《斯未信齋雜錄‧壬癸後記》,頁69-70。
[17] 見《臺灣日日新報》,大正4年5月1日、12日,第6版報導。

信徒捐題七萬金，南部數有六萬餘圓，實臺南市內宮後街布商錦榮發主人石學文之力也。石本熱心敬佛，奉三媽到處捐題，於市內紳商，不憚矢口勸誘，而又奔走於打狗、鳳山、阿猴等地，善為鼓舞，故有此鉅額，占全島八十之數。因此得董事之名義，而與北港之重要人物，如曾席珍、蔡聯標等時相往來，結契甚篤。

者番因景氣不佳，臺南諸紳商議迎請聖母。初次石往北港，與曾等交涉，即為應承。緣官紳合議，聖母來南，將與國姓爺合迎遶境，必加倍熱鬧。例年，常因爭舁聖母□□□□，南市八派出所，每管下壯丁六名，計四十八名，分為兩班，一班二十四名，直往北港舁下，一班到半途迎接。遂惹惱藥王廟街人，以為如此破常例。

蓋前清咸豐三年，土匪戴潮春擾亂時，臺南戒嚴，值聖母將來進香，官方恐土匪扮作香隊混入城內，出阻。聖母在城外，乃暫駐於藥王廟。以後，聖母凡南下來往，須由藥王廟街人舁之，他人不得與焉。乃有該街人王福田者，寫一信，托北港本島人某刑事，向該支廳長言，若聖母駐南十餘天，當地生意影響有三萬金。一般商人亦起而大反對。至期，石往迎，曾等以支廳長不肯辭。石飛電話來南，南紳托臺南廳長與支廳長交涉始肯。無如，北港紳商任石如何交涉，終不肯；最後，將北港糖郊媽充作三媽。石無可如何，乃舁下，不敢言，預約四月一日送媽祖至鹽水港，以備該街人民歡迎。

自媽祖稅駕大媽祖宮，石每早晚往為參香，至陰曆三月二十九晚，循例而往，至中殿，見內爐香煙滾滾自爐底起。以該爐係在內帳下，不時三炷香而已，何以能發爐？意媽祖必有所指示。乃扶乩請聖母出駕。曰：余感南部爾眾一片信誠，茲北港諸爐下，既不以信誠待爾，雖余正身不來南，余真神實來南，所謂有其誠即有其神是也。自茲以往，余要長住臺南，以受爾眾香煙。

越四月一日，連日大雨滂沱。鹽水已知臺南所請者為糖郊媽，亦即直到北港請三媽去敬奉。石至是乃對南紳言明：三月

十二夜三點鐘，要請三媽坐轎起駕，被北港人請出，如是者三五次。眾大憤，謂：北港諸紳商待我如此惡感情，三媽既要長住臺南，可塑神像以為南部人敬奉，明年免往北港。遂釀金數千金以為基本并備置一切。[18]

從報導內容來看，事件起因於臺南改變迎北港媽祖往例，將媽祖與延平王合迎，且在入城時未由藥王廟街人舁媽祖神轎，引起藥王街人王福田不滿，以影響北港收入為理由，致函北港人，阻撓媽祖南下。最後在官方協調下，雖允媽祖南下，但卻非臺南人原擬迎請的「三媽」，而是「糖郊媽」，最後三媽反被鹽水街民迎去，致引起臺南不平，決定明年不再迎北港媽祖，並雕塑北港三媽金身以替代。

雕塑北港三媽神像事，委由臺南市嶺後街西佛國號裝塑，至6月3日面目形體已具，並定6月28日（舊曆5月16日）開眼，7月初二、初三遶境，初四安座，並建醮三天以迓神床。此尊新雕的「北港三媽」即為後來臺南大天后宮的「鎮南媽」。就中最值注意者，為當年當隨北港媽祖至臺南的南港媽祖，此時卻先一日至臺南，於次日與市內各境神輿隨駕燦行，其心態頗堪玩味。[19]

因為迎請北港媽祖，會給當地帶來參拜人潮，為各行各業帶來甚多經濟利益，故各地迎奉北港媽祖之風甚盛，據當時《臺灣日日新報》的報導，臺北、嘉義等地各年舉辦產業共進會時，都迎請北港媽祖駕臨當地廟宇，如臺北大稻埕日新街「慈聖宮」、「龍山寺」，嘉義「城隍廟」等處供奉以吸引人潮；而各地迎請朝天宮媽祖前往奉祀者亦多，如嘉義西門街、臺北文山堡大坪林、苗栗後龍、宜蘭冬山、新竹市、新埔等地皆有；而往朝天宮進香之信徒更年達二、三十萬之多，致當時各製糖會杜，如大日本、新高、東洋等公司經營之輕便鐵路，為爭取乘客，紛紛予進香團體打折優待。[20]

---

18 見《臺灣日日新報》，大正4年5月27日，第6版〈聖母塑像原因〉。
19 見《臺灣日日新報》，大正4年6月3日，第6版〈媽祖塑像近況〉；大正4年6月25日，第6版〈媽祖塑像彙報〉。
20 參見《臺灣日日新報》，大正4年至14年間，第6版有關朝天宮媽祖之報導。

五、皇民化運動下的北港朝天宮

日本據臺時期，因日本為神道國家，上自天皇，下至庶民，皆信仰神祇，在臺官員對朝天宮亦甚維護，如大正2年、昭和5年（民國19年，1930），第五任臺灣總督佐久間左馬太，第十三任總督石塚英藏等都曾獻匾額給朝天宮。昭和6年（民國20年，1931）12月23日，第十四任總督太田也由民政局長等官員陪同，赴朝天宮參拜。[21]

大正4年，臺灣居民以宗教力量結合起來反抗日本統治的西來庵事件發生後，臺灣總督府開始注意宗教問題，並派總督府編修官丸井圭次郎為主持人，全面調查各地主要廟宇奉祀之神祇、創建由來、信徒、廟產等資料，並發行政命令，規定廟宇的創立，廢止，合併須經政府許可。[22]此工作完成後總督府並成立社寺課，任命丸井圭次郎為首任課長，仍准許廟宇正常活動。

臺灣的廟宇雖受日本官方的優容，但卻面臨日本佛教的強烈競爭。日本佛教在明治維新以後，吸收基督教的長處，改良組織，設立學校培訓僧伽人才，並配合政府政策需要，致力宣教工作。光緒21年（明治28年，1895）日軍攻臺時，隨軍來臺之佛教僧人即有23宗派，中以曹洞宗活力最旺，在日軍佔領臺北後，立即利用各地原有寺廟進行翻譯佈教，一面設立醫院，以醫療來爭取信徒。

西來庵事件發生後，臺灣總督府全力緝捕涉案人，許多齋教徒受連累，臺南齋教徒為自身安全計，乃聯合組織佛教會，以求日本佛教曹洞宗之保護。大正五年，曹洞宗臺灣別院主大石堅童，藉臺灣總督府新廈落成之機，邀臺灣佛教界領袖齊聚，囑林普易倡組「臺灣佛教青年會」，以破除固有迷信為名，全力爭取傳統神佛的信仰者。大正7年，臨濟宗聯合臺灣部分宗教界人士成立「臺灣佛教道友會」，兩派互爭雄長。[23]大正10年2月，丸井親自出面整合佛教各派，成立

---

21 參見《臺灣日日新報》，昭和 6 年 12 月 24 日，第 4 版〈總督參拜媽祖廟〉報導。
22 見臺灣總督府編，《現行臺灣社寺法令類纂》，〈本島舊慣二依ル寺廟ノ設立廢合等二關スル取及方ノ件〉，昭和 11 年 8 月，帝國地方行政學會發行，頁 523。
23 見臺灣省文獻委員會編，《臺灣省通志・人民志・宗教篇》，頁 61-62。

「南瀛佛教會」，丸井並出任首任會長，擬訂各種教育訓練臺籍僧侶及學生的計畫，按部實行。

　　大正11年4月，總督府發布〈教務所說教所寺廟設立廢合處理辦法〉，規定：1.淫祠邪教，2.維持經營不確實者，3.設立地及附近街庄已有奉祀同一傳統神佛之寺廟者予以廢除，4.申請設立寺廟者，須有具貲產又信譽良好者50以上為申請人，5.一市街庄僅由一教派設立教務所、說教所，但市以十町四方為範圍。[24]至此，日本官方準備讓佛教取代傳統廟宇的態度漸趨明朗。

　　受政府政策的鼓舞，日籍僧人積極透過各種管道，爭取出任臺灣寺廟及齋堂住持，頗招民怨，致臺灣總督府於大正14年7月行文各地方政府謹慎處理其事。[25]昭和5年2月，總督府為杜絕濫設廟宇，進一步發布命令，鼓勵傳統寺廟向地方政府申請登記。[26]

　　昭和10年11月5日，臺北佛教各宗聯合會與南瀛佛教會合作，假臺北公會堂召開全臺灣佛教徒大會，與會者有九百餘人，會中通過日僧東海宜誠所提：1.對臺灣在來之佛教系統之寺廟齋堂向當局請其確立統制方策建議案；2.關於本島寺廟齋堂主職者（指住持廟堂主）之資格認定之法規向當局請其制定實施建議案；及魏得圓所提：3.臺灣之寺廟齋堂及其所屬財產向當局移管理權於住職或堂主建議案。[27]

　　昭和11年（民國25年，1936）4月，新竹州廳頒布〈傳統寺廟建立廢合手續施行細則〉，規定寺廟、齋堂、神明會、祖公會等團體，只需住持、堂主、管理人及信徒代表連署，說明名稱、屬性、所在地、神佛像如何處置、所屬財產如何處理、預定廢止日期、廢止原因，呈報州政府同意即可。[28]此辦法之頒布，已為各地方政府醞釀廢除傳統寺廟提供法理根據。

---

[24] 見臺灣總督府編，前引書4，〈教務所說教所寺廟ノ設立廢合等ニ關スル取及ノ件〉，大正11年4月，頁523-52。

[25] 見臺灣總督府編，前引書，〈內地人僧侶ヲシテ本島舊慣ニ依ル寺廟ノ住職又ハ堂主タラシムル件〉，大正14年7月，頁525-526。

[26] 見臺灣總督府編，前引書，〈無願建立ノ寺廟齋堂等ノ取締ニ關スル件〉，昭和5年2月，頁527。

[27] 見南瀛佛教，第13卷第12號，頁42-43，〈臺灣佛教徒大會盛況〉。

[28] 見臺灣總督府編，前引書，〈舊慣ニ依ル社寺廟宇等ノ設立廢合手續施行細則〉，昭和11年4月，頁660。

昭和12年（民國26年，1937），盧溝橋事變發生，臺灣總督府因恐臺灣人支持中國，而全力推行皇民化運動，其主要措施有：1.強制改日式姓名，2.獎勵日語家庭，3.著手整理寺廟。[29]昭和13年（民國27年，1938），總督府召集各地方官會議，授權地方政府開始整頓寺廟，11月，新竹州中壢郡開始行動，由郡守召開寺廟代表會議，通過寺廟整理原則：

（一）寺廟以全廢為原則，但過渡時期之方策，亦得廢合，一街庄保存一寺廟。

（二）舊慣祭祀之改善及寺廟管理行為須儘量合理化。

（三）祀神須改為純正佛教或儒教之神佛。

（四）寺廟之建築物必須漸次改為布教所或寺院型態。

（五）被廢止之寺廟及神明會等宗教團體，其財產則另組織教化財團。[30]

當時新竹州中壢郡轄下被廢合的寺廟有29，齋堂4，神明會78，祖公會8，所有財產水田197甲，旱田78甲；次年並將各神像，包含關聖帝君、開漳聖王、媽祖等，土塑者予以推毀，木雕者，除部分送政府研究單位研究典藏外，大部分予以燒燬，寺廟則予拆掉，祭器燒棄；獲保留寺廟，須將廟宇屋脊兩角拆去，使具日本風格。[31]

廢廟行動在中壢實施後，立刻引起民心不安，在臺日籍僧侶及學者都不主張以強迫手段為之，透過國會議員在昭和14、15年第74、75次帝國會議向政府提出質詢。[32]但總督府則以皇民化運動讓臺灣人精神日本化為歷任臺灣總督努力的目標，陋習之打破為皇民化運動的一環，寺廟與迷信邪教相依附，整理有助陋習之改良，引起臺人怨嘆或為地方執行不當，當予注意；並未有停止整理之趨勢。

昭和15年（民國29年，1939）10月，總督府文教局迫於各界壓力，通知各地方政府須特別尊重民意，以免臺人信仰生活陷於不

---

29 見臺灣省文獻委員會編，前引書，〈皇民化運動與臺灣佛教〉，頁 68。
30 見臺灣省文獻委員會編，前引書，〈寺廟神昇天〉，頁 292。
31 見臺灣省文獻委員會編，前引書，頁 293-294。
32 參閱宮本延人，《日本統治時代臺灣における寺廟整理問題》，頁 233，帝國議會關於寺廟整理有關質問應答。

安。[33]但此政策仍在各地推行，各地方政府都先行召集寺廟代表會議通過，完成法定手續後行之。

　　11月底，臺灣總督小林躋造下臺，次月，長谷川清繼任。為解決此問題，長谷川清拜訪了臺北帝國大學總長幣原坦謀商對策，決定一面通知各州知事暫停執行管轄區內寺廟廢止整理工作，維持現狀，一面派臺北帝大土俗人種學講師宮本延人為臺灣總督府調查官，進行全島性調查。據宮本延人的統計，截至昭和17年（民國31年，1941）10月止，當時臺灣全島執行寺廟整理成果如下：

臺北州：

寺廟：廢毀1座；移作他用1座。

神像：被沒收37尊。

齋堂：廢毀2座。

新竹州：

寺廟：廢毀40座：移作他用188座。

神像：被燒毀（47廟）409尊；被沒收（177廟）1859尊。

齋堂：廢毀5座。移作他用10座。

神像：被燒毀（1廟）3尊；被沒收（17廟）103尊。

臺中州：

寺廟：廢毀41座；移作他用26座。

神像：被燒毀（9廟）30尊；被沒收（28廟）237尊。

齋堂：廢毀0座。移作他用2座。

神像：被燒毀（2廟）23尊；被沒收（0廟）0尊。

臺南州：

寺廟：廢毀194座；移作他用419座。

神像：被燒毀（547廟）9749尊；被沒收（166廟）1268尊。

齋堂：廢毀2座。移作他用7座。

神像：被燒毀（7廟）90尊；被沒（3廟）41尊。

高雄州：

寺廟：廢毀75座；移作他用179座。

---

[33] 見臺灣省文獻委員會編，前引書，頁 294。

神像：被燒毀（454廟）3266尊；沒收（51廟）617尊。

齋堂：廢毀1座。移作他用5座。

神像：被燒毀（4廟）31尊；被沒收（1廟）3尊。

臺東廳：

寺廟：廢毀9座；移作他用6座。

神像：被燒毀（8廟）270尊；被沒收（4廟）61尊。

齋堂：廢毀1座。移作他用1座。

神像：被燒毀6尊；被沒收（1廟）55尊。

花蓮港廳：

寺廟：廢毀1座。

神像：被燒毀（1廟）2尊。

澎湖廳：無。

總計：

寺廟：廢毀361座；移作他用819座。

神像：被燒毀（1066廟）13726尊；被沒收（428廟）4069尊。

齋堂：廢毀9座，移作他用29座。

神像：被燒毀（14廟）153尊；被沒收（22廟）202尊。[34]

在皇民化運動前的大正年間，日本佛教各派已感受到臺灣總督府的同化政策，受此鼓舞，日籍僧侶積極透過各種管道，爭取出任臺灣寺廟及齋堂住持，準備吞噬各廟宇，頗招民怨，致臺灣總督府於大正14年7月行文各地方政府謹慎處理其事。[35]

朝天宮對此趨勢也有所瞭解，故在大正13年即聘請臺南竹溪寺出身，曾在曹洞宗臺北中學林畢業，並赴日留學之眼淨（俗名林看，臺南縣下營鄉人）為住持，故其主權未由日僧掌控。至昭和15年皇民化運動雷厲風行時，臺南州寺廟被摧殘最嚴重，北港街原有寺廟，如各宗姓宗廟及王爺廟等俱被拆燬，僅朝天宮及少數廟宇受保全，但在祀神、財產方面，也不得不遵照州廳政策，予以處分。

---

34 參閱宮本延人，前引書，第 2 表，整理寺廟廟宇神像處分調（自昭和 12 年 1 月 1 日至昭和 17 年 10 月末），頁 99。

35 見臺灣總督府編，前引書，〈內地人僧侶ヲシテ本島舊慣二依ル寺廟ノ住職又ハ堂主タラシム件〉，大正 14 年 7 月，頁 525-526。

根據宮本延人的調查，在整頓寺廟前，朝天宮奉祀的主神為媽祖（內含：鎮殿媽、祖媽、二媽、副二媽、三媽、副三媽、四媽、五媽、六媽、糖郊媽、太平媽），從祀為：司香女、司花女、千里眼、順風耳，配祀為：土地公、文判、武判、招財、進寶、註生娘娘、五文昌、三界公、神農、黃帝、十八羅漢、觀音佛祖、彌勒菩薩、釋迦佛、阿彌陀佛、善財、龍女、韋馱、護法、忠勇公（福康安）。經皇民化運動後，祭神只剩媽祖及五文昌。[36]其他有歷史價值者，由廟方暗中收藏保存，其餘如：招財、進寶、神農、黃帝、彌勒菩薩、韋馱、護法、忠勇公等則於昭和16年11月被燒毀。

　　另臺灣人在拜拜時，原有燒金、銀紙的習慣，朝天宮在昭和13年春，先予廢止。有關財產，朝天宮在明治末大正初重建時，已支用一空，但因其信徒多，（每年前往參拜者150萬人）經20餘年積蓄，至昭和15年時，在嘉義及北港地區已有田地52甲（每甲約值1,500圓），店鋪六軒（每軒年收入1,700圓），加上各地迎請媽祖收入，全年共有39,000圓收入。[37]

　　根據寺廟整頓之規定，廟方須將財產處分，充作教化財團教化經費。朝天宮不得已，亦於昭和15年2月將財產處分完畢，只留下出一甲4分3厘1毫5糸、園1分2厘4毫0糸。此在當時或為特例，故朝天宮還向北港街長提出許可申請，並經臺南州層報臺灣總督府，經臺灣總督小林躋造於昭和15年6月11日以指令第7974號許可。[38]

　　在此全臺寺廟將亡於一旦之時，日軍在中國、南洋戰爭面不斷擴大，開始徵調臺灣人當兵，征屬對傳統宗教信仰的需要更加迫切，復以宮本延人調查報告出爐，說明以日本神道及佛教取代傳統神道之舉，不僅未見正面績效，反而引起民心普遍不安。更甚者，英美兩國都以臺灣為例，向東南亞各國作反日宣傳。在國家整體利益考量下，日本首相東條英機不得不公開宣布「尊重友邦固有宗教」政策，臺灣總督府在日本國家政策轉向下，廢毀寺廟事件乃告停止，至民國34年10月，臺灣光復，被日本政府沒收神像由國民政府發還，朝天宮迎回

---

[36]　參閱宮本延人，前引書，〈信仰最深廟宇數例・朝天宮〉，頁262-265。
[37]　同註36。
[38]　見北港朝天宮保存，臺灣總督小林躋造發〈指令第七九七四號〉原件。

原有神像，恢復常態運作。

六、結語

　　日本統治臺灣的50年間，是北港朝天宮發展過程中的一個很重要的階段，在臺灣總督府的首肯及信徒的捐獻支持，董事用心經營下，配合都市局部更新，使朝天宮建築規模完整，外面環以石牆，就當時臺灣廟宇而言，已可謂領袖群倫，使其聲勢如日中天，也成為各地媽祖廟學習的對象，如豐原慈濟宮在其虎門對聯便有「重修遠計期北港爭光」之語。[39]

　　其次，廟宇本為中國古代政府用以教化庶民的社政單位，其本身是中性的，其屬性既非佛教，也非道教。其所以有僧侶或道士為住持，純為地方政府或士紳運作的結果。朝天宮原由佛教臨濟宗僧侶自湄洲天后宮朝天閣奉媽祖神像而來，由地方人士捐獻土地蓋廟，故其主導權向由僧侶自主。在日治時期，因朝天宮僧統中斷，地方士紳加以接管，訂定管理規則，使其經費透明化，成為地方公共財產。姑不論其是非，讓更多地方人士參與經營，對朝天宮的聲勢及促進地方產業的繁榮，應有正面效應。

　　但是，也因為地方士紳的介入經營，在考量地方實際經濟利益的因素下，發生北港不讓三媽到臺南，而以糖郊媽替代的事件，其結果造成臺南人自雕三媽，中止迎請北港媽組到臺南的臺灣最大規模宗教活動盛事。

　　另外，在日人異族統治下，早期雖也允許臺灣人信奉自有信仰，但在日人國家整體利益考慮下，其最終目標仍必使臺灣人同化。廟宇既為漢人文化重要象徵，終有廢毀廟宇及神像之舉，朝天宮因其地位特殊，雖尚未被廢，但其勢已岌岌可危。覆巢之下無完卵，朝天宮之例，可為殷鑑。

---

[39] 該對聯存豐原慈濟宮虎門。

第九章　當代臺灣媽祖信仰的發展與祖廟認同的轉變

一、前言

　　臺中市大甲鎮瀾宮媽祖（以下簡稱大甲媽祖）至北港朝天宮謁祖進香是清朝光緒年間以後臺灣媽祖信仰的重要行事之一，據《大甲鄉土概觀》，大甲鎮瀾宮係由北港朝天宮分香而來，故每年均回北港進香，其習俗於日據時期已經形成慣例，但起源時間約在同治年間。按清朝嘉慶年間，彰化地區已形成以南瑤宮為核心至北港朝天宮進香的習俗，南瑤宮信仰圈最北分布至臺中市豐原區及神岡區，東至臺中市太平區、霧峰區，南至南投縣名間鄉、彰化縣溪州鄉，橫跨彰化、南投及臺中市，[1] 大甲地區地理位置適在南瑤宮信仰圈北緣，早年進香活動似依附南瑤宮行動，光緒13年（1887）進香活動已有大轎，其規模應已不小，民國50年代以後，逐漸取代南瑤宮成為臺灣北路最大的進香團體。

　　民國50年代，新港奉天宮創出笨港毀滅論，指北港非笨港，奉大宮媽祖為開臺媽祖以爭取媽祖宮廟前往進香。民國63年，鎮瀾宮重修落成，刊行《大甲鎮瀾宮志》，提出鎮瀾宮媽祖源自湄洲，創於雍正10年的說法。笨港毀滅論、鎮瀾宮媽祖源自湄洲二種說法慢慢發酵，導致三座宮廟關係開始產生轉變。

　　民國67年12月中華人民共和國與美國建交，象徵西方民主國家已接受中華人民共和國進入世界社會，68年9月30日，葉劍英提出國、共兩黨第三次和作促成中國統一及三通、四流等具體作法，正式宣告對臺政策已由武力解放改為和平統一。在葉九條中，宗教交流本不在

---

[1] 國立彰化師範大學地理學系編，《南瑤宮志》，第七章媽祖會與活動，媽祖會會員分布圖，民國 86 年，彰化市公所印行。

其內，但開放探親後，卻意外發現媽祖對臺灣基層百姓最有吸引力。為了爭取臺胞對祖國的認同，媽祖被定位為海峽兩岸和平女神，並重建湄洲天后宮為促進兩岸三通四流的觸媒。

民國70年，中共將海防部改名對臺辦公室，開放沿海漁區及13處漁港讓臺灣漁民從整補休息。是時臺灣未解除戒嚴令，赴大陸為違法行為，臺灣漁民進入福建沿海漁區僅敢與福建漁民從事漁貨交易，尚需對臺辦船隻押解始敢進入漁港。但一回生，二回熟，第三回即主動提出請求協助購買中藥物資如片仔癀走私帶回臺灣，中共開放的訊息也迅速在各漁港傳開。

宜蘭縣南澳鄉震安宮總幹事陳天水，福建福州人，於民國37年來臺，從事餐飲業，因思鄉情切，聞訊後透過漁民查明福州親人尚在，遂於民國72年私自返大陸福州探親，並在對臺辦安排下赴湄洲參拜，由林聰治出面接待。時因震安宮重建後神龕空間較大，需大型神像坐鎮，因大陸物價低廉，陳天水乃請林聰治代為雕造三尺六寸軟身媽祖神像四尊空運返臺，其中二尊留本廟，一尊轉讓蘇澳南山宮，一尊轉讓花蓮縣美倫福慈宮，為兩岸媽祖交流的濫觴。

姑不論迎回之媽祖在雕造時是否依傳統製法入聖開光使具備宗教上「神」的條件，但湄洲媽祖四字，對臺灣媽祖信徒具有強烈吸引力，一尊高一尺三寸神像轉手間即可獲利千元，三尺六寸至六尺神像獲利則在2至5萬元間，頭城、南方澳地區漁民利用漁季後空閒赴大陸沿海以物易物者也開始走私媽祖神像牟利。

民國75年，中華人民共和國統戰部、文化部指示福建泉州、莆田文史工作者進行媽祖信仰基礎調查研究，以民國76年適逢媽祖千年誕辰，決定於此年廣邀海內外信徒同慶，而臺灣各主要媽祖廟如北港朝天宮、大甲鎮瀾宮均列為邀請對象。當時國民黨中央認為此為宗教統戰。為防止各媽祖廟因對湄洲媽祖的認同延伸為對中國或中共的認同，中央社會工作會乃邀請內政部民政司及重要媽祖廟負責人開會，決定辦理全省性慶祝活動以凝聚向心，決定由北港朝天宮以慶祝媽祖成道千年為名舉辦媽祖環島弘法遶境祈安活動。大甲鎮瀾宮以每年均舉辦至北港進香活動，積極爭取失敗，促使鎮瀾宮籌劃往湄洲迎回媽祖以與朝天宮分廷抗禮。

民國76年7月15日臺灣宣布解除戒嚴，29日頭城進豐三號漁船即走私五尊一尺三寸湄洲媽祖神像至南方澳漁港，被港警查獲，依法本應銷毀，但南方澳南天宮透過當地籍國大代表爭取，將五尊神像安置於南天宮，此為外界知道臺灣廟宇奉祀湄洲媽祖之始。11月臺灣開放民眾赴大陸探親，但尚未開放一般民間交流，南天宮即遊走法律邊緣，於次年赴湄洲進香，與湄洲天后宮訂約為臺灣總聯絡廟宇，並再度迎回五尊媽祖神像。

　　南天宮迎請湄洲媽祖、與湄洲天后宮訂約後，鎮瀾宮董監事也於民國77年初繞道日本轉往湄洲進香，由湄洲天后宮迎回新的媽祖神像及香爐、符笈，與湄洲天后宮結盟。是年，鎮瀾宮要求朝天宮證明其媽祖非朝天宮分靈未果，遂改迎湄洲媽祖往新港遶境進香，認同對象

上左：南天宮之金鑄媽祖　　　　　　　上右：南天宮奉祀媽祖母親王夫人神像
下左：南天宮奉祀媽祖父親林惟愨神像　下右：南天宮神龕

轉為湄洲祖廟。

二、大甲的開發與鎮瀾宮概況

（一）大甲的開發

　　大甲位於臺灣西海岸中北部，為原住民道卡斯族居住地，大甲即道卡斯之閩南音譯，其地險峻，原住民性兇悍。《諸羅縣志》謂：

> 　　相傳明鄭時先鋒楊祖以一鎮之兵為諸社原住民狙截於此，無一生還者。[2]

　　康熙年間置大甲塘，派目兵五名守之。雍正9年（1731）12月，以大甲為中心的大甲西社番林武力起事，臺灣鎮總兵呂瑞麟討之，不克；村落為原住民焚殺，莊佃死事者18人。次年5月，林武力等復結合沙轆、吞霄等十餘社圍攻彰化縣，百姓奔逃。6月，閩浙總督郝玉麟赴廈門，調呂瑞麟回臺灣府彈壓，檄新授陸路提督王郡討之。8月，大敗原住民，清軍分路追殺，由大安溪上溯大坪山，進入生番界、悠吾、日南內山，生擒原住民男女1,000餘名，誅除首惡，餘眾接受招撫，歷四閱月，亂平。事件後清廷招撫各社原住民，並將大甲西社改為德化社，沙轆社改為遷善社，牛罵社改為感恩社，貓盂社改為興隆社；德化社後又分成頂店、社尾、新社三個小社，其聚落大概位於今大甲鎮江南里、奉化里、義和里。

　　原住民勢力被壓抑，兼以叛亡者所遺埔地，部分被撥給鄰近助官平亂之歸化原住民，部分被當作無主荒埔，[3]原住民不擅細作農業，將耕作權轉予漢人業戶，再招致漢人墾作，致乾隆年間臺中縣沿海地區漢族居民日多，大甲亦漸次成市。《苗栗縣志》，大甲街云：

---

[2]　《諸羅縣志》，卷七〈兵防志〉，水陸防汛，大甲塘，民國57年，臺北，國防研究院印行。

[3]　劉澤民，《大甲東西社古文書》，第一章第四節，大甲西社事件，民國92年，國史館臺灣文獻館印行。

在縣治之南，距城五十七里，乾隆年間，漸次成市。[4]

（二）鎮瀾宮創建沿革

大甲天后宮的創建，據陳培桂《淡水廳志》〈典禮志〉云：

> 天后宮，一在大甲街，乾隆三十五年林對丹等捐建，五十
> 五年吳偏等重修。[5]

所述鎮瀾宮乾隆35年（1770）創建，乾隆55年（1790）重修，與大甲街的形成年代相當。道光6年（1826）大甲建立城堡，置軍守衛，光緒18年（1892）重修，廟宇空間增至19間，年收穀300石。《苗栗縣志》云：

> 在三堡大甲街，距城五十五里，乾隆三十五年，林對丹等
> 捐建，五十五年吳偏等捐修，光緒十八年林鳳儀等復捐重修。
> 共一十九間，祀田年收穀三百石。[6]

林對丹、吳偏，履歷不詳，光緒18年（1892）重修鎮瀾宮的林鳳儀，為福建安溪縣人，道光24年（1844）14歲時，隨父林文閣來臺，後營碾米行利源號致富，熱心公益，並曾捐修文祠。去世後，四子林文登繼承家業，文登孫林炳焜於民國36年出任鎮瀾宮執行委員，民國43年改任顧問，民國45年御任，家族對鎮瀾宮貢獻頗多。[7]

《淡水廳志》、《苗栗縣志》所稱大甲街天后宮，至清末始稱鎮瀾宮，鄭鵬雲《新竹縣志初稿》云：

---

[4] 沈茂蔭，《苗栗縣志》，卷三〈建置志〉，街市，大甲街。光緒19年刊，民國57年，臺北，國防研究院印行。

[5] 陳培桂修《淡水廳志》，卷六〈典禮志〉，祠祀，清同治10年修，民國57年，臺北，國防研究院印行。

[6] 沈茂蔭，《苗栗縣志》，卷十〈典禮志〉，祠廟，天后宮，民國57年，臺北，國防研究院印行。

[7] 郭金潤主編，《大甲鎮瀾宮志》歷史風華，第二篇，六、光緒18年林鳳儀等重修，民國94年，臺中縣，大甲鎮瀾宮董事會印行。

鎮瀾宮，在大甲街，距竹城西南九十五里。乾隆三十五年林對丹等捐建，五十五年吳偏等重修；廟宇一百三十七坪七合，地基七百六十五坪八合，祀田六甲。[8]

《新竹縣志初稿》所述鎮瀾宮創建年代、創建、重修資料，與《淡水廳志》、《苗栗縣志》所述相同，可知大甲鎮瀾宮原稱天后宮，創建至今已240餘年。

（三）興建鎮瀾宮的功德主

長生祿位均為廟宇奉祀建廟有功人員而立，僅書祿主姓名、職銜，並無內涵記錄當事人生卒年月。鎮瀾宮目前保存有多座長生祿位，均為歷代對廟興修有功人員，可以補鎮瀾宮歷史記載的不足，其一題：「功德業主巧府諱化龍長生祿位」。[9]

巧姓為大甲德化社原住民姓氏，按大甲地區原住民原有大甲東、大甲西、雙寮、南日等社，雍正9年（1731）原住民林武力抗清，大甲西社亦參與，事定後餘眾受招撫，改名德化社。乾隆初，由漢人任五社總通事，乾隆23年（1768）改由原住民自舉通事，由官方派任，此後至清朝割臺，大甲五社總通事皆由德化社人出任。首任通事為德化社土目巧自徵，任期至乾隆38年（1773）止；巧自徵任總通事前，為大甲社土官。[10]其後嘉慶、道光、同治、光緒各朝，巧姓皆曾出任五社總通事，大甲西社土地的番業戶也多是巧姓族人，鎮瀾宮創建使用土地應為德化社地。

第二座祿位題：「檀越主連府諱昆山長生祿位」。[11]連崑山履歷不詳，國史館臺灣文獻館保存編號860400號古文書有其於乾隆19年（1754）杜賣大甲營盤埔田埔的記錄；乾隆42年（1777）竹塹建關帝廟時亦曾捐款若干元，似為乾隆年間活躍於淡水廳的漢人墾戶。

---

[8] 鄭鵬雲編修，《新竹縣志初稿》，〈典禮志〉，大甲堡廟宇，民國57年，臺北，國防研究院印行。

[9] 同註7，第二篇，三、乾隆52年的擴建。

[10] 同註3，第一章第四節，大甲西社事件、第二章第三節，大甲西社部落組織，大甲五社總通事表、大甲西社土目表。

[11] 同註7，第二篇，二、建廟。

第三座祿位題：「鄉進士出身福建臺灣北路淡水營都閫府陳官名峰毫長生祿位」[12]。都司為都指揮使司的簡稱，為武職官，淡水營都司管轄範圍為彰化以北西岸平原。康熙55年（1716）始設淡水營守備於八里坌，雍正10年（1732）改陞都司，乾隆24年（1759）移駐艋舺，嘉慶13年（1808）改陞游擊。《重修臺灣省通志》記載陳峰毫云：

> 陳峰毫，福建龍溪人，乾隆三十三年戊子武舉人，乾隆五十年十一月由閩安協標左營都司調任，嘉慶元年八月二十五日革職拿問。[13]

陳峰毫於乾隆50年（1785）11月上任，上任時適林爽文事件發生，至嘉慶元年被革職。林爽文事件，大甲曾被據為巢穴[14]，乾隆55年（1790）鎮瀾宮重建期，陳峰毫適為大甲地區最高軍事指揮官。

第四座祿位題：「特陞臺灣府經歷大甲分司誠夫宗諱觀庭長生祿位。大甲本街舖民、五十三庄總董庄正副仝立」[15]。大甲分司即大甲巡檢，文職，為淡水廳的派遣單位，負責港口出入檢查及地方治安工作。宗觀庭為江蘇常熟人，監生出身，於道光5年至8年（1825-1828）任職大甲巡檢。[16]

第五座長生祿位題：「功德業主：副通事淡湄他灣、土目郡乃蓋厘、業戶蒲氏本步長生祿位」[17]。淡湄他灣職稱副通事，為官方派管德化社征稅、勞役等公共事務，郡乃蓋厘為土目，蒲氏本步為業戶。據《大甲東西社古文書》〈大甲五社總通事一覽表〉、〈大甲東社副通事一覽表〉、〈大甲西社土目一覽表〉、〈大甲東社土目一覽表〉、〈大甲西社番業戶一覽表〉、〈大甲東社番業戶一覽表〉皆未

---

[12] 同註7，第二篇，三、乾隆52年的重建。
[13] 見《重修臺灣省通志》，卷八〈職官志〉，武職表篇，第三章，清代，第五節，都司，第一項，臺灣北路營都司。
[14] 同註5，卷九，列傳三，義民，鍾瑞生。
[15] 同註7，第二篇，四、信仰大甲媽祖的五十三庄。
[16] 同註4，卷十二職官表，文職，大甲巡檢。
[17] 同註7，第二篇，五、同治年的擴建。

鎮瀾宮功德廳

見三人姓名，僅土目郡乃盖厘的名稱見於清同治年間大甲土地買賣契書中，云：

> 大甲東社舊社番婦阿末淡眉有大甲東社前土地，東到土目郡乃盖厘田，西到蒲氏烏毛田，南到山下竹頭，北到石埠，賣給大甲街王瑤記。……同治十三年十月。[18]

此3人似為同治年間（1861-1875）大甲五社原住民領袖。

第六座題：「功德業主傅登財、王福泰、陳協安、王振榮、王令觀、黃光明、陳文房、伍維忠、朱朝陽、林大有、蔡錫燕、林元瑋、黃廷輝、黃聯芳長生祿位」[19]。此14人履歷不詳，似為日據時期鎮瀾宮實施管理人制度時代的產物。上述祿位可印證鎮瀾宮乾隆中葉創建及乾隆末、道光、同治及日據時期均有重修的事實。

---

[18] 同註3，下冊，東 0262 號。
[19] 同註7，第二篇，七、清代的歷史文物。

（四）鎮瀾宮的僧侶

臺灣早期建立的媽祖廟均有僧侶住持，鎮瀾宮亦不例外。鎮瀾宮目前保存二座僧侶蓮座，可以看出鎮瀾宮長期為僧侶住持管理廟務。其一題：

> 南院　西天中土歷代祖師生蓮之座
> 開山若清湛禪師
> 二代佛恩然禪師
> 二代開瑞然禪師
> 二代佛曇然禪師
> 二代允立然禪師
> 三代啟傳法禪師
> 三代啟成法禪師
> 三代啟志法禪師
> 四代慈雲界禪師
> 四代慈帆界禪師
> 四代慈三界禪師
> 五代智華方禪師
> 六代淵霖廣禪師
> 六代生元廣禪師
> 七代箕萊嚴禪師
> 比丘宗贊通禪師
> 比丘碧河照禪師
> 徒孫等全奉祀[20]

按蓮座為僧侶去世後神主所依，內涵均會書明個人生卒年月日時等資料，日據末期臺灣總督府推行皇民化運動時，蓮座多被整併為一總牌位，已無法考證各代僧侶生存年代與事蹟。據上述蓮座，開山若

---

[20] 同註7，第三篇，一、和尚住持時代。

清湛禪師為鎮瀾宮首代僧侶，並傳下佛恩等七代。另據鎮瀾宮現存二
方僧章，可知其中有二人曾任住持，二章印文為：

> 大甲街鎮瀾宮住持僧慈三圖記
> 大甲街鎮瀾宮住持僧淵霖記[21]

可知第4代僧慈三、第6代淵霖曾任住持職。
另一蓮座題：

> 南院　七代圓寂比丘上淇下滿嚴禪師一位蓮座
> 孝徒覺定奉祀[22]

　　淇滿卒於民國3年（1914），其徒覺定為末代住持，民國13年
（1924）鎮瀾宮成立管理人制度，始無僧侶住持。
　　鎮瀾宮歷代僧侶事蹟雖不詳，但在民國時代卻出了一位高僧賢
頓。賢頓為大甲人，俗名林傳仁，民國9年（1920）於鎮瀾宮剃度出
家，後赴福建鼓山佛學院進修，臺灣光復後曾任臺灣省佛教分會理事
長，臺北龍雲寺、臨濟寺、東和寺等著名寺院住持，民國53年與白聖
法師創辦戒光佛學院，傳度弟子逾萬，為臺籍傑出僧侶。[23]

（五）鎮瀾宮的管理制度

　　大正10年（民國10年，1921）4月，北港朝天宮訂定〈北港朝天
宮管理規則〉正式成立管理委員會接管廟務，民國13年（1924）鎮瀾
宮也廢除僧侶管理，改為管理人制，但其組織情形已不詳，首任管理
人為杜清。民國25年杜清去世，其子杜香國繼任管理人，民國35年杜

---

[21]　同註7，第二篇，二、建廟。
[22]　同註20。
[23]　見朱其昌編《臺灣佛教寺院庵堂總錄》，臺北市龍雲寺。民國66年，佛光出版
　　社印行。林傳仁法號賢頓，為大甲街人，光緒29年（1903）生，十歲即持長齋，
　　民國9年於鎮瀾宮披剃出家，民國14年往福建鼓山湧泉寺受具足戒，復入閩南佛
　　學院卒業，民國17年返臺。民國22年賢頓再往大陸參訪各地名山，25年返臺，
　　畢生致力弘法利生事業。

香國去世，由大甲鎮長郭金焜任管理人。郭金焜任內修改章程，將鎮瀾宮管理人改由大甲鎮長兼任，鎮瀾宮信仰圈內的大安、外埔、內埔三鄉鄉長為副管理人，以大甲、大安、外埔、內埔四鄉鎮村里長暨鄉鎮民代表為信徒代表選舉產生管理委員。

　　民國57年，鎮瀾宮管理組織再修改為管理委員會制，擴大信徒基礎，以大甲、大安、外埔、內埔四鄉鎮信仰媽祖之公民為信徒，大甲、大安、外埔、內埔四鄉、鎮長，村、里長暨鄉鎮民代表為信徒代表組成信徒代表大會，為鎮瀾宮最高機構，推選委員17人，監察委員3人，分別推選主任委員執行日常事務。民國63年，廢除傳統爐主頭家主持之進香制度，改由管理委員會接辦。民國67年管理委員會改組為財團法人制，原管理委員改稱董事，主任委員改為董事長，其董事產生辦法大致沿襲舊制。

三、大甲媽祖北港進香

（一）北港及朝天宮概況

　　北港，古稱笨港，明鄭時代即有部將陳縣入墾，為臺灣最開發地區之 ‧ ，清代屬臺灣府諸羅縣管轄，康熙《諸羅縣志》云：

> 笨港街，商賈輳集，臺屬近海市鎮，此為最大。[24]

　　雍正9年（1731）諸羅縣於此設縣丞以稽查船隻出入[25]，北路營千總1員，兵150名分防笨港汛，另設砲臺、煙墩各1座，水師左營守備1員、把總1員、兵230名，戰船3隻分防，有店599間，年徵銀200兩零5錢，佔全臺灣府餉稅十分之一強，繁榮情形可見。[26]

　　乾隆年間，笨港之行政區被分割為二，《續修臺灣府志》〈笨港〉謂：

---

[24] 同註2，卷二，規制志，〈街市〉。

[25] 見劉良璧，《福建臺灣府志》，卷十三〈職官〉，民國53年，臺北，臺灣銀行經濟研究室印行。

[26] 同註25，卷十〈兵制〉、卷八〈戶役〉，陸餉。

1962年純真虔敬的大甲媽祖進香活動

距縣三十里，南屬打貓保，北屬大槺榔保。港分南北，中隔一溪，曰南街，曰北街，舟車輻輳，百貨駢闐，俗稱小臺灣。[27]

乾隆53年（1788）諸羅縣改稱嘉義縣，光緒年間臺灣建省，大槺榔保劃歸雲林縣，改稱大槺榔東堡。清末仍為臺灣主要商港，《雲林縣采訪冊》大槺榔東堡，〈北港街〉云：

即笨港，因在港之北，故名北港。東、西、南、北共分八街，煙戶七千餘家，郊行林立，廛市毘連。金、廈、南澳、澎湖商船常由內地載運布疋、洋油、雜貨、花金等項來港銷售，轉販米石、芝麻、青糖、白豆出口；又有竹筏為洋商載運樟腦前赴安平轉載輪船運往香港等處。百物駢集，六時成市，貿易之盛，為雲邑冠。俗人呼為小臺灣。[28]

---

[27] 見余文儀，《續修臺灣府志》，卷二〈規制〉，街市，民國 51 年，臺北，臺灣銀行經濟研究室印行。

[28] 倪贊元，《雲林縣采訪冊》，〈大槺榔東堡〉，街市，北港街；祠宇，天后宮，民國 57 年，臺北，國防研究院印行。

同書，祠宇，〈天后宮〉云：

> 天后宮，在街中，雍正庚戌年建。乾隆辛未年，笨港縣丞
> 薛肇熿與貢生陳瑞玉等捐資重修，兼擴堂宇，咸豐十一年訓導
> 蔡如璋倡捐再修，擴廟庭為四進：前為拜亭，兼建東西兩室；
> 二進祀天后；三進祀觀音大士；後進祀聖父母。廟貌香火之
> 盛，冠於全臺。神亦屢著靈異，前後蒙頒御書匾額二方，現今
> 鈎摹，敬謹懸掛。每歲春，南北居民赴廟進香絡繹不絕。他如
> 捍災、禦患、水旱、疾疫，求禱立應。官紳匾聯，多不勝書。
> 宮內住持僧人供奉香火，亦皆恪守清規。

日本明治43年（1909）臺灣總督府臨時臺灣舊慣調查會編印《臺
灣私法附錄參考書》卷二，上，〈斗六廳北港街朝天宮來歷〉，記載
朝天宮創建緣由及命名云：

> 北港朝天宮，前繫笨港天后宮，自康熙三十三年三月，僧
> 樹璧奉湄洲朝天閣天后聖母到地。因九庄前繫泉、彰（漳）之
> 人雜處，素感神靈，無從瞻拜，故見僧人奉神像來，議留主持
> 香火，立祠祀焉。僅茅屋數椽，而祈禱報賽，殆無虛日。雍正
> 中，神光屢現，荷庇佑者，庀材鳩資，改竹為木，改茅為瓦，
> 草草成一小廟。乾隆間，笨港分縣因航海來臺，感戴神庥，始
> 捐俸倡修。命貢生陳瑞玉、監生蔡大成等鳩資補助，廣大其
> 地，廟廡益增巍峨。以神由湄洲朝天閣來，故顏其額曰朝天
> 宮。[29]

《雲林縣采訪冊》〈大槺榔東堡，匾〉云：

> 神昭海表：在天后宮，嘉慶間御賜。
> 慈雲灑潤：光緒十二年嘉邑大旱，知嘉義縣事羅建祥屢禱

---

[29] 臺灣總督府臨時臺灣舊慣調查會編印《臺灣私法附錄參考書》卷二，上，〈斗六廳北港街朝天宮來歷〉。明治43年（1909）。

不雨，適縣民自北港迎天后入城，羅素知神異，迎禱之，翌日甘霖大沛，四境霑足，轉歉為豐，詳經撫部院劉公具題，蒙御書「慈雲灑潤」四字，今敬謹鉤摹，與嘉慶年間所賜共懸廟廷。

　　海天靈貺：道光十七年，本任福建水師提督王得祿統兵渡臺，舟次外洋，忽得颱風，禱神立止，兼獲順風以濟，遂平臺亂，上匾誌感。[30]

　　北港朝天宮因建廟歷史早，媽祖由湄洲朝天閣請來，捍災、禦患、水旱、疾疫，求禱立應，兼有僧侶主持祀事，每歲春，南北居民赴廟進香絡繹不絕，官紳匾聯，多不勝書，故早為南北兩路居民信仰重心。

（二）彰化南瑤宮北港進香

　　鎮瀾宮建於乾隆35年，但清代方志未見有鎮瀾宮往北港進香之記載，而嘉慶年間，彰化地區已形成以南瑤宮為核心至笨港進香的習俗，《彰化縣志》云：

　　　　天后聖母廟，在南門外尾窯，乾隆中士民公建，歲往笨港進香，男女賽道，屢著靈應。[31]

　　《彰化縣志》成書於道光15年（1835），所述歲往笨港進香事，應已為相沿多年習俗。南瑤宮為何往笨港進香？據民國25年（昭和11年，1936）彰化南瑤宮改築委員會所立〈南瑤宮沿革碑〉云：

　　　　前清雍正時代，彰化置縣始建城池，亘至乾隆十二年終告功成。建城時，掘土燒磚以疊城垣之用，有招募外來窯工以從事者，中間有工人楊姓者，自笨港應募而來……攜有久在笨港最著靈感之神，即受封與天同功天上聖母娘娘之香火，欲藉為

---

[30] 同註28，〈大榔椰東堡〉，匾。三塊匾額，目前仍懸掛在北港朝天宮。
[31] 《彰化縣志》，卷五〈祀典志〉，天后聖母廟，民國57年，臺北，國防研究院印行。

庇身之用，祀之坯藔（即造磚場）址在本廟地也。…每入夜頻
見五彩毫光，居人奇之，入藔尋覓一無所有，惟香火存焉！咸
謂必神之靈顯使然，遂共祀於鄰福德廟內，禱告輒靈。自茲以
後，香煙日盛，越二年，庄民議建廟，然初建基不滿十坪，湫
隘難堪。迨嘉慶七年，彰化紳董聯絡縣下信者再倡重建。……
聖母正駕每年亦恒往發源地之笨港進香，隨駕香丁常擁十餘
萬，往復步行。[32]

　　南瑤宮往笨港進香是因其香火來自笨港天后宮，而大規模往笨
港進香形成的年代約在嘉慶7年（1802）南瑤宮擴建以後。南瑤宮老
大媽會成立於嘉慶19年（1814），其成立宗旨為備辦前往笨港進香
祭品相關事宜，恰可與上述碑文互證。[33]清末，因臺灣變亂迭起，
官方為維持治安，曾對南瑤宮大規模的進香活動加以禁止。咸豐4年
（1854）5月，小刀會擾臺北，同治元年（1862）臺灣爆發戴潮春事
件，彰化縣城被攻陷，左宗棠奏調林文察帶兵返臺配合總兵曾玉明等
將領平亂，至同治3年（1864）3月始平。[34]同治9年（1870）3月，林
文察堂弟副將林文明為南瑤宮往笨港進香總理，欲往北港進香，但以
治安問題，臺灣鎮總兵楊在元、臺灣道黎兆棠頒布禁令，不准前往：

　　　　臺屬每年三月十六日，各屬男婦赴北港進香，前署鎮楊並
　　前道憲黎，應其聚眾滋事，照例示禁，城鄉均各具結遵依。[35]

　　臺灣知府凌定國更詳細其事云：

　　　　臺屬臺屬每年三月十六日，有各處男婦赴嘉義之北港進

---

[32] 何培夫主編，《臺灣地區現存碑碣圖誌》，彰化縣篇，民國86年，國立中央圖書
館臺灣分館發行。
[33] 同註1，第七章，媽祖會與活動。
[34] 《重修臺灣省通志》，卷九〈人物志〉，人物傳篇，第三章，武功，第一節清以前，
林文察。民國87年，臺中，臺灣省文獻委員會印行。
[35] 吳幅員輯，〈臺灣冤錄——林文明案文獻叢輯〉，六〈臺灣府周懋琦奉委查覆〉，
《臺北文獻》直字55、56期合刊，民國76年6月，臺北市文獻委員會印行。

香、人眾混雜,易茲事端;且其時又有匪類入內山勾結拜會之謠。當奉鎮、道憲出示禁止,並由縣派撥義勇分路巡查。王令(文棨)又因彰化縣城外南壇廟供天后神像,向來北路人民抬赴北港進香,遂先期將神像移入城內觀音亭中,示諭不准抬往,各紳民均各遵從。[36]

彰化縣典史許其棻更說明當時全臺信徒蜂擁往北港進香恐影響治安,云:

> 嘉義北港地面,向有建立天后聖母廟宇,全臺人民無不敬信供奉,每屆三月聖誕之際,南至鳳山,北至噶瑪蘭,不分裏山沿海、男婦老幼,屆期陸續咸赴北港進香。各執一小旗,燈籠一盞,上書北港進香字樣,或步行或乘輿,往還何止數萬人。是以因燒香人眾,謠言不一,前道憲黎(兆棠)行文禁止。乃年久習俗,禁之不住,阻之不得,故彰化縣王令文棨將彰化南門南壇天后神像,向來北路香客隨神像同往北港之神像,請入城內,藏供觀音亭廟中。[37]

是年南瑤宮進香,因總理林文明不從禁令被殺而中止,但承平時期進香活動仍然持續不斷,至日本統治時期,仍有數萬人徒步往返。民國24年(1935)南瑤宮重建竣工,大規模往北港進香,《臺灣日日新報》刊登〈彰化赴北港參拜媽祖〉云:

> 中臺灣名剎彰化南瑤宮媽祖廟正殿新建工程已告竣工,決定於十八日往北港媽祖廟參拜,該廟信徒以百萬計。當日十餘萬信徒奉神輿行列市內遊行後出發,彰化火車站為服務參拜者特開臨時列車募集香客五百名。[38]

---

36 同註35,八〈凌定國奉飭稟覆〉。
37 黃富三,〈林文明「正法」案真相試析:兼論清代臺灣的司法運作〉,《臺灣風物》,第39卷第4期,民國78年12月,臺北,臺灣風物社印行。
38 《臺灣日日新報》,昭和10年4月11日,第3版,〈彰化赴北港參拜媽祖〉。

5月4日（農曆4月2日）《新高新報》第14頁刊出〈彰化南瑤宮往笨港進香夜宿西螺〉新聞云：

> 虎尾郡西螺街，上月十九日，適彰化南瑤宮媽祖往北港進香日，是夜媽祖分駐於各廟以應一般參拜。善男信女不下數萬之眾，呈未曾有之雜沓。[39]

當時南瑤宮已形成三組媽祖（大媽、四媽，二媽、五媽，三媽、六媽）輪流往北港進香的習慣，民間並有諺語云：大媽愛潦溪（當年雨水足），二媽愛吃雞（當年六畜興旺），三媽愛冤家（常有事件發生）。民國26年中日戰爭發生，臺灣總督府開始整頓廟宇，民國30年以後實施戰時體制，進香活動被禁止。臺灣光復後，南瑤宮再恢復進香活動，民國51年4月27日《聯合報》第7版刊出彰化訊，標題〈慶祝媽祖誕辰今日達到最潮，彰化進香團昨返縣全市民眾夾道相迎〉記載云：

> 彰化南瑤宮媽祖信徒笨港（北港）進香團，經過六天的長途跋涉後，於昨（二十六）日上午六時許返抵彰化。當這個擁有十萬善男信女，被稱為本省光復以來最大規模的媽祖進香團進入市區時，全市家家戶戶競燃爆竹相迎，一時鞭炮、鑼鼓聲響徹九霄之外，街頭巷尾人山人海，盛況空前。[40]

南瑤宮至北港進香，經一百多年的發展，形成十餘個媽祖會，信仰圈包含整個大臺中地區三縣、市，活動規模太過龐大，臺灣省政府於民國64年下令縣市政府勸阻進香活動，云：

> 每年農曆二、三月間係媽祖進香之鼎盛時期，請切實勸導轄內各寺廟，勿再組團進香，可推請寺廟管理人（負責人）或

---

[39] 《新高新報》，昭和10年5月4日，第14頁，〈彰化南瑤宮往笨港進香夜宿西螺〉。
[40] 《聯合報》，民國51年4月27日，第7版，〈慶祝媽祖誕辰今日達到最潮，彰化進香團昨返縣全市民眾夾道相迎〉。

少數信徒代表進香，以實行節約，改善民俗。[41]

南瑤宮為彰化市公所管理廟宇，自需遵守法令，其進香活動因而式微。

（三）大甲媽祖北港進香

鎮瀾宮往北港進香習俗，《彰化縣志》、《淡水廳志》、《苗栗縣志》、《新竹縣志初稿》等書均未曾記載，昭和7年（1932）大甲公學校編印的《鄉土概觀》始詳細記載之。[42]大甲《鄉土概觀》記載媽祖信仰共有二處，一謂：

> 媽祖廟在街中央，奉祀媽祖，乾隆三十五年創建。媽祖始廟在福建省莆田縣，各地媽祖皆為其分神，通稱湄洲媽祖。媽祖祭典均在每年農曆三月二十三日從北港完成刈火儀式後盛大舉行。

其次謂：

> 本宮位於大甲南門附近，主神媽祖婆。（中略）大甲居民感其靈異，於乾隆五十二年募金建廟，並置祀田，年收入百石以供香燈及守僧生活之需。……大甲媽祖為大甲、大安、外埔等庄民主要信仰及守護神。大甲媽祖是從北港分香而來，通常每年均回北港進香一次。進香日期於每年一月十五日於媽祖神前卜筊後決定，行期大約農曆三月五日出發，三月十五日還宮。[43]

---

[41] 臺灣省政府民政廳編印，《宗教禮俗法令彙編》，民國72年6月。

[42] 大甲《鄉土概觀》含：歷史與自然、動植物、土地、戶口與勞力、產業、金融、交通、通信、自治、社團、教育、生活、衛生、宗教、勝蹟傳說等15章，319頁，10萬餘字，昭和7年（1933）12月，臺中臺灣新聞社印行。臺北成文出版社更名為《大甲鄉土的概觀》影印發行。

[43] 大甲《鄉土概觀》，第13章、第4節、信仰，（2）、寺廟，1、媽祖廟；第14章、第3節、舊慣寺廟，2、鎮瀾宮。

1962年大甲進香團的哨角　　　1962年大甲住香團正副爐主與香擔

　　一謂鎮瀾宮媽祖祭典於農曆3月23日，從北港完成刈火儀式後盛大舉行，一謂大甲媽祖是從北港分香而來，故通常每年均回北港進香一次，進香日期則於農曆正月15日媽祖神前卜筊決定。這二則記載均與民國76年以前大甲進香習俗吻合。

　　鎮瀾宮北港進香的開始年代，已無可考，但清光緒年間已具規模。朝天宮現存有大正3年（1914）4月8日編號1970號大甲街大轎請大火的收據，載：

> 捐款人姓名住所：臺中廳大甲街
> 金額：五圓
> 備註：大轎請大火
> 大正三年四月八日領收
> 北港朝天宮事務所[44]

　　大轎即進香團媽祖乘座之輦轎，顯示進香團已具相當規模；請大火即由祖廟直接引取香火，為進香目的。其儀式，先由僧侶誦經啟

---

[44] 蔡相煇，《北港朝天宮志》，第三篇，〈祀典〉，附照片、大甲進香團，民國84年，北港朝天宮董事會印行。

請後，從祖廟長明燈引燃金紙，於萬年香火爐中焚化，再由僧侶將燃燒中的金紙用杓挹三杓置於香擔香爐，關上香擔門，貼上封符。儀式結束，主持儀式僧侶宣告媽祖返鄉，進香團爐主及香客即高喊「進哦！」，媽祖鑾駕立即起程。

　　鎮瀾宮往北港進香方式，早年均採爐主、頭家制。正爐主、副爐主及協辦進香事宜的頭家，需為大甲鎮的朝陽、孔門、大甲、順天四里里民，捐緣金給鎮瀾宮取得信徒資格後，擇期於媽祖神前卜筊決定，其他鄉鎮及村里里民無權擔任。正、副爐主及頭家的責任，需於事前籌募進香經費，負責往、返進香行程及食宿、交通、秩序維護等

上左：爐主貼封條
下左：朝天宮住持鴻妙法師挹香火入金爐

上右：香擔由專人照顧，香火不能熄滅
下右：朝天宮住持鴻妙法師主持挹火儀式

工作。民國63年，廢止爐主制，次年進香事宜改由管理委員會接辦，所需經費由鎮瀾宮經常費支付，沿襲至今。

進香過程，以民國76年為例，包含：農曆正月15日擲杯卜定日期、搶香、陣頭登記、南下訪問、於往返路程經過宮廟貼香條、起馬宴、第1天大甲出發、第2天通過西螺大橋、第3天抵達北港、第4天謁祖祭典和割火、第5天踏上歸途、第6天回宿北斗、第7天永靖插頭香、第8天返抵大甲。

大甲鎮瀾宮北港謁祖進香之重要儀式包含：出發時之啟駕，至北港入朝天宮後之進殿、座殿，謁祖；返程時之割火，上香、添火、回鑾遶境等八項典禮，大量保存古代民間信仰上下廟間的禮儀，彌足珍貴。

四、新港奉天宮與「笨港毀滅論」

（一）新港開發概況

嘉義縣新港鄉南港村與雲林縣北港鎮隔北港溪對望，清代為笨港南街所在，為臺灣沿海開發最早的繁榮地區之一，然至嘉慶年間，笨港南街卻遭洪水之厄。南港村水仙宮，現存一方道光30年（1850）〈重修笨南港水仙宮碑記〉，記載嘉慶年間笨南港因溪水氾濫，浸壞民居，移建關聖帝君廟的情形，云：

> 吾笨南港有水仙尊王、關聖帝君二廟由來舊矣，不意嘉慶年間溪水漲滿，橫溢街衢，浸壞民居者不知凡幾，而二廟蕩然無存。里中耆宿悼廟宇之傾圮，思崇報而無從，遂於嘉慶甲戌年（十九年，一八一四）間，鳩金卜築于港之南隅，以崇祀水仙尊王。而關聖帝君亦傳其廟規模宏敞，誠笨中形勝地也，但歷年既久，不無風雨剝蝕，蟲蟻損傷，兼以溪沙渾漲，日積月累，基地益危，觀者惻焉。吾笨中三郊，爰請諸善信捐金，擇吉、仍舊，重新增建一後殿，以奉祀關聖帝君。雖帝廟未創而神靈亦得式憑，則二廟可合為一廟矣。右翼以禪房，左翼以店屋二座，並建置民地一坵，設立石界，為住持香火之資。是廟

坐辛向乙兼酉卯，興工於道光戊申年（二十八年，一八四八）
端月，至庚戌年（三十年，一八五〇）梅月始蕆其事，計糜白
金伍仟玖佰有奇，落成之日，遠近商民靡不致敬，蓋實我三郊
之力為多焉。道光歲次庚戌孟秋穀旦董事泉州郊金合順、廈門
郊金正順、龍江郊金晉順同泐石[45]

　　所述為笨南港街事，記載嘉慶19年重修水仙宮，道光28年合
併關聖帝君於一廟的過程。碑記錄有當時官方及各郊、行戶捐款情
形，云：

鹿港海防分府胡國榮捐銀一百元
鹿港海防分府史蜜捐銀八十元
鹿港副總府王國忠捐銀三十二元
嘉義縣正堂王廷幹捐銀二十大元
笨南北港糖郊捐銀一百四十元
臺郡三郊蘇萬利、金永順、李勝興捐銀一百元
臺嘉總館捐銀六十元
鹽水港五郊：糖郊十二元、水郊八元、簐郊四元計二十四元
澎湖郊金順利捐銀四十元
後庄郭光竹觀捐銀三十大元
臺郡立興號捐銀十二大元
太保庄王朝肅捐銀一十大元
虎會寮同合油車捐銀八元
鹽水港蘇源裕捐銀六大元
牛稠溪茂興油車捐銀四大元
南港梁燕觀捐銀四大元
大崙庄林讚觀捐銀二大元
以上一十七條共銀六百四十元
嘉義城（捐款者略，共銀一百三十五元）

---

[45] 原碑現存新港鄉南港村水仙宮三川門右壁，亦收錄於《北港朝天宮志》。

樸樹街（捐款者略，共銀二百二十八元）

新南港街（捐款者略，共銀二百零五元）

舊南港街（捐款者略，共銀六十六元）

笨北港街（捐款者略，共銀四百八十七元）

諸船計一百二十號共捐銀七百四十七元

泉州郊金合順計來銀一千六百六十元

廈門郊金正順計來銀八百三十大元

龍江郊金晉順計來銀八百三十大元

通盤計共收銀五千九百二十九元九角三占一格正

道光庚戌孟秋　　董事立石，泉郡觀東石室鐫石

　　由碑文資料，重建董事為南、北港三郊，笨港商貿的重心在北港。當時兼管笨港出入的鹿港海防同知、嘉義縣令及臺灣府城、嘉義、鹽水港、樸樹街、澎湖及笨港地區紳商皆踴躍捐輸，反映道光年間笨港的重要性及當時全臺各地行郊支持重建的情形。單就笨港捐款數目分析，笨北港泉州郊金合順、廈門郊金正順共捐銀2,490元，笨南港之龍江郊金晉順捐銀830元，笨北港恰為笨南港之三倍。捐款人數目，新南港18人、舊南港11人，笨北港街72人，笨北港多於舊南港約7倍，亦多於新南港約3倍。捐款金額，新南港205元，舊南港66元，笨北港街536元，笨北港街捐款為舊南港8倍多，為新南港2倍多。至於三街的人口數，《雲林縣采訪冊》記載北港街云：

北港街，七千一百五十戶，四萬零九百三十七丁口。[46]

《嘉義管內采訪冊》〈打貓西堡〉記載新、舊南港街云：

新南港街，一千一百零六番戶，四千九百七十五丁口。
舊南港街，一百五十一番戶，六百九十三丁口。[47]

---

[46] 同註28，大槺榔東堡。
[47] 《嘉義管內采訪冊》，打貓西堡，街市，民國57年，國防研究院印行。

北港街的戶數為新、舊南港街總數的5.6倍，丁口數為7.2倍，就全笨港街繁榮程度而言，笨北港街比笨南港繁榮，就小區域而言，笨北港街最繁榮，新南港街次之，舊南港街再次之。

水災及分類械鬥，不少笨南港街民遷移至東方5里許的麻園寮另建新街，取名新南港以與舊南港街區隔。《嘉義管內采訪冊》云：

> 新南港街，在嘉義城西北二十五里，距打貓十二里，居民先世多由舊南港街移來者，故名新南港街。按道光四十七年漳泉分類，舊南港甚為蹂躪，嗣因笨溪沖陷房屋街市甚多，故移至是地。人煙輻輳，百貨充集，笨港海船運糖米者半購於此焉。地當衝要，街分六條，近附鄉村賣買皆會於是，雖不比濱海之都會，亦嘉屬之一市鎮也。[48]

同書記載當地9所祠宇云：

> 登雲閣，在新南港街之東門外，崇祀文昌帝君……，道光十五年（1835）八月紳民公建。
> 奉天宮，在新南港街，奉祀天上聖母，嘉慶戊寅（二十三年，1818）三月紳民公建。
> 大興宮，在新南港街之後街，崇奉保生大帝，嘉慶九年（1804）十一月紳民公建。
> 肇慶堂，在新南港街之大街，崇奉福德正神，嘉慶辛未（十六年，1811）紳民公建。
> 西安堂，在新南港街之松仔腳，崇奉福德正神，道光十五年（1835）紳民公建。
> 慶興宮，在新南港街之南勢街，崇奉池府王爺，同治六年（1867）紳民公建。
> 水仙宮，在舊南港，後枕笨港溪，崇奉水仙尊王於前殿，崇奉關聖帝君於後殿，乾隆庚子年（四十五年，1780）正月紳民

---

[48] 同註47。

公建。

福德堂，在舊南港，崇奉福德正神，道光十九年（1839）四月
紳民公建。

南壇水月庵，在新南港之西端，崇奉觀音佛祖，乾隆辛亥年
（五十六年，1791）十月紳民公建。

祠宇中年代最早，建於乾隆45年及56年的水仙宮及水月庵，皆位
於舊南港街，位於新南港街內的三座主要廟宇大興宮、肇慶堂、奉天
宮依序建於嘉慶9年、16年、23年，一祀保生大帝，一祀福德正神，
一祀媽祖，似新街營建由祖籍龍溪縣的商人帶領，而福德正神建於大
街，可知農業生產為新南港街民主要經濟活動，媽祖廟較晚建，反映
海上貿易非新南港街民營運項目。

（二）奉天宮創建沿革

據《嘉義管內采訪冊》的記載，新港奉天宮建於嘉慶23年，但
從大正年間開始，奉天宮即不斷改變其建廟年代及媽祖來源的說法，
最初所提媽祖分靈自臺南大天后宮。大正7年（1918）《臺灣日日新
報》云：

> 臺南市大天后宮，自前二年新塑鎮南天上聖母以來，靈
> 應昭彰，不期進香者每日絡繹不絕，即各村落凡有建醮祈安，
> 罔不虔備神輿恭請監臨。……迨月之十六日，南港建醮，奉天
> 宮媽祖，係從大天后宮分靈者，故前三日，即以該港紳董為總
> 代，到臺南市與該紳董交涉，即於初四日早番車，恭請鎮南聖
> 母神駕賁臨。[49]

新港紳董以奉天宮媽祖係大天后宮分靈，故恭請大天后宮新雕鎮
南媽（大正5年仿朝天宮三媽新雕神像）往監醮，但大天后宮對此說
法並無回應。次日《臺灣日日新報》又刊登〈奉天宮落成〉的訊息，

---

[49] 同註38，大正7年（1918）1月18日，〈爭迎鎮南媽祖〉。

稱奉天宮建於嘉慶4年（1799），媽祖由莆田迎來，云：

> 嘉義新港奉天宮，建于嘉慶四年，崇祀大媽，即當時閩省
> 興化府莆田縣迎來第一尊，距今已曆百十數年。迄明治三十九
> 年，震劫，殿宇塌傾，翌春三月，同地善信，重修議起。時嘉
> 義玉峰書院毀折，乃將屋蓋移歸新構。計釀四萬五千三百餘金
> 以成其事，今已告成。

自稱是莆田迎來的第一尊媽祖似太誇大，3年後又改變說法。大
正8年（1919）臺灣日日新報社印行《臺南州祠廟名鑑》〈奉天宮〉
改謂奉天宮始建於嘉慶15年（1810），媽祖來自舊南港三尊媽祖之
一，云：

> 街民於嘉慶十五年由舊南港（原笨港）移居當地之時，將
> 舊南港三尊媽祖中之一移至當地建廟奉祀。明治三十七年至三
> 十九年兩度大地震，廟宇破壞，信徒募集二百圓於明治四十三
> 年改建，發起人為林添有、林關基、何銘錐、林維朝、洪炳、
> 陳壁如、林溪如等。[50]

民國40年代，奉天宮開始印行簡介《天上聖母正傳》，書中〈奉
天宮之由來〉又改稱說媽祖來自舊南港乾隆年所建天后宮，神像為漳
州籍商船奉祀的船仔媽，云：

> 滿清乾隆時代，福建省漳州府，沿海一帶之居民，從事經
> 營帆船載運貨物來臺貿易，其中有一家船戶，極其信仰聖母，
> 每要出帆之時，船中供奉一尊聖母之神像，在海洋上可保平
> 安，故由笨港上陸（現改為舊南港）。……剛要出帆，未知何
> 故，突受逆風阻止前進，屢次受風之阻撓的船戶，無法可施，
> 然後在神像前，以木板求訊號始悉聖意要永住笨港受萬人朝

---

[50] 相良吉哉，《臺南州祠廟名鑑》，祠廟，嘉義郡之部，〈奉天宮〉，昭和8年，臺南，
臺灣日日新報社印行。

拜，不回大陸。……笨港人士發起籌募緣金，建造廟宇，……命名為天后宮，此尊聖母神像後稱船仔媽（現奉祀在新港奉天宮稱為五媽）。[51]

該書編者吳文峰、林騰輝兩人，查林德政編《新港奉天宮志》卷三，組織與人事篇，未見兩人姓名。民國47年奉天宮重印《天上聖母正傳》，但刪除「笨港上陸（現改為舊南港）」、「祖媽，現在新港奉天宮稱為四街祖媽」等文字，以示其並非僅四街奉祀之媽祖。

民國51年奉天宮新印《新港奉天宮媽祖簡介》，大幅更動《天上聖母正傳》內容，將創建年代改為明朝天啟2年（1622），媽祖則來自湄洲天后宮，自稱「開臺媽祖」，云：

新港媽祖是湄洲天后宮最早蒞臨臺灣的聖像，大家尊稱祂為「開臺媽祖」。……明天啟二年（一六二二）船戶劉定國為航海安全，親自到湄洲天后宮，恭請聖像奉祀新船，途經笨港，神示永駐此地，保護臺疆，因此十寨（笨港與外九庄）的生民，如獲至寶似的，輪流奉祀，稱湄洲五媽或船仔媽。[52]

據上所述，奉天宮創建年代由清末的清嘉慶23年，日據時期的嘉慶4年、嘉慶15年，轉為民國40年代的乾隆年間，50年代的明天啟2年，前後相差達196年。媽祖來源則有由日據時期的臺南大天后宮分靈、莆田媽祖第一尊轉為笨南港三尊媽祖之一尊，民國40年代提出漳

---

[51] 《天上聖母正傳》，〈新港奉天宮之由來〉。原書未署編印年代，新港奉天宮印行。李獻章〈笨港聚落的成立及其媽祖祠祀的發展與信仰實態〉謂「吳文峯依據何萬傳董事長所集傳說編刊的，〈天上聖母正傳，新港奉天宮之由來〉。何萬傳為奉天宮第一、二屆主任委員，任期自民國41年10月至47年10月，惟〈新港奉天宮之由來〉有「卸任嘉義縣長林金生」一語，據《重修臺灣省通志》卷八〈職官志〉，林金生於民國40年4月當選嘉義縣長，43年6月2日卸任，本書應印於43年7月至46年當選雲林縣長期間。

[52] 《新港奉天宮媽祖簡介》，新港奉天宮媽祖，〈由來與沿革〉。原書印於洪炳欽任主任委員時期，查《新港奉天宮志》，卷三，組織與人事篇，洪炳欽任期自民國51年1月至53年12月。另書中〈敬頌天上聖母〉，署「李安邦據昭應錄撰」等字，作者似為李安邦。李氏新港鄉人，二戰時期曾任新港限地醫，通曉日語，民國63年1月至74年1月間任奉天宮常務董事、董事。

州船仔媽、四街媽，50年代的湄洲五媽，最後自稱為「開臺媽祖」，民國82年林德政、李安邦等新編《新港奉天宮志》，也未提出其創建年代與媽祖來源的依據。

（三）奉天宮與「笨港毀滅論」

建於康熙58年（1719）的鹿耳門天后宮，在清同治10年（1871）因曾文溪改道被洪水沖毀，因鹿耳門港淤塞，渡口功能喪失，官方未再重建廟宇，媽祖神像由居民救出，部分暫祀民家，部分寄祀臺南海安宮。大正2年（1913）城北里居民建立保安宮奉祀王爺，大正10年（1921）復自海安宮迎回媽祖神像附祀於保安宮。民國35年顯宮里居民亦集資建立天后宮，迎回民宅奉祀之媽祖。[53]民國44年顯宮與土城里民為誰是「鹿耳門天后宮」正統媽祖產生不同意見，民國49年土城保安宮易名聖母廟，雙方均認自身繼承鹿耳門天后宮」，開啟了民間信仰的正統之爭。

民國51年新港奉天宮放棄「舊南港三尊媽祖中之一移至當地建廟奉祀。」的說法，提出嘉慶年間住持僧景端雕刻三尊媽祖，分由新港、北港、溪北分祀一、二、三媽的說法，將自身與笨港天妃宮綁在一起，謂：

> （舊南港）天后宮起初廟宇是簡單的建築，聘請漳洲景端師為第一代廟祝……嘉慶二年有一日滿空烏雲密布……大雨傾盆，河川告漲……三棧榔溪邊，發現一叢鉅大的樟樹……時景端師趕到，向眾人言及此樹發出豪光日前曾受聖母夢中指點，此樹要彫刻聖母之神像。地方諸紳商集議，決議聘請彫刻專家來廟彫刻，將頭節彫為祖媽（現奉祀新港奉天宮稱為四街祖媽）第二節彫為二媽（現奉祀北港朝天宮）第三節彫為三媽，（現奉祀新港鄉溪北村六興宮）剩者彫一付千里眼、順風耳（現奉祀新港奉天宮）。[54]

---

[53] 徐明福、徐福全，《臺南市媽祖廟之變遷》，附錄〈鹿耳門天后宮〉、〈鹿耳門聖母廟〉，民國86年，臺南市政府印行。
[54] 同註51，〈新港奉天宮之由來〉。

又謂嘉慶15年（1810）笨港天后宮移至新港，數年後建奉天宮，而北港朝天宮、溪北六興宮分祀其二、三媽，云：

> 嘉慶拾伍年之夏天，又如嘉慶二年時大雨傾盆……對廟宇是萬分危險，廟之後殿被洪水衝壞，故景端師即刻設法將一切神像遷移至麻園寮（新港）因無處安置神像故暫時寄祀土地廟。……天后宮自遷移後，地方商紳發起，籌募緣金，新築廟宇，選擇現時廟址，歷時數年始告完成改名為新港奉天宮，（奉天宮起源由此）……北港因地理環境良好，故發展甚速，惟尚未有朝天宮之建造，故每年須來新港參拜聖母，跋跋渡溪甚感不便，特遣人與新港商量，恭請貳媽過去北港奉祀，建造朝天宮（朝天宮起源由此）。時有溪北（距新港西南約五公里）王大人，雖是小小庄社，出有大名鼎鼎馳名全省的王得祿將軍……將奉天宮奉祀最靈感之三媽請回，溪北建造六興宮奉祀（溪北六興宮起源由此）。

所述僧侶景端，生於清道光15年（1835）卒於光緒9年（1883），為僧綱瑞璋（1804~1862）之徒，不可能於嘉慶年間遷建笨港天后宮。[55]

又謂當時北港朝天宮尚未建亦與事實不符，北港朝天宮現存乾隆40年（1775）〈重修諸羅縣笨港北港天后宮碑記〉亦見於《雲林縣采訪冊》記錄。另「北港媽祖宮」或「北港宮」也多見於嘉慶以前古契，如明治43年（1910）臨時臺灣舊慣調查會印行的《臺灣私法附錄參考書》第一卷上，乾隆42年（1777）〈陳寧老典契〉，第三卷上，乾隆55年（1790）〈陳勉夫陳基容陳基決分家合約書〉均是，可見朝天宮早在乾隆以前即存在笨北港街，非嘉慶以後新建。

另被扯入笨港毀滅論的六興宮，為道光6年（1826）王得祿所

55　景端曾任臺灣府僧綱，神主牌位現存臺南市祀典武廟，題「南院順寂府治僧綱上景下端廣和尚蓮座」，內涵書「葬在竹溪寺五尼頭山頂」，「生於道光乙未年（1835）二月九日寅時受生」，「皈於光緒癸未年（1883）七月念四日，未時歸西」。

建，《臺南州祠廟名鑑》〈六興宮〉云：

> 道光六年王得祿為所居六部落居民謀，迎請新巷二尊媽祖
> 中之一尊建廟奉祀。[56]

所稱新巷為日據時期新港名稱，所述六興宮創建，確與奉天宮有
關，但卻非嘉慶年間，也與朝天宮無關。

奉天宮既以「笨港天妃宮」正統自居，當然也把彰化南瑤宮至笨
港進香說成是到新港進香。《新港奉天宮媽祖簡介》〈彰化南磘宮之
由來〉，云：

> 距今約八十餘年前的事實，南港有一個勞動界的人，姓楊
> 名琴因在家鄉，無生活計，朝不補暮不得已，背井離鄉，到彰
> 化找工作，他是一個造瓦的技術者，充任在磘內工作，一個楊
> 琴平素極其信仰聖母，所以出外均帶聖母之香火，在身邊保護
> 出外平安，香火帶在身上對工作上很是不便，故將香火懸掛在
> 瓦磘內之竹柱上，朝夕虔誠焚香朝拜……焚香向香火禱告，求
> 取爐丹，無不應驗，從此遠近聞名……凡有經營瓦磘業者，皆
> 彫刻有發鬚之聖母……未幾大廟完成，擇日舉行慶祝落成典禮
> 命名為南磘宮（南磘宮起源由此）因記念該香火，由南港人，
> 帶在磘內，故將南磘兩字，取號甚有意義……彰化南磘宮至今
> 香火不斷參拜者絡繹不絕每年特別組織團體，前來新港奉天宮
> 進香。

民國43年（1954）上推80餘年為清同治13年（1884），與《彰
化縣志》、〈南瑤宮沿革碑〉所述南瑤宮建於乾隆12年（1747）相去
200年，其編者對史料的掌握概略如此。

民國43年，日本早稻田大學畢業，以《媽祖的研究》為論文的
李獻章返臺調查臺灣媽祖史料，赴新港，認識李安邦，在其協助提

---

56 《臺南州祠廟名鑑》，祠廟，嘉義郡之部，六興宮。

供資料下從事〈笨港聚落的成立及其媽祖祠祀的發展與信仰實態〉研究，李安邦得李獻章指導，於民國55年4月《法海週刊》141期發表〈漢族開臺基地笨港舊蹟及其歷史文物流落考〉，開始宣揚「笨港毀滅論」，奉天宮即笨港天后宮。民國56年10、11月李獻章於《大陸雜誌》第35卷第7至9期發表〈笨港聚落的成立及其媽祖祠祀的發展與信仰實態〉。兩篇文章雖相呼應，但李獻章對李安邦引為「笨港毀滅論」依據的「景端碑記」，卻認為偽作，云：

> 景端碑記，末刻「嘉慶壬申（十七年）桐月□日十八庄董事仝敬立」，而碑文記「太子少保軍門王……」，因王得祿晉封太子少保，是在道光十三年，不免自相矛盾。但細看之下，該文謂「茲聖宮新建竣事，感觸殊多；興之所至，誌於此，意在示人，明聖母神德之盛，而知敬神所當誠之由云爾。」乃一隨感錄，本非為要刻碑而作者。故我以為這是在笨港廟建立，得王得祿獻匾後，為對抗上才把它刻碑，一面裝作落成時物，一面卻加新街，致生齟齬的。[57]

李獻章雖推論景端碑記是後來為景端為對抗朝天宮而於事後追記，但景端生於清道光15年（1835），景端是否真曾任奉天宮住持，仍值討論。李獻章對李安邦提出的某些看法也有所保留：

> 一九六四年（民53）底十一月……在奉天宮看到李安邦醫師所搜集的有關笨港的若干史料，頗有值得參考者。返日後開始執筆，於祭典的實際慣習，仍他繼續回答我的質詢。這一文稿之成，在祭儀的資料上，是有負於他的誠懇幫忙的。[58]

但一般人卻無法分辨其是非，朝天宮雖曾在報紙提出反駁，也在民國56年請任職臺灣省文獻委員會的廖漢臣編撰《朝天宮誌》，但因

---

[57] 李獻章《媽祖信仰研究》附錄一，〈笨港聚落的成立及其媽祖祠祀的發展與信仰實態〉，註5。1979年，日本東京，泰山文物社印行。
[58] 同註57，〈附記〉。

對朝天宮僧侶代序的誤置，並未收到預期效果。此後，彰化南瑤宮開始對朝天宮產生疏離，大甲鎮瀾宮對朝天宮是否為其祖廟產生動搖。

五、鎮瀾宮轉向湄洲認祖

（一）鎮瀾宮湄洲認祖

民國63年，鎮瀾宮重修落成，刊行《大甲鎮瀾宮志》，開始提出新的創廟年代及媽祖來自湄洲朝天閣的說法，謂：

> 清雍正八年歲次戊申年間，有福建省興化府莆田縣湄洲嶼人氏林永興者攜眷來臺，途經大甲，定居謀生，且隨身有湄洲朝天閣天上聖母神像一尊，安奉廳堂朝拜。大甲堡居民亦係閩省遷臺之先民，聞知林氏廳堂供奉由湄洲所請來的天上聖母，無不紛紛前往參拜，且有求必應，靈妙異常，神威顯赫大甲堡附近每個角落，參拜者日盛，致使林氏門庭若市，香客不絕於途。地方縉紳見此盛況，即與林氏洽商建廟奉祀，徵得林氏同意後，經聘請地理師擇地於現址，在雍正十年歲次壬子良辰吉旦興建，當時僅係一寬約十五尺，深約二十三尺的小廟，建成後即將林氏從湄洲朝天閣請來的神像安奉在小廟內以供眾信徒朝拜。[59]

清雍正8年（1730）歲次為庚戌，非戊申（1728）。《大甲鎮瀾宮志》所述媽祖來自湄洲朝天閣，則與北港朝天宮媽祖來源相同，雍正8年則為朝天宮重建之年，雖將自家歷史往前提，但仍依例每年往北港謁祖進香。《大甲鎮瀾宮志》媽祖來自湄洲朝天閣的說法，對自幼即參與進香的老一輩信徒並無影響，但新一代接班者難免產生疑惑。如果媽祖來自湄洲，為何要至北港謁祖進香？而中共開放兩岸交流，促使鎮瀾宮往湄洲尋求認同。

民國67年12月中華人民共和國與美國建交，68年9月30日，葉劍

---

[59] 《大甲鎮瀾宮志》，民國63年，臺中縣，大甲鎮瀾宮印行。

湄洲天后宮

英提出國、共兩黨第三次和作及開放三通、
四流促進中國和平統一。開放後，湄洲島人
開始建廟私祀媽祖，民國72年完成一棟30餘
平方公尺大小之單殿式建築，初步滿足了媽
祖信仰者的需求，而居臺閩籍媽祖信徒也紛
紛前往朝拜。中共因而將媽祖定位為「海峽
兩岸和平女神」，允許重建湄洲天后宮，並
取名「湄洲祖廟」，期以湄洲祖廟為核心，
增進兩岸民間文化及經濟交流。

鎮瀾宮迎回的湄洲媽祖

　　民國76年初，湄洲祖廟籌辦「媽祖成道
一千年」祭典活動，廣邀臺灣媽祖廟參與。
因當時臺灣尚未開放民間交流，但鎮瀾宮董、監事決定前往參加，並
於10月搭機經日本大阪，轉飛上海，經福州轉抵湄洲，參加10月31日
湄洲祖廟舉辦的媽祖成道一千年祭典活動，事後請回媽祖神像一尊、
壽山石雕印一顆、香爐一個、神杯一付及天上聖母香火。鎮瀾宮從此
以湄洲天后宮為祖廟[60]。

---

[60] 郭金潤，《大甲媽祖進香》，肆，湄洲進香，民國 77 年，臺中縣，臺中縣立文化

①湄洲媽祖廟贈送海峽和平女神旗
②迎回的湄洲媽祖印信
③湄洲祖廟贈送鎮瀾宮的香火
④湄洲祖廟贈送鎮瀾宮的神桌裙

鎮瀾宮此後連續三年至湄洲進香，並訂4年辦理一次進香活動，民國78年4月更與湄洲祖廟結盟，約定雙方在宗教文化及經濟合作，成為湄洲天后宮在臺灣主要聯絡廟宇。

（二）鎮瀾宮改迎湄洲媽祖遶境

民國76年鎮瀾宮迎回湄洲媽祖後，即提出此前為何到北港進香的新說法，謂：

> 大甲媽祖到北港進香已有百年以上歷史，因當時時局動亂，無法前往湄洲祖廟進香，而且北港朝天宮建有媽祖聖父母殿，所以才到北港朝天宮進香合火。……其次，基於臺灣廟與廟之間的拜會習慣，亦即對先成立或特別有權威之廟，每年前往拜會一次，大甲鎮瀾宮立廟歷史比北港朝天宮晚，故就當時而言，資淺廟到資深廟訪問是理所當然。再者，有一無法證實的傳說，大甲二尊進香媽祖中，有一尊是請錯或偷換北港朝天宮的媽祖……但鎮瀾宮堅決否認此傳說。[61]

所述因時局動亂乃改往北港進香，從地緣關係論，鹿港近於北港，大甲距鹿港約僅50公里，北港則百餘公里，乾隆後漢人入大甲者多由鹿港登陸，大甲商人亦常往鹿港經商，《淡水廳志》謂：

> 林春娘，大甲中莊光輝女，七歲為余榮長養室。乾隆己酉（五十四年，一七八九）夫年十七，赴鹿港經商……。[62]

鹿港天后宮建於乾隆初，亦早於鎮瀾宮，為何不往鹿港進香？又謂民國10年左右始往北港進香，按鹿港天后宮曾於民國5年、11年兩度前往湄洲進香，並無不能赴湄洲之事。[63] 又民國21年《大甲鄉土概

中心印行。

[61] 同註60，參，北港進香。

[62] 同註5，卷十，列傳四，列女，貞孝，林春娘。

[63] 陳仕賢，《鹿港天后宮志》，鹿港天后宮歷史沿革，參、日據時期，民國93年12月，彰化，鹿港天后宮管委會印行。

觀》編撰時，鎮瀾宮管理人杜清已56歲，杜清民國13年即任管理人，若非真與北港朝天宮有香火關係，也不必度撰事實。

民國77年3月4日鎮瀾宮正式致函朝天宮，請朝天宮聲明該宮媽祖非由北港分靈，否則取消北港之行，云：

> 請貴宮向各報界鄭重聲明，本宮天上聖母非由貴宮分靈而來，以正視聽，否則本宮決定取消北港之行程。[64]

並說明理由如下：

一、本宮戊辰年進香名稱刪除「北港」二字，其因則避免眾善信誤為大甲天上聖母是由北港朝天宮分靈而來。

二、連日向報界發佈不實報導，諸如：「大甲媽祖是由北港朝天宮分靈」、「數典忘祖」、「大甲媽祖回娘家」等歪曲事實，有損本宮之形象，引起全省眾善信公憤不滿。

三、請文到三日內復函及向各報界澄清不實之報導，否則決定取消北港之行程，一切後果由貴宮董監事會負責。

朝天宮對鎮瀾宮函的請求，以其事應由學者考據定論回應，於3月6日函復云：

> 貴宮媽祖是否由本宮分靈應就歷史依據由學者考據定論，本宮迄未公開提起此事，不宜再由本宮有所聲明或澄清。……長久以來貴我兩宮香火相連綿延不斷，珍貴之傳統友誼至堪珍惜，傳統之進香活動已成燦爛宗教活動之寶貴史實，實不宜因少數偏異之論說即予否定，本宮仍期待珍貴之傳統活動文物繼續保持，不必因少數輿論反映造成彼此間之疑惑困擾。[65]

---

[64] 同註60，伍、取消北港進香，影印原函。

[65] 郭慶文，《大甲媽祖停止往北港進香史料彙編》，歷史篇，民國82年，雲林縣，笨港媽祖文教基金會印行。

是否援例進香，乃再於3月18日因鎮瀾宮無正式回應，朝天宮再致函訊問進香行程，云：

> 貴宮戊辰年北港進香行程爰例於農曆元月十五日神前筊定，並經電知訂於農曆三月六日子時起駕，三月八日抵達本宮。……茲因近日來有關行程細節，兩地信徒議論紛紛，引起社會各界之關切，本宮為配合籌劃接待事宜，亟需瞭解貴宮行程俾配合辦理，函請查照。

鎮瀾宮於3月4日致函朝天宮請聲明該宮媽祖非由北港分靈前，新港奉天宮董監事即於3月3日到大甲鎮瀾宮拜訪，表達歡迎到新港遶境進香，並由嘉義縣長何嘉榮、議長邱天照領銜，與嘉義縣各級民意代表、機關、團體、學校成立「新港鄉歡迎臺中縣大甲鎮瀾宮天上聖母遶境進香接待委員會」籌辦接待事宜，4月初籌備工作大致就緒。鎮瀾宮遂於4月3日致函北港朝天宮，說明改往新港奉天宮遶境進香，云：

> 本宮「媽祖」歷經日據時代及大陸淪陷，未克往湄洲進香，而權宜改往　貴宮進香，時歷數十年建立珍貴之傳統友誼。本宮依權責更正進香名稱，竟引起貴宮之誤會與不滿，且報端諸多錯誤，如「數典忘祖」、「背祖」、「回娘家」等歪曲事實報導，為恐後人及眾多「大甲媽祖」信徒誤為「大甲媽祖」係由貴宮分靈。為維護本宮廟史之尊嚴，於民國七十七年三月四日以（77）鎮瀾金字第〇五五號函請　貴宮澄清「大甲媽祖」非貴宮分靈乙事，貴宮竟然避重就輕，不做正面答覆。……本宮董監事會正式議決，取消貴宮行程之決定，殊感遺憾。[66]

民國77年4月，鎮瀾宮中止往北港朝天宮「謁祖進香」，改往新港「遶境進香」，因進香名義已改變，其儀式也隨之更改：

---

[66] 同註60。

1. 以湄洲媽祖取代北港進香媽祖出巡遶境，象徵湄洲媽祖取代北港媽祖。
2. 變更香條名稱，將「大甲鎮瀾宮天上聖母往北港進香」改為「大甲鎮瀾宮天上聖母遶境進香」，轉變上、下廟關係。
3. 變更香團旗幟及服裝文字，改「北港謁祖進香」為「遶境進香」。
4. 取消刈火儀式及盛香火的香擔。
5. 改謁祖典禮為恭送天上聖母回駕典禮。
6. 以道士取代僧侶主持宗教儀式。[67]

①1987年往新港進香條書：遶境進香，無目的地名
②1987年往北港進香條書：往北港進香，有目的地名
③1987年鎮瀾宮往北港進香的三仙旗（左）書「謁祖進香」，往新港改為「遶境進香」（右）
④變更進香後「號裌」胸前改為「大甲鎮瀾宮天上聖母」
⑤往北港時「號裌」胸前印「大甲北港進香」字樣

　　文化大革命摧毀了中國倫理道德及文化傳統，1980年代改革開放後，允許人民重建湄洲天后宮，臺灣媽祖信徒認為在最困難環境下，應全力支持天后宮重建。民國80年代初，臺灣各大媽祖廟及信徒捐款大量湧入湄洲，協助祖廟重建工程。如臺中市民北屯路陳守愚捐建鐘鼓樓（1988年落成），大甲鎮瀾宮捐38萬元人民幣建儀門，臺北市民林聖光、陳秀卿捐77,000元美金建聖旨牌樓，新港奉天宮捐39萬元人民幣建梳粧樓，鹿港天后宮捐價76萬元人民幣建朝天閣，北港朝天宮

---

67 同註60，陸、北港、新港進香儀式迥異。

林聖光、陳秀卿捐款碑　　　　　臺灣漁民至湄洲媽祖廟捐款造像

捐121萬元人民幣建和平女神媽祖石雕，上述建築均於1990年落成。
臺中縣大里市曾正仁捐43萬元人民幣建昇天樓，味丹企業集團楊清欽
捐建廟前大牌坊，苗栗縣苑裡鎮慈和宮徐俊平捐建觀音殿，臺北市松
山慈祐宮捐建香客大樓慈祐山莊（上述建築均於1991年落成），1992
年嘉義縣東石鄉港口宮捐建山門。此外，捐款1000元人民幣或100元
美金以上勒碑紀念者有千餘人，前立委張平沼、林坤鐘等人則捐植園
林，湄洲祖廟快速成為世界上建築最宏偉的媽祖廟宇。[68]

六、結語

　　數十年來臺灣媽祖信仰實態的轉變肇因於媽祖廟間的紛爭，而大
甲媽祖進香適反映臺灣媽祖廟認同的轉變，新港奉天宮的「笨港毀滅
論」動搖了朝天宮領袖臺灣媽祖信仰的地位，而中國大陸將湄洲媽祖
定位為兩岸和平女神，在黨政部門支持下以湄洲祖廟爭取臺灣媽祖廟
的認同，大甲鎮瀾宮因祖廟認同的迷惑，前往湄洲迎回媽祖，更改北
港進香為湄洲進香。

---

[68]　相關捐款資料為筆者至湄洲採訪所得，並參見楊桂良，《湄洲祖廟朝聖旅》，民
　　　國85年，廣澤文化事業出版。

民國83年開始，中國媽祖開始向臺灣進行文化交流。是年3月，福建媽祖文物來臺，於臺南市鹿耳門天后宮展出百日，民國86年1月至5月湄洲媽祖來臺進行百日環島遶境，民國90年7月大甲鎮瀾宮等17座媽祖廟成立臺灣媽祖聯誼會，合捐780萬元臺幣修復莆田賢良港媽祖故居，並與賢良港天后祖祠締結至親盟。民國93年10月，中共於莆田市成立「中華媽祖文化交流協會」，臺灣地區十餘座媽祖廟參加為會員，民國95年9月，大甲鎮瀾宮等臺灣媽祖聯誼會成員信徒4000餘人進一步前往湄洲、賢良港等廟謁祖進香，臺灣媽祖信仰認同傾向大陸。血緣與文化是臺海兩岸人民融和交往的寶貴資源，在平等、互助的基礎上，媽祖信仰已成為兩岸交流的重要平臺。

　　三十多年來，兩岸媽祖文化交流不斷，一方面增進兩岸民間宗教文化交流，讓百姓更進一步認識不同文化。頻繁的交流與尋根活動，也促進中國沿海各省媽祖信仰文化的復興，山東、天津、上海、江蘇、浙江、福建、廣東等地區都有媽祖廟新建或重建。中國國家主席習近平夫人彭麗媛女士更親自演唱「媽祖頌」，為中華庶民文化的復甦做了最佳見證。

第十章　宗教與文化的融合
──以北港朝天宮
為例

一、前言

　　人類社會從原始部落逐漸發展出國家政府組織，有帝王、官員、軍隊、教育、司法審判制度來提升民智、維護人民生命財產安全與社會安定。知識的增進，卻無法解答人萬物生命源起及死亡歸宿等問題，宗教信仰也隨民智的發展建構出宗教組織，有教主、教義、神職人員、教區等。政府組織管理全國人民，宗教組織則管理其信徒的精神生活，宗教組織通常會在國家政策指導下運作，扮演協安定民心的角色。

北港朝天宮

北港朝天宮創建於清康熙39年（1700），奉祀天妃媽祖，民國元年（1912）重建，當時負責統籌全局的董事蔡然標是前清貢生，曾任雲林縣學訓導，當時完成的建築與祀神格局，政權、神權與儒家文化整合在建築殿堂之間，不忘本源，互相調和，是臺灣媽祖信仰的典範。

二、北港朝天宮建築與祀神格局

朝天宮位於北港鎮中山路128號，位置適在鎮之中央，規模大，構造完美，建築沿革，可分為六個階段；第一階段始於康熙39年（1700），以竹茅灰土搭蓋。至雍正年間，諸羅縣丞准本宮住持僧侶在笨港溪設渡船濟行人往來，雍正8年（1730）擴大廟基，乾隆16年（1751）再度修葺，至乾隆40年（1775），笨港縣丞薛肇熿助建廟宇；前殿祀媽祖，後殿祀觀音菩薩及十八羅漢，右側則設僧室六間，以供僧侶居住。薛肇熿並撰《重修諸羅縣笨港北港天后宮碑記》。

咸豐5年（1855）朝天宮再度擴建起工，咸豐9年（1859）完工，成為四殿建築。前殿為三川殿，正殿為媽祖殿，後殿為觀音佛祖殿，第三殿為聖父母殿，兩側各建室仔6間。光緒20年（1894）北港大火，朝天宮拜殿被焚，光緒31年（1905）4月嘉義地區大地震，朝天宮大殿破損，四垂亭倒壞，光緒34年（1908）在北港街長蔡然標等人奔走下重建。除原有建築外，將兩側僧室改為殿宇，增祀文昌帝君及五文昌夫子、三官大帝、註生娘娘、境主公、土地公等，西側並有一大花園，第四殿聖父母殿兩側並建有西式二層樓房，供僧侶居住，宮宇四周，以花綱石圍繞，花綱石上並刻有捐款人姓名，本宮目前建築格式，大體完成於此時。

朝天宮建築為宮殿式建築。全建築物之通面闊為37.9公尺，通面深為55.5公尺，佔地636.3坪，連宮前之小廣場及宮後倉庫，佔地將近千坪，殿宇分為

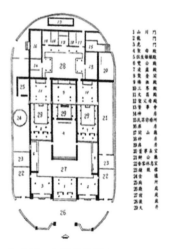

北港朝天宮建築格局1

北港朝天宮建築格局2

　　四進，宮前一廣場，地面舖石，四面圍繞石牆，設有正面、左二、右二共五個出入口。

　　正面入口兩側置石獅，牆頭有四海龍王石像。過小廣場，跨階而上，有三座門，中為山川門，右為龍門，左為虎門。山川門，面寬8.87公尺，進深7.34公尺。龍虎2門，寬各6.73公尺，進深各6.1公尺。二進正殿，又稱聖母殿，面寬8.87公尺，進12.86公尺，築在70公分之臺基上，是全建築最主要部分，建築形式，分為前後兩段，屋頂前為捲棚式，後為硬山式，二者裡簷相近，間設水槽連結而成。一、二進間，原有兩道欄牆，各設一八角洞門，分隔三個庭院，後因香客眾多，為增加使用空間便利信眾參拜拆除。東西兩廂，東奉註生娘娘，西奉境主公、福德正神，面寬10.6公尺，而進深僅2.68公尺。屋頂為單面斜坡，門窗格扇。

　　三進中室為觀音佛祖殿，面寬8.83公尺，進7.77公尺，供奉觀音菩薩。右室為三界公殿，又稱凌虛閣，面寬6.29公尺，進7.77公尺，供奉三官大帝。左室為五文昌夫子殿，又稱聚奎閣，寬度深度與三界公相同。佛祖殿兩側設有走廊，與聖母殿及第四進的聖父母殿相通，

左右牆壁各設一門與三界公殿、五文昌殿相通。三界公殿與五文昌殿前各有築拜亭，兩側以走廊連結。拜亭設有三門，中置一對石鼓，左、右門各置一對石盾，門框門檻，俱鑲有木刻花邊。

第四進中室為聖父母殿，面寬3.93公尺，供奉聖父母及兄姐神位。左室開山廳，供奉歷代住持神主。右廂為南華閣，左廂為辦事處。兩廂前各添造1座拜亭。屋頂俱為單簷，並有翹脊。開山殿之左端設有1門，與貧民施療所相連，五文昌殿之右壁1門，可通金亭，金亭係民國56年新造，高4丈5尺鐵筋水泥塑造，形如八角古塔，高聳空中。

總觀朝天宮龐大的建築空間，祀神可依三川門為基準劃成三條縱線，中縱線（即主要祀神線）祀神為第2進的媽祖，第3進的觀音菩薩，第4進的聖父母。右中縱線祀神為第3進的三官大帝，第4進的開山廳。左中軸線為第3進的五文昌夫子，再外為右側室的註生娘娘與左側室的境主公、土地公。易言之，朝天宮祀神位階最高者為天上聖母媽祖，其次為觀音、三官大帝、五文昌夫子，再次為註生娘娘、境主公、土地公。聖父母與開山廳則以神主牌位備位附祀。

三、正殿祀天后媽祖

正殿是朝天宮建築群最宏偉、最高聳的建築，以此建築空間為祀奉天后媽祖處所，象徵媽祖是朝天宮的主要神明。而媽祖會超越其他眾神，一方面是祂是朝天宮的開基神，另一重要原因是祂是清朝政府的祀典神。

清朝入主中原後，鄭成功、鄭經父子在臺灣沿襲明朝政府傳統，崇信北極真武玄天上帝，媽祖並未特別受到崇信。但明鄭水師將帥士兵莆田籍者頗多，清朝福建官員提倡媽祖信仰，並利用莆田軍士依附媽祖信仰之心理，首先促成莆田籍明鄭水師副總督朱天貴率舟300艘、將士20,000餘人降清，再命施琅率這支武力逼降臺灣。媽祖既為清朝立了大功，清廷也予盛大回報，康熙19年（1680），清廷首予媽祖誥封為：護國庇民妙靈昭應弘仁普濟天妃，康熙23年（1684），即施琅平定臺灣次年，更予提升媽祖之神格，由妃晉升為后，詔封媽祖

正殿媽祖殿

媽祖殿神龕

為：護國庇民妙靈昭應仁慈天后。康熙59年（1720），正式將媽祖列為朝廷祀典，春秋遣官致祭。雍正11年（1733）令沿海沿江各省建祠

致祭，其祭儀與關聖帝君同。

　　總計清朝朝廷對媽祖的誥封，達20次之多，其封號由康熙19年的：護國庇民妙靈昭應弘仁普濟天妃，累晉至咸豐7年（1857）的：護國庇民、妙靈昭應、弘仁普濟、福佑群生、誠感咸孚、顯神贊順、垂慈篤祜、安瀾利運、澤覃海宇、恬波宣惠、導流衍慶、靖洋錫祉、恩周德溥、衛漕保泰、振武綏疆天后之神。同治11年（1872），以媽祖封號字數太多，清廷遂以42字為限，永不加增。

　　清代朝廷祀典分成上祀、中祀、群祀三個等級，上祀為祭天、地、太廟、文廟、武廟等，群祀則有：城隍、名宦、鄉賢、節烈等，祭儀與祭品各有等差，上祀用太牢，牲用：牛、羊、豬三牲，籩、豆各十二，有舞、樂。雍正11年清廷令沿海沿江各省建祠天后致祭，其祭儀與關聖帝君同。雖未將媽祖列為上祀，但其祭儀與上祀的武廟祀神關帝同，即用中祀祭天后，禮用少牢，祭以羊、豬二牲，籩、豆各十，用樂，不用舞。

　　目前朝天宮春、秋二次祭典就是用少牢祭儀，農曆正月、三月二次媽祖遶境，都用清代官方誥封的儀典，在隊伍前的引導儀仗隊，最

春秋二祭以少牢

前面的是「靜肅」、「迴避」與「奉旨祀典」、「天上聖母」的昭示牌，這就是民間信仰尊重政府的表現。

　　除了正殿奉媽祖，建後殿奉祀媽祖父母也反映出對君權的尊重。陳淑均《噶瑪蘭廳志》談到清廷誥封媽祖父母事，云：「清嘉慶十一年（一八〇六）追封神父為積慶公。神母，王氏，宋寧宗慶元六年詔封顯慶夫人，嘉慶十一年，追封為積慶夫人。」[1]朝廷誥封媽祖父母，官方祀典廟宇也未必增設聖父母殿，但朝天宮主事在咸豐5年（1855）擴建時，增築第三殿，咸豐9年（1859）完工，以第三殿為聖父母殿，主祀天上聖母父母及兄姊，不雕神像，以「積慶衍澤林公暨夫人王氏神位」之神牌置於神龕正中央，「靈應仙官聖兄林公神位」置神龕右側，「慈惠夫人聖姊林氏神位」置於神龕左側，成為臺灣媽祖廟特例，這也是尊重政府禮制的回應。

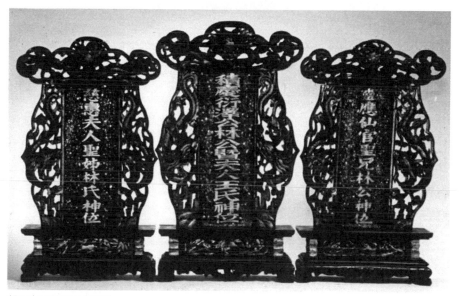

朝天宮聖父母兄姐神位

---

[1]　陳淑均，《噶瑪蘭廳志》，卷三，中〈祀典，天后廟〉，附考。

四、後殿祀觀音──保留宗教淵源

觀音殿

　　前殿祀媽祖，後殿祀觀音，幾乎是媽祖廟建築格式的通例，因為觀音是媽祖信仰的根源。媽祖生前事蹟，南宋莆田籍狀元黃公度〈題順濟廟〉詩云：

> 枯木肇靈滄海東，參差宮殿崒晴空；
> 平生不厭混巫媼，已死猶能效國功。
> 萬戶牲醪無水旱，四時歌舞走兒童；
> 傳聞利澤至今在，千里桅檣一信風。[2]

　　黃公度從儒家觀點指出媽祖生前「巫媼」的職業屬性。但年代稍晚，同為莆田人的南宋首都臨安府知府丁伯桂在〈順濟聖妃廟記〉提

---

[2]　黃公度，《知稼翁集》，卷上，欽定四庫全書，集部，57 頁。

到媽祖是龍女的說法：「神莆陽湄洲林氏女，少能言人禍福，歿，廟祀之，號通賢神女，或曰龍女也。」[3]丁伯桂進士出身，祖父丁彥先也是進士，是莆田士族，在自己帶頭重建的媽祖廟立碑，具體指出媽祖少能言人禍福的特質及「龍女」的特殊身分。龍女與善財是觀音大士的二大門徒，或脅侍神。

明末編輯《天妃顯聖錄》的林堯俞在〈天妃降誕本傳〉敘述媽祖誕降因緣，謂：

> 二人（媽祖父母）陰行善、樂施濟，敬祀觀音大士……，齋戒慶讚大士。是夜，王氏夢大士告之曰：「服此，當得慈濟之貺。」既寤，歆歆然如有所感，遂娠。[4]

點出媽祖的父母敬祀觀音大士，媽祖的降生是媽祖母親王氏作夢服食觀音大士所賜丸藥而娠，媽祖信仰背後有一觀音大士是從宋代至明代莆田人的共同認知。從媽祖信仰的開創者莆田白塘李氏信仰實例看，李家也是觀音信者。李家於宋哲宗元佑元年（1086）創建首座媽祖廟「聖墩祖廟」，《天妃顯聖錄》〈枯楂顯聖〉謂：

> 宋哲宗元佑元年丙寅（一〇八六），莆海東有高墩，去湄百里許，常有光氣夜現。漁者疑為異寶，伺而視之，乃水漂一枯楂發焰，漁人拾置諸家。次晨視之，楂已自還故處。再試復然。當夕托夢于寧海墩鄉人曰：「我湄洲神女，其枯楂實所憑也，宜祀我，當錫爾福。」父老異之，告于制幹李公。公曰：「此神所棲也，吾聞湄有神姑，顯跡久矣。今靈光發見昭格，必為吾鄉一方福，叨神之庇，其在斯乎。」遂募眾營基建廟，塑像崇祀，號曰「聖墩」。禱應如響。[5]

---

3 潛說友，《咸淳臨安志》，卷七三，外郡行祠，丁伯桂〈順濟聖妃廟記〉。丁伯桂廟記撰於理宗紹定元年（1228）

4 《天妃顯聖錄》〈誕降本傳〉。

5 《天妃顯聖錄》〈枯槎顯聖〉。

但李家在創建媽祖廟前一年宋神宗元豐8年（1085年），李家女主人黃氏即以誕育長子李富，於莆田捐地創建梅峰寺，奉祀「白衣大士」。《莆田縣志》卷四建置志〈報恩光孝寺〉云：「元豐八年，封太安人黃氏感異夢生李制幹公，遂舍梅峰地百餘畝為佛剎。……祀白衣大士。」[6]白衣大士就是觀音。李氏家族先建報恩光孝寺，再建聖墩廟，透過此線索，李家同時信仰白衣大士與媽祖，媽祖與觀音大士信仰是並容的。

白衣大士雖是江、浙、閩、粵四省普遍信仰，但其宗教內涵並未被廣泛瞭解。民國86年（1997）1月，湄洲媽祖廟迎「八百年元朝媽祖元始金身」來臺灣巡遊。主辦單位於印行《湄洲媽祖游臺灣紀念專刊》中〈湄洲媽祖游臺三大寶物亮相〉的單元中，對「元朝石雕媽祖元始金身」描述謂：

元朝石雕媽祖元始金身

> 湄洲祖廟珍藏的這一尊媽祖石雕像，高29釐米，寬22釐米，青石質，圓雕，型制古樸，碩巾帕首，大襟廣袖，垂拱趺坐，頰頷豐實，具有唐宋婦女典型風格。它是80年代初祖廟寢殿修復時出土的，同時出土的還有一些宋代陶筒瓦、瓦當、青瓷片、石避邪等。……湄洲媽祖元始金身是元朝石雕，迄今已逾八百年歷史，大陸列為國家保護級文物。[7]

大陸學者以石像是在湄洲掘出，其臉型與莆田人典型相同，即斷定為元代媽祖元始金身，因其造型類似蒙古婦女，但元朝媽祖已受靈惠妃誥封，不應服袍服而引發真假媽祖爭議。次年，筆者赴福建莆田地區作田野調查，始發現石像是莆田民間普遍信仰的泗洲文佛，而泗洲文佛就是唐朝來華開創傳白衣大士信仰的何國僧侶「僧伽」。

---

[6] 《莆田縣志》，卷四〈建置〉，〈寺觀〉〈報恩光孝寺〉。
[7] 《湄洲媽祖游臺灣紀念專刊》，〈湄洲媽祖游臺三大寶物亮相〉，1997年。

莆田涵江泗洲文佛　　　　　　　泗洲文佛（僧伽）生前繪像

　　宋太宗朝僧贊甯奉勅撰《高僧傳》，其卷十八〈唐泗州普光王寺僧伽傳〉詳細記載了僧伽事蹟，謂：

> 僧伽，蔥嶺北何國人，自言俗姓何氏，亦猶僧會本康居
> 國人，時人因命名曰康僧會。然名乃梵音，姓為華語。考何國
> 在碎葉國東北，當是碎葉附庸耳。伽在本土，少而出家，為僧
> 後誓志游方，始至西涼府，次歷江淮，當龍朔初年也，登即隸
> 名山陽龍興寺。初將弟子慧儼同至臨淮，就信義坊居人乞地。
> 下標誌之，言決于此處建立伽藍。遂穴土，獲古碑，乃齊國香
> 積寺也。得金像，衣葉刻普照王佛字。嘗臥賀跋氏家，身忽長
> 其床榻各三尺許，莫不驚怪。次現十一面觀音形，其家舉族欣
> 慶，倍加信重，遂舍宅焉。……中宗孝和帝景龍二年，遣使詔
> 赴內道場，帝御法筵，言談造膝，占對休咎契若合符，乃褒飾
> 其寺曰「普光王」。四年庚戌示疾，敕自內中往薦福寺安置，
> 三月二日儼然坐亡，神彩猶生止瞑目耳。俗齡八十三，法臘罔
> 知，在本國三十年，化唐土五十三載。中宗敕恩度弟子三人：
> 慧岸、慧儼、木叉，各賜衣盂令嗣香火。……帝以仰慕不忘，
> 因問萬回曰：「彼僧伽何人也？」對曰：「觀音菩薩化身也。

經可不云乎：『應以比丘身得渡者，即現沙門相也。』」[8]

　　僧伽為中亞何國人，晚年為唐中宗迎入宮中奉為國師，死後被唐朝政府視為觀音化身。另明朝人李元嗣所刊《泗洲大聖明覺普照國師（僧伽）傳》也謂「僧伽大聖觀音化身」「知白衣之開山默符前定」。僧伽就是「泗洲大聖」、「觀音化身」，是「白衣大士」的開山。

　　日本《大正大藏經》中錄有被斯坦因（Stein）攜回英國的《僧伽和尚欲入涅盤說六度經》，可以看出僧伽所傳宗教理念，文云：

　　　　吾自生閻浮，為大慈父教化眾生，輪迴世間。經今無始曠劫分身萬億，救度眾生。為見閻浮提眾生多造惡業，不信佛法。惡業者多，吾不忍見，吾身便入涅盤。舍利形像遍于閻浮，引化眾生。以後像法世界滿正法興時，吾與彌勒尊佛同時下生，共坐化城，救度善緣。

　　　　元居本宅在於東海，是過去先世淨土緣。為眾生頑愚難化，不信佛法，多造惡業。吾離本處，身至西方，教化眾生，號為釋迦牟尼佛。東國遂被五百毒龍陷為大海，一切眾生沈在海中，化為黿鼉魚鱉。

　　　　吾身已後卻從西方胡國中來生於閻浮，救度善緣、佛性種子。吾見閻浮眾生，遍境兇惡，自相吞食，不可開化。吾今遂入涅盤，舍利本骨願住泗州。已後若有善男子善女人，慈心孝順，敬吾形像，長齋菜食，念吾名字。如是之人散在閻浮，吾憫見惡世力兵競起，一切諸惡遍身，不得自在。

　　　　吾後與彌勒尊佛下生本國，足踏海水枯竭，遂使諸天龍神八部聖眾在於東海中心，修造化城，金銀為壁，琉璃為地，七寶為殿。

　　　　吾後至閻浮，興流佛法，唯傳此經，教化善緣。六度弟子歸我化城，免在閻浮受其苦難，悉得安穩。衣食自然，長受極

---

[8]　《大正新修大藏經》，贊寧，《宋高僧傳》，卷十八〈唐泗州普光王寺僧伽傳〉，民國 82 年，臺北，新文豐。

樂，天魔外道弱水隔之，不來為害。

　　吾當度六種之人：第一度者，孝順父母敬重三寶；第二度者，不殺眾生；第三度者，不飲酒食肉；第四度者，平等好心不為偷盜；第五度者，頭陀苦行，好修橋樑並諸功德；第六度者，憐貧念病，佈施衣食，極濟窮無。

　　如此善道六度之人，吾先使百童子領上寶船，載過弱水，免使沉溺，得入化城。

　　若不是吾六度之人，見吾此經，心不信受，譭謗正法，當知此人宿世罪根，身受惡報，或逢盜賊兵瘴而死，或被水火焚漂，或被時行惡病，遭官落獄。不善眾生皆受無量苦惱，死入地獄，無有出期，萬劫不復人道。

　　善男子善女人，書寫此經，志意受持，若逢劫水劫火，黑風天暗，吾放無量光明照汝，因緣俱來佛國，同歸化城。悉得解脫。[9]

　　僧伽提出的轉世、化城與地獄，六度等觀念，對未受良好教育的小民卻易懂可行，故其信仰能深入民間。僧伽生前即在江蘇泗州建立普光（照）王寺，唐中宗為度門人慧岸、慧儼、木叉等七僧。該派僧侶後來在浙江沿海的普陀山及福建離島廈門建立觀音道場，應即是僧伽《六度經》海中化城的具體象徵，而李富晚年在莆田白湖建立浮嶼順濟廟及湄洲嶼被選為媽祖道場，應該也是受僧伽化城觀念的影響。

　　媽祖既是龍女，安於觀世音挾祀神之位即可，信徒何必亟需將之推上歷史舞臺？這與宋代政府崇道抑佛政策有關。聖墩通天神女祠創建於元祐元年（1086），為寧海民間私祀，但宋代是一個內亂外患頻仍的朝代，宗教政策上嚴禁非法宗教，對外來宗教也持排斥態度。宋

莆田寧海浮嶼天妃宮

<hr>

[9]　同註7，《大正新修大藏經》，《僧伽和尚欲入涅盤說六度經》。

徽宗崇信道教，在政和元年（1111）時即曾嚴厲查禁非法淫祠，《宋史》〈徽宗本紀〉，云：「政和元年春，壬申，毀京師淫祠一千三十八區。」[10]政和7年（1117）4月庚申，曾諷道籙院上章，冊封自己為教主道君皇帝，其偏執道教於此可見一斑，宣和元年更強迫佛教道教化，《宋史》徽宗本紀，云：「宣和元年（1119）春乙卯，詔：佛改號大覺金僊，餘為僊人、大士，僧為德士，易服飾，稱姓氏，寺為宮，院為觀，改女冠為女道，尼為女德。」[11]

宋人趙彥衛《雲麓漫抄》詳載其事云：

> 宣和元年（1119）佛寺改為宮，僧寺為觀，諸陵佛寺改為陵名明真宮，臣庶墳等改兩字。合掌和尚不審，改作擎拳稽首，佛賜天尊服，改塑菩薩、羅漢作道服冠簪，佛號大覺金仙，文殊封安慧文靜大士，普賢封安樂妙靜大士，泗州大聖封巨濟大士……菩薩稱仙人，羅漢稱無漏，金剛稱力士，僧伽稱修善。[12]

這波道教化運動中，釋迦牟尼佛被改稱大覺金仙，著天尊服；菩薩稱仙人，羅漢稱無漏，著道服冠簪。趙彥衛《雲麓漫抄》並未提及觀音菩薩被改名的事，但被視為觀音化身的泗州大聖僧伽卻被易名「巨濟大士」。

白衣大士的外來信仰與佛教信仰都陷入政府壓迫的困境，白塘李氏自然想尋求信仰的合法化，讓本土信仰的媽祖轉為公開。宣和4年（1122）宋朝派路允迪出使高麗，於福建徵募客舟隨行，李富堂弟李振應募參與其事，旅途中遭遇颶風，桅斷柁折，危急萬分，經向媽祖禱祈始轉危為安。返國後，李振經路允迪向朝廷請求賜匾「順濟」，媽祖信仰自此合法而公開化。丁伯桂〈順濟聖妃廟記〉記其事云：「宣和壬寅（1122），給事路公允迪載書使高麗，中流震風，八舟沈溺，獨公所乘，神降於檣，獲安濟。明年，奏於朝，錫廟額曰順

---

[10] 《宋史》，本紀二十，〈徽宗本紀〉。
[11] 同註9。
[12] 趙彥衛，《雲麓漫抄》，卷十四，欽定四庫全書。

濟。」[13]

媽祖信仰取得合法地位後，金兵南侵，宋政府南遷臨安（杭州），莆田人在李富號召下組義軍協助政府抗敵，有戰績即歸功媽祖庇佑，加上莆田士人科舉入政府任官者眾，政府屢加誥封，成為政府群祀之一。但僧人並未因而離開媽祖信仰，轉而在背後主持宗教法事，並維持此傳統至清朝末年，所以自宋代開始媽祖廟就有僧人住持，臺灣清代創建廟宇也是如此，各廟祀觀音大士於後殿，即為飲水思源，不忘宗教本源的表現。

湄洲的媽祖廟都祀白衣大士（上林宮）

五、奉祀三官——以道教為輔翼

三官殿主祀三官大帝，三尊神像排列：正中為天官一品紫微大帝，祀於天官左側者為地官二品清虛大帝，祀於天官右側者為水官三品洞虛大帝。

周璽在《彰化縣志》對三官，有如下描述：

> 師巫家有所謂天、地、水三官者，其說始於漢末。宋景濂〈跋揭奚斯三官祀〉謂：「漢熹平間，漢中張修為太平道，張魯為五斗米道，其法略同，而魯為尤甚。自其祖陵、父衡、造符書於蜀之雀鳴山，制鬼卒祭酒等號，分頒部眾，有疾者令其自書姓氏，及服罪之意，作三通，其一上之天著山，其一埋之地，其一沉之水，謂之天地水三官。三官之名，實始於此。」，其以正月、七月、十月之望為三元日，則自北魏始。

---

[13] 同註3，丁伯桂廟記。

三官殿

蓋其時尊信道士寇謙之，襲取張氏之說，而配以首月，為之節
候耳。今臺俗不知三官所由來，而家家祀之，且稱為大帝。以
上元為天官誕，則曰：「天官賜福」。以中元為地官誕，則
曰：「地官赦罪」。以下元為水官誕，則曰：「水官解厄」，
謬。相沿，牢不可破。故考其由來，使祀三官者，知三官之所
自始也。[14]

　　這篇文章把東漢張陵一家始創三官，以天、地、水三界之神，
為人治病，屬自然崇拜，至北魏寇謙之將三官與三元日結合，使成節
日，人格化之後成為靈魂崇拜。並提及臺灣人信仰三官情況。
　　《太上洞玄靈寶業報因緣經》謂三官大帝的主要職責，是於三元
日考校人間信徒善惡，給以罪福：

　　　　正月十五日為上元，十天靈官、神仙兵馬與無鞅數眾、上

---

[14] 周璽，《彰化縣志》，卷五〈祀典志〉，祠廟〈三官堂〉。

聖高尊、妙行真人同下人間，考定罪福。七月十五日為中元，九地靈官、神仙兵馬與無鞅數眾、名山洞府神仙兵馬同下人間，校錄罪福。十月十五日，為下元，九江水帝、十二河源溪谷大神、水府靈官同下人間，校定罪福。[15]

　　這大概就是魏寇謙之將三元日與十天靈官、九地靈官、九江水帝結合，由三界眾神同下人間，考訂、校錄、校定信徒罪福的具體記載，是宗教檢查信徒行為的具體流程，像學校訂有期中、末考，來決定學生的學習成績。至元朝，天地水三官被升為三元帝君，職權更被擴大，《太上洞神三元妙本福壽真經》〈開明三景章〉云：「三元帝君，職任宰御、巡歷、考校，凡仙官、真人、天神、地祇、水母、三界萬靈、君臣，人物善惡，悉主隸焉。」凡天上地下、三界十方之萬類人神，皆歸三官大帝管轄。

　　至明代，三元帝君再升格為大帝，《三教源流搜神大全》謂：

　　　　上元，一品九氣天官紫微大帝，即誕生之符，始陽之氣，結成至真，處玄都元陽七寶紫微士宮，總主士宮諸天帝王、士聖、高真、三羅萬象星君。
　　　　中元，二品七氣地官清虛大帝，九土無極世界洞空清虛之宮，總主五岳帝君并二十四治山、九地土皇、四維八極神君。
　　　　下元，三品五氣水官洞陰大帝，洞元風澤之氣、晨浩之精、金靈長樂之宮，總主九江水帝、四瀆神君、十二溪真、三河四海神君。每至三元日，三官考籍大千世界之內，十方國土之中，上至諸天神仙升臨之籍、星宿照臨國土分野之簿，中至人品考限之期，下至魚龍變化、飛走萬類、養動生化之期，并俟三官集聖之日，錄奏分別。[16]

　　道教將三官大帝職權無限擴大，已經不再僅僅考校核定信徒功過，而是開天闢地無所不管的宇宙神。

---

[15]　《正統道藏》《太上洞玄靈寶業報因緣經》卷四，奉戒品第六。
[16]　葉德輝校本，《三教源流搜神大全》，卷一，三元大帝。

三官大帝的道教色彩濃厚，朝天宮雖自創建即有僧侶住持，但仍對道教有所尊重，並且在民國元年建築落成後，主事者延請道教高功法師主持建醮大法會，這也顯示顯對宗教的融合。

六、五文昌夫子傳承儒學

北港朝天宮原無五文昌夫子殿，是在民國元年重建時新增，其神則另有來源。據《雲林縣采訪冊》，清道光19年，北港貢生蔡慶宗捐資於街西北建文昌廟，堂宇二進，東西兩廊，奉祀文昌帝君以為會文講課之所。並立一社，曰「聚奎」，為諸生會文之所。

文昌廟主神為文昌帝君，即文昌宮，《史記・天官書》云：「斗為帝車，臨制中央，分陰陽、建四時、均五行、移節度、定諸紀，皆繫於斗。斗魁戴匡六星，曰文昌宮：一曰上將，二曰次將，三曰貴相，四曰司命，五曰司中，六曰司祿，在斗魁中，貴人之牢。」[17]原來文昌宮是北斗七星的斗魁，率領其他六星。漢司馬貞解釋六星職責，謂：「上將建威武，次將正左右，貴相理文緒，司祿賞功、進士，司命主災咎，司中主理也。」[18]文昌宮既能主宰人間的一切，所以古代官方祭文昌祠，也比照祭天、祭地的規格，用太牢之儀。

文昌宮地位如此高，為何還要祭五文昌夫子？按福建為南宋朱熹講學之地，朱熹集宋代理學大成，清康熙朝臺灣即建有朱子祠，合祀宋代理學家濂（周敦頤，濂溪）、洛（程顥、程頤，洛陽）、關（張載，關中）、閩（朱熹）四派五大學者。雍正年間，呂留良謀逆案發生，雍正以其思想來自朱子學民族大義，乃下令各地書院不得講述義理詞章，改以音韻考據為旨，書院改稱正音書院。學風雖變，但北港街建文昌廟，雖以文昌為主神，但以：梓潼、關帝、魁星、朱衣、呂祖為五文昌夫子，兩旁室子則延師設塾，教育生童。

日本據臺以後，在北港設立國語（日語）傳習所（後改為公學校），招收臺籍學生入學。但北港學子仍舊習往聚奎閣就師學漢文，不願前往傳習所學日文。日人因而決定廢文昌祠，聘前清貢生蔡然標

---

[17] 《史記》，卷二七，天官書。
[18] 《史記》，卷二七，天官書，司馬貞索引。

文昌帝君　　　關聖帝君　　　朱衣　　　　孚佑帝君　　　魁星

等先生於傳習所任教，聚奎社諸首事乃將廟產贈予朝天宮。後蔡然標主導朝天宮重建，新闢五文昌殿奉祀文昌帝君及五文昌夫子。

　　朝天宮五文昌殿，共有五幅對聯，可以看出主事者維護儒學名教的意圖，正門入口聯語曰：「聚士氣扶名教，奎朗文光射斗牛」，龍邊聯語曰：「聚合群英崇聖道，奎輝五宿啟儒宗」。[19]前二幅聯語將聚士氣、崇聖道、輝五宿、啟儒宗的宗旨寫得非常清礎。其他各聯如虎邊聯語曰：「聚步青雲瞻玉闕，奎含紫氣耀蠻宮」，神龕聯語：「聚集文峰談進士，奎輝甲第絢長恩」，石柱聯語：「璧合奎聯輝帝座，蛟騰鳳起煥人文」則均在勉學子向學考取功名，都是以傳統舉業為追求目標。

七、聖父母殿──弘揚孝道

　　聖父母殿位於朝天宮後殿中室，主祀：媽祖林默父母積慶衍澤林公暨夫人王氏神位及兄、姊之神牌。宋代文獻都只謂媽祖莆田林氏女而不言其出身，應是先賢認為聖人降生，裨益社會民生，應為天縱英才，不單單只是一家、一姓之慶，故不會特別強調其父母、家人名諱，致千年之後，媽祖身世還有許多不同說法。但因媽祖護國功績卓著，宋朝時朝廷即開誥封媽祖父母先例。《天妃顯聖錄》宋寧宗慶元6年（1200），朝廷以神妃護國庇民大功，追封一家。封父為積慶侯，尋改威靈侯，後又加封為靈感嘉祐侯。母王氏，封顯慶夫人，兄

---

[19] 該三則對聯現存五文昌殿正門及二側門。

封靈應仙官，神姐封為慈惠夫人。元朝，曾二度誥封，又遣官分祭沿海各省天妃宮，同時賜其家屬寶貨，但也未能查明林默家族確出林姓何族。清嘉慶11年（1806），朝廷追封神父為積慶公，神母王氏為積慶夫人，兄為靈應仙官，姐為慈惠夫人，也只是以封號雕造神位。

　　嘉慶11年（1806），朝廷追封神父母兄姐，朝天宮於咸豐8年（1858）改建時，遂於後殿增置聖父母殿（後殿中室），以宣揚人倫孝道，主祀媽祖林默父母及兄姐之神牌。媽祖父母神牌置於神龕正中，神牌上以楷書浮雕：「積慶衍澤林公暨夫人王氏神位」等字。神龕右側為媽祖兄神牌，上書：「靈應仙官聖兄林公神位」。神龕左側為媽祖姐神牌，上書：「慈惠夫人聖姊林氏神位」。此為臺灣媽祖廟奉祀聖父母之首例，旨在宣揚媽祖及觀音教孝之意，讓信徒見賢思齊。

八、結語

　　朝天宮創建於清康熙39年，是臺南以北最早創建的媽祖廟宇，經過雍正、乾隆、嘉慶、咸豐、及大正元年的增、擴建，已成為臺灣地區非常具有代表性的廟宇，其建築空間的布局都考慮到空間的運用，全部建築群以一橢圓形石牆包圍，中央及左右兩側各置二門進出，石牆內則為九包五，前後五進的完整建築，殿與殿間有迴廊走道相通，各殿祀神都經過縝密思考設計，其格局為全臺首見。

　　朝天宮正殿奉祀廟宇開基主神媽祖，因為媽祖同時是清朝政府官方的法定祀神，在舉行祭典及遶境時，都遵循官方規則，也配合政府的誥封新增聖父母兄姐為祀神，充分表現對王權的尊重。第二進中間奉祀觀音，因史籍謂媽祖是觀音的侍神龍女，或謂媽祖是因母親王氏夜夢服食觀音所賜丸藥而生，經考證媽祖信仰的上游神為白衣大士，北港朝天宮媽祖由臨濟宗僧侶引入，且住持香火，所以祀觀音於後主殿，以示不忘本源。第二進龍邊奉祀三官大帝，三官是大自然天、地、水三界的主宰，也是玉皇上帝之下掌管三界的重要神靈，奉祀三官是對本土宗教道教的認同。第二進虎邊，殿雖以五文昌夫子為名，但奉祀文昌帝君為主神，兼祀五文昌夫子，以宏揚儒家名教為宗旨，兼鼓勵讀書人參加科考，進入政府體系任職。朝天宮為因應清朝誥封

媽祖父母兄姐而增建第三進，中殿奉祀聖父母及兄姐神牌，一側為開山廳，奉祀歷代僧侶蓮座。另兩側室仔，分祀註生娘、笨港境主公[20]及土地公。

總而言之，朝天宮的祀神布置，反映民國元年重建主事者的思想，祀媽祖與觀音，不忘本源，祭儀尊重政府主權，以取得政府信任，在信仰中也鼓勵士人宏揚儒學與名教，對中國本土宗教道教也予以尊重納為祀神，祀聖父母兄姐以教孝、教悌，把政治、宗教、傳統文化作完美整合。

---

[20] 明清二代，從中央的京都到地方的縣都置有城隍廟，為群祀。雍正年間清朝在北港置縣承，稽核人民出入，其對應神城隍廟較縣低一級，稱為境主公。

第十一章 臺灣地區流傳的 天上聖母經典

一、前言

　　所謂經典，一般是指論述常道，為一宗一派思想行為的根源，如儒家的十三經、佛教的大藏經、道教的道藏、回教的可蘭經、基督教的聖經，其重要性不言可喻。祠廟制度是中國儒家思想的產物，一般廟宇創建，需以當事人生前事蹟合乎《禮記・祭法》：「法施於民；以勞定國；以死勤事；能禦大災；能捍大患」[1]的原則。在此原則下，廟宇是中性的，道德教化的成分超越宗教的成分，並無所謂經典的存在，直到清末，始有各種以神明為主的經典產生。

　　天上聖母或媽祖，都是臺灣民間對林默娘的稱呼，天上聖母指的是神界最完美崇高的母神，是民間對神最尊敬的稱呼；媽祖是指像祖母般慈祥的尊親長，是民間對神最親暱的稱呼；由這二個稱呼，恰可顯現民間對媽祖的敬與愛。

　　林默娘的真實家世與生卒年月，因年代久遠，已不易考證，大致說是五代末、北宋前期，福建莆田地區人，懂得民間醫療法及宗教科儀，生前救人造福地方甚多，死後被民間建祠崇祀，但初期仍屬叢祠，非官方祀典。

　　宋代，因累年動盪，朝野亟望天下太平，對宗教寄望甚深，「自開皇寶祐以來，凡天下名在地志，功及生民，宮、觀、陵、名山、大川，能興雲雨者，並加崇祀，州縣嶽、瀆、城隍、仙、佛、山神、龍神、水、泉、江、河之神，及諸小祠，由禱祈感應，封賜之多，不能盡錄。」[2]因此使得祠祀漸趨多元而活潑，媽祖林默娘之由人而成神，即在宗教氣氛瀰漫的北宋時代形成的。

---

[1] 見鄭玄注，《禮記注疏》，卷四六，〈祭法〉二三。
[2] 見《宋史》，卷一〇五，〈禮〉八，〈諸祠廟〉。

媽祖在北宋徽宗宣和5年（1123）以保護給事中路允迪出使高麗，由政府賜予「順濟」廟額，讓媽祖成為合法祠祀，至南宋高宗紹興26年（1156），以政府郊祭典禮，媽祖受封為「靈惠夫人」，此後開始不斷顯現赫赫威靈，護國庇民，歷代政府給予襃封45次之多，為各種神祇中所罕見。[3]

至明朝永樂7年（1409），成祖以媽祖庇護鄭和出使西洋，加封為「護國庇民妙靈昭應弘仁普濟天妃」，永樂14年（1416）道教人士為編撰《太上老君說天妃救苦靈驗經》。[4]經文含：〈志心歸命禮〉、〈啟請咒〉、〈奉禮咒〉、〈天妃救苦靈符〉等四部分，全文約有2,500字，內容描述：太上老君在無極境界觀見海洋水澤，各種精怪翻覆船隻，損人性命，乃命「妙行玉女」降生人間，救渡生民；功果圓滿後，老君乃敕封為天妃；天妃受封畢，即宣說十五誓，誓言護國救民，以達太平之境。天妃宣誓畢，老君復賜予冠服、劍、印、車、輦、部衛、隨從，及無邊法力，百姓只須信受奉行，即可遂意稱心。

這篇經文，是道教將「天妃媽祖」納入道教信仰體系，並賦予靈力的重要文獻，對道教及媽祖信仰的發展，皆有其象徵性與重要意義，但這分經典在民間並未廣泛流傳。

清朝末年，因社會動盪及西方宗教在中國傳教的刺激，促使民間對固有信仰作進一步的思考，逐漸興起扶乩請神降鸞訓示，並將乩詞編印成書，以「經」為名，向外傳授的風氣；臺灣民間受此風氣影響，自光緒年以後，也有此類經典被創造出來。本文介紹的幾種經典，都與此有關；經典創作的年代，涵蓋清末、日據及民國三個時代，恰可反映出臺灣民間對媽祖信仰功能性的需求與演進。

二、賴玄海編撰《湄洲慈濟經》

《湄洲慈濟經》是臺灣地區流傳的第一本有關媽祖的經典，依書

3　見蔡相煇，〈以媽祖信仰為例論政府與民間信仰的關係〉，漢學研究中心編，《民間信仰與中國文化國際研討會論文集》，民國83年4月，頁437-454。

4　見張國祥校梓，《正統道藏》，《太上老君說天妃救苦靈驗經》明正統十年刊，萬曆35年續藏，民國51年，臺北，藝文印書館影印發行。

背版權頁所載，本書基本資料如下：

　　拜述者：東瀛‧賴玄海

　　敬梓者：福省‧楊福元、賴添壽、張祿綿

　　刊印年代：清光緒18年（1893，壬辰）元旦

　　全書結構分成三部分，其內容分別如下：

　　（一）祝香咒

　　心清兮神靜‧神靜兮心靈‧心靈來祝香‧香煙上天庭。

　　（二）天上聖母寶誥：志心歸命禮

　　護國庇民‧弘仁普濟‧天上聖母‧代天宣化‧誠感咸孚‧陰陽不測‧惟神克盡燮理之道‧海疆永定‧在國尤資普濟之功‧其生也從觀音化身‧立坤道之極則‧靈慧隱顯‧鬼神咸服‧書符治病‧機上救親‧舫海尋兄‧神來護迎‧擲草駕舟‧憫莆大旱‧神蹟顯存‧菜嶼長青‧閩浙雨患‧禱告而遙去蚖龍‧吉蓼風災‧演法乃逃二字‧千里眼‧順風耳‧海神晏公‧皈依大道‧高里鄉收髮鬼‧皈為臺下服役‧荒丘中‧波浪中‧攝魄迷魂‧名曰嘉應嘉佑‧去邪歸正‧並收之‧列水闕仙班‧共有十八位‧隨處護法‧生前之靈異‧天后志歷歷可稽‧迄今禦災捍患‧英靈顯赫‧亙古無有‧誠哉坤儀大聖‧大慈大悲‧救苦救難‧天上聖母。

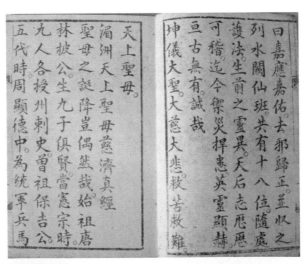

湄洲慈濟經

（三）湄洲天上聖母慈濟真經

聖母之降誕豈偶然哉‧始祖唐林披公‧生九子俱賢‧當憲宗時‧九人各授州刺史。曾祖保吉公‧五代時‧周顯德中‧為統軍兵馬使‧棄官歸隱於興化府莆之賢良港。祖孚公‧承襲世勳‧為福建總管。孚子惟慤公‧為都巡官‧即聖母父也‧娶王氏‧生男一‧名洪毅公‧女六‧聖母其第六乳也。父母二人‧廣行陰騭‧樂善不倦‧敬祀觀音大士‧父年四十旬餘‧每念一子單弱‧朝夕焚香祝天‧願得哲嗣為宗支慶。歲已未夏六月望日‧齋戒慶讚大士‧當空禱拜‧夜夢大士告之曰‧汝家世敦善行‧上帝式佑‧乃出丸藥示之曰‧服此當得慈濟之貺‧遂娠。

宋太祖建隆元年‧庚申三月二十三日方夕‧見一道紅光‧從西北射室中‧晶輝奪目‧異香氤氳不散‧俄而聖母降生焉‧至彌月不聞啼聲‧因名曰默。甫八歲‧從師讀書‧悉解文義‧十歲餘‧喜淨几焚香‧誦經禮佛。十三歲時‧有老道士玄通者‧來其家‧聖母樂捨之‧道士曰‧若具佛性‧應得入正果‧乃授聖母玄微秘法。十六歲窺井‧見神人捧銅符一雙‧擁井而上‧有仙官一班迎護狀‧聖母受符‧遂通靈變化‧驅邪救世。

秋九月‧父與兄渡海北上‧時西風正急‧聖母方織‧忽於機上閉睫‧顏色頓變‧手持梭‧足踏機軸。母怪‧急呼之醒而梭墜‧泣曰‧阿父無恙‧兄沒矣。頃而報至果然‧彼時父於怒濤中‧倉皇失措‧幾溺者屢‧隱似有住其舵‧與其兄舟相近‧無何其兄之舵摧舟覆‧蓋聖母當閉睫時‧足踏者父之舟‧手持者兄舵也。聖母因兄溺水‧同母嫂渡海尋屍‧見神護迎‧突然水色澄清‧兄屍已浮水面‧此後凡遇聖母誕晨‧半夜即有大魚成群‧環列於湄嶼之前‧若拜舞狀‧黎明始散‧他日無之‧是日漁者不敢下網。

嶼之西‧有鄉曰門夾‧當港口出入之衝‧商舟遭風‧衝礁浸水‧舟人哀號求救‧聖母乃擲草數根‧化成大杉‧排駕至前‧舟因大木相附得不沉。湄洲有小嶼‧在旁流中‧聖母遊至其地‧適得菜子‧聊散於地上‧遂抽芽解甲‧青黃布滿山塍‧四時不絕‧名曰菜子嶼‧鄉人採之‧為仙葩神卉。

聖母年二十一‧莆大旱‧縣尹詣聖母求禱‧聖母因祈焉‧未幾平

地水深三尺‧西成反獲有秋‧眾賽社日‧咸懽呼頂禮‧稱神姑功德‧聖母年二十三‧西北方有二神‧一號順風耳‧一號千里眼‧出沒為祟‧聖母手中絲帕一拂‧二神持斧擲下不起‧遂依法皈為左右二將。

　　時有負海晏公或變為神‧或變為龍‧伏法為部下總管‧統領水闕仙班‧護民危厄。

　　歲疫氣流行‧莆縣尹閤署病篤‧吏告以海濱神姑法力廣大‧能起死回生‧救災恤難。尹齋戒親詣請救‧聖母曰‧此係天數‧何敢妄干。尹哀懇曰‧人民生死懸於神姑‧幸憫而救之。聖母念其素稱仁慈‧代為懺悔‧取菖蒲九節‧並書符咒‧令貼病者門首‧煎飲之‧病者立瘥。尹喜再生之賜‧舉家造門拜謝‧自此神姑名徹寰宇矣。

　　高里鄉突有陰怪‧含沙侵染百病‧村人共詣神姑求治。聖母取符咒‧令貼病者床頭‧聞屋瓦響處‧一物如鳥‧拚飛而去‧追擒之‧變一撮枯髮‧舉火焚之‧突現本相‧兀兀一小鬼‧叩拜曰‧願皈臺下服役‧收之。

　　聖母年二十六時‧正月霪雨至夏不止‧閩浙盡罹其災‧有司奏聞‧眾乃詣神姑解救。聖母曰‧皇天降災‧皆由人間積惡所致‧今天子殷殷為民請命‧吾當祈請赦佑。乃焚香焚符‧當空禱告。少頃‧忽轉一陣大風‧濃雲解散‧眾見雲間有虯龍逍遙而去‧遂大霽‧是歲大熟。有司覆奏神姑之功‧奉旨致幣褒獎。吉蓼城西‧有石橋跨海‧當周道往來之津‧一日忽怪風掃地‧橋柱盡折‧咸驚風伯為災‧聖母往觀焉‧遙望一道黑氣‧知二字為祟‧因演出靈變‧俾其遠遁‧戒鄉人晦明風雨毋犯之。

　　時有二神‧名曰嘉應嘉佑‧或於荒丘中‧攝魄迷魂‧或於巨浪中沉舟破艇。聖母化一貨舟‧拍浮而遊‧嘉佑乘潮而前‧聖母以咒壓之‧遂懼而伏。聖母又從山路獨行‧嘉應將犯之‧聖母持麈一拂‧彼遂幻變退避。歲餘復出為祟‧聖母令人各焚香齋戒‧奉符咒‧自乘小艇遨遊於煙波之中。嘉應見之‧即衝潮登舟‧坐於桅前‧不覺舟駛到岸‧聖母佇立船頭‧遂悔罪請宥‧並收之‧列水闕仙班‧共有十八位。凡舟人值危厄時‧披髮虔請求救‧悉得其默佑。

　　宋太祖雍熙四年丁亥‧聖母年二十九‧秋九月八日‧聖母語家人曰‧心好清淨‧塵寰所不樂居‧明辰乃重陽日‧適有登高之願‧預

告別期。眾咸以為登臨遠眺，不知其將仙也。次晨焚香演經，謂諸姊曰，今欲登山遠遊，以暢素懷，道阻且長，諸姊不得同行，傷如之何。諸人笑謂之曰，遊則遊耳，此何足多慮。聖母遂渡海徑上湄峰最高處，但見濃雲橫岫，白氣互天，恍聞空中絲管聲，白日飛昇，嗣後屢呈靈異，里人敬之，立祠祀焉，號曰通賢靈女，至今威靈顯赫護國救民。

在宋始封福利夫人，進封顯濟妃，父封靈威嘉佑侯，母封顯慶夫人，兄封靈應仙官，姊封慈惠夫人佐神。元封護國輔聖，庇民顯佑，廣濟靈惑，助順福惠，徽烈明著天妃。明封昭孝純正，孚濟感應聖妃，加封護國庇民，妙靈昭應，弘仁普濟天妃，清封護國庇民，妙靈昭應，弘仁普濟，福佑群生，誠感咸孚天后，進封天上聖母。

自宋迄今，奉天巡察人間善惡，凡有所祈，如響斯應。或航海扶危，或救旱降雨，或化身以度劫，或飛鸞以救世。有時而治病，有時而驅瘟，有時而消痲痘，有時而救產難，有時而護閨房，有時而示夢以濟困，有時而收妖以滅怪，有時而護國以禦強寇。於水制伏蛟龍，於地化救鼠疫，最悲者烈女節婦，最憐者衰老幼子。知過必改，刀兵不相侵，水火能解脫，帶疾之人心勉誦，急難之人向天求，此經治萬危，挽回惡煞之道也。凡人著驚，散魂失魄，誦念此經，令將神護回焉可。

千里眼，順風耳，查察善惡，晏公統領水闕仙班，檢點功過，福之禍之，善惡之因也。貞女可嘉，後必歸神，義士守志，脫凡成真，孝是富貴根，德是子壽源。木無根縱榮豈能久，水無源雖滿立見涸，日月有時而盈，亦有時而昃，天之道如是也，氣數有時而剝，亦有時而復，地之道如是也，人本天地以生，時也命也運也，亦豈不如是乎。

善德之人，立功以俟命，是謂達乎天，達乎地，以成一世之達人也，天運轉，地應之，人亦成之，理數之乘除，難免劫運之轉移，世界奢奢，滅惡度善之理寓焉。惡者不容其在世，善者不忍其遭苦，生也死也，可驚亦可喜也。數盡而歸，天道輪迴，所以別善惡也，人悲之，天更憐之，成神者有之，轉世者有之，陰司了一案，陽間多一亂，陽間行一逆，陰司多一犯，陽不見陰，陰不見陽，無怪世人茫茫然昧昧然也。

古今治亂，豈曰無因，一世興衰，前業現憑，福中禍，禍中福。

陰騭之轉移也‧前業帶來‧功未滿‧有翼亦難飛‧有足亦難走‧世人知之否。恩也怨也‧世世投生‧報復難了也‧善心格天‧神祇上奏‧尚其勉旃。

此經傳下界‧闡出陰陽理‧人能虔心誦‧皇天必佑汝‧一人誦此經‧其身可平安‧人人誦此經‧人人得安全‧誦經一遍准一功‧持誦千遍保壽元‧赦除前業身脫苦‧赦除世厄免後冤‧富貴功名憑祖德‧子孫福祿憑陰騭。若為父母念‧孝行感動天‧若行亡化念‧超生赦罪愆‧陰功如浩大‧快樂得成仙。

印施十本功一百‧印施百本功滿千‧善功完滿憑德求‧賜下財星衣食優‧衣食優時行善果‧文昌註祿家能保。將相本無種‧男兒當自強‧心奸是下品‧行義世世昌。或是聖賢功完滿‧或是節孝前業消‧或是男女冤結盡‧或是恩怨報已饒‧天堂催請去‧一夢上金橋‧不以壽為樂‧不以天為憂‧人緣功已了‧仙緣會玉樓。

更有謫仙來降凡‧萬苦千磨立志修‧此是星辰逢運轉‧借身度世善功留‧留下人倫作世法‧留下道學後世傳‧不以功業累罪名‧不以富貴誤善緣‧三教神佛皆如此‧玉皇苦修今在天‧今在天。看爾世人入選仙‧聖母前身亦如此‧今亦登堂聽經篇‧聽得經篇善在前‧山川毓秀出聖賢‧世人能學此‧何必演劇聽歌舞‧謝神賽愿來謝此‧聲聲金玉超萬古‧天官賜福神人樂‧四時花開別有天‧金馬玉堂天上客‧仙家佛國心地連‧聖母仙塵塵災掃‧度向人間立志堅。

參考資料：《敕封天后志》

內容評估：

本文作者賴玄海，為臺灣人，其生前事蹟不詳，本文雖以「經」為名，然所述媽祖史事，皆不出《天后志》或《昭應錄》等書之範疇，揣摸作者本意，似不在學術之研究，而是想將民間信仰與社會教化融為一體，所以書中在如何做人處事之道上著墨特別多，這本書可視為清季臺灣士人企圖以神道教化百姓的一個例子，也是臺灣善書刊行的先河。

流傳情形：

本書雖由臺人編著，但卻在福建印行，且印行不久，即發生中日甲午戰爭，次年臺灣割讓日本，社會動盪，致本書流傳不廣。

三、李開章編撰《天上聖母經》

　　《天上聖母經》是臺灣地區流傳較廣的一本有關媽祖的經典，依書背版權頁所載，本書基本資料如下：

　　著作者：臺灣新竹州苗栗郡銅鑼庄・李開章

　　印刷者：同庄・斐成堂活版部

　　刊印日期：日本大正10年（1921）1月15日

　　全書結構：

　　（一）序

　　唐代臨濟宗系，傳南嶽法者，道一禪師，姓馬名祖，當代既得法成道矣。邢州淨土寺，萬松行秀禪師曰：宋代聖母，唐代之馬祖降生；唐代之馬祖，即宋代聖母之前身也，所以世人稱聖母，名曰馬祖，如此由也。近今俗寫馬字，左傍添一女字，此媽字，康熙字典，莫補切，音姥，俗讀若馬平聲，稱母曰媽；又俗曰：媽祖是祖母二字，祖母即婆字，敬稱馬祖婆是也。

　　此經，吾先祖向邢州淨土寺傳來，天保辛卯貳年，吾先祖攜帶此經渡臺，至今秘藏九十年間，從來世人尊敬聖母，謹知其靈驗，不知其道德功能，今吾不敢再秘，叨蒙內務省，著作權登錄，嚴禁轉載，印刷發行之後，使世人皆知聖母道德功能，亦可為後世希賢希聖者之模範。

　　吾願仁人君子，朝夕虔誠焚香代念誦，靈驗最速，所求如意，不可思議功德，豈啻消災降福已哉。

　　大正庚申歲次，時於仲秋。斐成堂編輯部內李開章序。

　　（二）凡例：（四則，略）

　　（三）誦經法：（略）

　　（四）焚香咒：（略）

　　（五）寶誥（志心歸命禮，略）

　　（六）《天上聖母經》內文：

　　憶宋代・建隆時・興國兆・可先知・禎祥現・見蓍龜・聖人出・亦可知・現麟瑞・生孔子・產聖母・寶光輝・追古代・想今茲・文聖

人‧有孔子‧武聖人‧有關羽‧女聖人‧默娘兒‧林家女‧湄洲居‧父母善‧祖先慈‧積善家‧慶有餘‧生聖母‧出凡姿‧生彌月‧不聞啼‧名默娘‧眾稱異。

幼讀書‧萬事知‧能作文‧能作詩‧孝父母‧守倫規‧傳聖道‧遇真師‧受真訣‧指靈機‧三教書‧共一理‧上論篇‧一貫之。華嚴經‧守三昧‧道德經‧藏妙義‧參同契‧黃庭經‧為憑據‧如來藏‧極樂地‧回斗柄‧轉生機‧玄關竅‧當寶貝‧無縫塔‧取神氣‧偃月爐‧真火炊‧硃砂鼎‧烹靈芝‧存心法‧窮性理‧盡性後‧立命基‧三寶足‧一氣歸‧四大假‧還大虛‧六四卦‧結靈體‧得此法‧上天梯‧出陽神‧亦頗奇。

救世法‧出鄉里‧海陸難‧我扶持‧能驅蛟‧能喚雨‧常救急‧常扶危‧降魔法‧振神威‧收二將‧在北西‧二將名‧是何誰‧千里眼‧順風耳‧輔聖母‧多救濟‧民同胞‧物同與‧湄港魚‧禁網圍‧恩澤大‧物皆知‧祝壽誕‧物知禮‧魚聚會‧參拜儀‧功滿足‧行成期‧通賢女‧人稱奇。

廿九歲‧丹熟時‧純陽體‧法身飛‧早成道‧似顏子‧上帝詔‧不敢違‧登湄峰‧到瑤池‧金童迎‧玉女隨‧見王母‧蟠桃會‧登金闕‧拜玉帝‧玉帝封‧天后位‧人爵榮‧天爵貴。至宣和‧賜厚惠‧立廟宇‧號順濟‧人欽仰‧恭奉祀。至清帝‧有康熙‧娘南征‧艦近湄‧遇暴風‧艦隊危‧娘祈禱‧我扶持‧助戰勝‧凱旋歸。娘奏上‧帝歡喜‧御筆寫‧作敕語‧稱忠孝‧稱仁慈‧封聖母‧在此時。

想光陰‧似走駒‧勸婦女‧並男兒‧欲學我‧勿延遲‧肯回頭‧到岸堤‧聖母經‧勤讀之‧口而誦‧心而維‧始終一‧志莫移‧聖仙佛‧任君為‧遵吾教‧聽吾辭‧一等人‧忠烈士‧曰成仁‧曰取義‧天日星‧河嶽地‧人浩然‧三才氣。

忠烈人‧流芳史。背涅痕‧宋岳飛‧文天祥‧衣帶詞‧吞逆賊‧巡嚼齒‧留嵇血‧勿洗衣‧頭可斷‧將軍志‧罵斷舌‧顏烈氣‧吞胡羯‧擊揖誓‧笏擊賊‧頭破碎‧出師表‧蘇牧羝‧莊公簡‧董狐史‧正氣歌‧敏裙詩‧又血詩‧絕命詞‧躬盡瘁‧不畏死‧擎天柱‧立地維‧鬼神敬‧綱常持‧凜烈氣‧萬古垂。

求忠臣‧宜孝子‧克孝人‧可枚舉‧追歷山‧冰求鯉‧蚊飽血‧

嘗糞奇・搤虎救・痛嚙指・賣身葬・滌溺器・乳姑勤・泉躍鯉・器生
筍・金賜巨・葡萄奉・瓜果隨・七年粟・掘西籬・取生魚・截竹遺・
遠望雲・近綵戲・先嘗藥・遠負米・泣杖悲・受箠喜・扇枕勤・容烹
雞・棄官尋・刻木事・遺綠橘・順單衣・鹿乳奉・拾椹事・行傭供・
聞雷淚・分羮賢・問膳帝。

　　古聖賢・皆孝子・尊天經・立地義・成毅德・全秉彝・講孝道・
說廉士・握雪心・懷冰志・鶴俸清・魚飧似・懷清潔・隆勉子・漢楊
震・畏四知・范宣堅・百絹辭・慎懷廉・傳三世・飲投錢・項潔己・
宋大守・越石窺・不義財・稷母棄・廉財色・武美譽・大清廉・獨伯
夷・世俗人・爭求利・不貪婪・古今稀・廉美德・當效之。

　　廉說盡・講節義・勸婦女・宜先知・三從訓・四德備・夫君在・
宜順義・夫沒後・守節志・古烈女・說汝知・曹令女・節毀耳・廖伯
妻・潔斷指・梁寡婦・烈割鼻・范慎女・亦如是・趙高妻・塗面穢・
韓玖英・同此輩・相登妻・截髮誓・玄齡妻・剔目示・秋胡妻・卻金
戲・貞義者・刎頸斃・卻寶帶・全忠義・縈上書・救父計・盧孝婦・
冒刃衛・陳孝婦・竭力事・不嫌疾・由夙締・剪皮金・香字示・封夫
人・投井逝・徐飲血・李斷臂・粉書扇・歎息意・鳥鵲篇・傷心句・
黃鵠歌・陶嬰義・號禮宗・不再配・號貞姜・約不違・束髮封・賈直
妻・墜崖卒・陳仲妻・願守墓・楚貞姬・蓆草業・營生資・懷清臺・
巴婦居・清風嶺・貞婦祠・望夫石・古蹟遺・成竹斑・崩城悲・詠柏
舟・節誓辭・託井水・志無移・磨笄山・孤燕詩・烈女篇・事不虛。

　　今婦女・能效之・稱菩薩・稱賢儒・我同伴・到華胥・上帝封・
號仙妃・忠孝廉・並節義・諸先哲・為人師・聖仙佛・從此為。

　　善惡篇・亦須知・天眼昭・日月輝・三臺星・北斗魁・頭上列・
不遠離・有灶神・有三尸・別善惡・錄是非・奏天曹・褒貶施・善者
昌・惡者危・報應法・如影隨・來祈禱・多敬禮・我命將・暗察窺・
千里眼・順風耳・速查報・詳悉歸・為善事・我歡喜・為惡事・難保
汝・或現報・或延遲・十八獄・放誰過・勸諸君・勤學之・陰騭文・
指南機・感應篇・正法規・講善事・說仁理・兩寶典・必讀之。

　　萬惡孽・首淫癡・百善行・孝先為・速修善・改前非・福可得・
禍可移・降禎祥・生好兒・家昌盛・神助爾。

聖母經・最靈威・救眾生・發慈悲・逢颶母・舟船危・念此經・風自微・多疾病・身體虛・念此經・易療醫・瘟疫盛・傳染時・念此經・疫自離・末劫年・多危機・念此經・保安居・久旱魃・禾枯死・念此經・降大雨・婦人孕・難產時・念此經・易生兒・妖魔祟・人被迷・念此經・祟走移・洪水害・暴風雨・念此經・風雨止・拜北斗・延命期・念此經・壽期頤・人無子・來求嗣・念此經・產賢兒・命運凶・多是非・念此經・訟獄離・諸地獄・血污池・念此經・天堂居・超九祖・度魔魅・念此經・出輪迴・消災害・保鄉里・念此經・福自歸・功德大・難思議・靈驗多・難盡辭・佈甘露・施法雨・真言篇・同誦之・至乾隆・淨土寺・大禪師・諸賢士・乩筆術・諸法備・顯聖蹟・揚名譽・遺一經・傳萬世。

（七）天上聖母成道真言：（天恩章、地德章、成聖章、體道章，皆略）

（八）真言論（略）

（九）禮儀（略）

（十）天上聖母略史（略）

（十一）字韻（略）

（十二）施本芳名表（略）

（十三）版權頁（略）

參考資料：《三字經》、《正氣歌》、《二十四孝》、《列女傳》

內容評估：

本書作者署名李開章，為臺灣苗栗人，其生前事蹟不詳。但書中〈序〉卻標明本書為扶乩時媽祖英靈降臨所造之書。又提出：媽祖為唐代臨濟宗系，傳南嶽法，姓馬名祖的道一禪師之說法。將乩文以「三字經」之格式展現，帶有濃厚儒家色彩。

此篇序文，人、事、時、地，樣樣俱全，乍看似為可信，但經加查證，卻也有疑點。據《景德傳燈錄》的記載，道一禪師為唐代漢州人，俗姓馬，故稱「馬祖」，住南康龔公山；與序文所說：「馬祖道一姓馬名祖」顯為不符。

又據《新續高僧傳》，萬松行秀為宋代高僧，通孔老百家之學，著有《祖燈錄》、《鳴道集》、《辨宗說》等書。媽祖林默娘雖然是

宋代人，但在宋代尚未成為國家祀典，「聖母」稱呼，也是清代中葉才產生；序文引述行秀所說：「宋代聖母，唐代之馬祖降生」一語，真偽也有問題。

「邢州」則為隋代行政區名稱，宋代改為河北省邢臺縣，至清代改稱順德府，是一個古代的地名，當時已不通用。「天保」為日本仁孝天皇年號，天保2年為清道光11年（1831），距本書出版恰90年。

序文雖有許多不通之處，但從其行文，卻也可發現李開章對佛教史有相當涉獵，並曾受過漢文及日本教育；而其印書動機，則在藉神道推廣道德教育，兼為臺灣的媽祖信仰創造信仰的理論基礎。

流傳情形：

本書距賴玄海編著《湄洲慈濟經》已28年，雖是臺灣人編著的第二本媽祖經，但卻是在臺灣印行的第一本媽祖經，且印行之時代，臺灣善書逐漸廣泛流傳，復以本書內容兼容儒釋道三教，故事民間耳熟能詳，文字以三字一組的《三字經》型態撰寫，諷誦容易，本書因而流傳較廣，在民國41年嘉義縣朴子鎮配天宮將李開章姓名刪去，更易部分〈天上聖母正傳〉內容，增加〈朴子配天宮重修誌〉，仍以《天上聖母經》為名，鉛印加以流傳。

民國6、70年代，嘉義縣大林鎮天后宮，也取李開章《天上聖母經》經文正文部分，於文前加上鸞堂開壇的各種咒文，文後加上〈天上聖母經解說〉，且為便於諷誦時翻閱，以活頁鉛印，仍以《天上聖母經》為書名向外流傳。

同一時期，新竹市天佛宮也取李開章《天上聖母經》經文加以改編，文前加上鸞堂開壇的各種咒文外，新增許多誦經能帶給誦經者的各種保佑；較特殊者為經文為三字一句，但在中段卻加上消災詞句47句，經文之末，則無解說，印刷型式也以活頁印刷，書名則稱為《天上聖母真經》。

民國84年，臺北市士林慈誠宮管理委員會主任委員林臻昌也編印了一冊《天上聖母寶經詮釋》，其經文仍取自李開章的《天上聖母經》，由林氏將經文逐句加以註解，書前並加上〈聖母歷代的褒封一覽〉，鉛印5000千本發行。

根據上述各書流傳情形，可以說李開章的《天上聖母經》，已成

臺灣地區媽祖信仰經典的主流。

四、傳妙撰《天上聖母經》

　　前述《太上老君說天妃救苦靈驗經》是道教整合媽祖信仰理論〈道藏〉所撰經典，賴玄海的《湄洲慈濟經》，李開章的《天上聖母經》，則是臺灣民間自行為媽祖信仰所撰之經典，至民國61年（1972），始見僧人撰著《天上聖母經》。本書基本資料如下：

　　述者：沙門・傳妙

　　發行者：北港朝天宮管理委員會

　　印刷所：臺中市瑞成印刷公司

　　刊印年代：民國61年（1972）2月

　　全書結構：

　　（一）香讚（略）

　　（二）淨口業真言（略）

　　（三）淨身業真言（略）

　　（四）安土地真言（略）

　　（五）普供養真言（略）

　　（六）開經偈（略）

　　（七）《天上聖母經》文：

　　末法轉時・眾生造業深重・世道崎嶇・人心奸許莫測・蓋謂受身之後・去聖時遙・佛法無因見聞・因果歷然不信・孰知善惡兩途・業感之勝劣・明闇相形・招報之差別。善者・則謂人天之勝途・惡者・則謂三塗之異轍・修仁義則歸於勝・興殘害則墜於劣。其居勝者・良由業勝・非諍兢之所要・受自然之妙樂・趣無上之逍遙。其墜劣者・良由業劣・處三塗之劇苦・受地獄之嚴刑・悲長夜之難旦・而優劣皎然・世人莫能信之・以吾我故・好起疑惑・以疑惑故・多不向善・不受人勸・自任其力・造諸惡事・常習愚痴・從迷至迷・隨物欲以漂沈・由苦入苦・逐色聲而貪染・只圖眼前受用・不顧身後招殃・以致茫茫於苦海之中・無由解脫・然非聖賢出世・何能拯拔。

　　時值宋興・建隆庚申之歲・三月二十三日金烏將西・時有紅光一

道・晶瑩奪目・直射湄洲・異香滿室・氤氳不散・俄頃之間・聖女托
蹟於林家。奇哉彌月・不聞啼哭之聲・故命名曰默娘。

　　幼而聰穎・凡姿不類與群女・從師就學・一讀成誦而文義皆通・
事親至孝・閩省女流稱第一。資性迥異・喜愛淨几焚香・信奉觀音・
誦經禮佛虔誠・長遇明師・傳授玄門秘法・日夜殷勤參修・未久便能
悟諸要典。時年十六・窺井得符・遂得通靈變化・驅邪救世・演大神
通・常駕彩雲飛渡大海，救護舟船，眾皆唧恩載德・尊稱通賢聖女。

　　芳華二九・功圓果滿・重陽之日・湄峰頂上・白日飛昇・爾時彩
雲密布・天樂齊鳴・竟脫凡胎而入聖胎。自今以後・屢顯神靈・降福
與人間・來去縹緲・隱現乎江淮河海之中・孚濟護國・保衛轉輸・安
波定浪・拯生民於陷溺・化凶險為禎祥・其救世利人之心・無異乎大
士之化身・慈帆寶筏・度一切苦厄・婆心至切・視蒼生如赤子・累昭
靈異・有禱而必應・虔祈默相・無感而不通。

　　密演神咒・收伏二將在西北・一明千里眼・一聰順風耳・遂服神
威而皈正教・隨侍效命察奸報事・輔吾救世・護國佑民。若有賈客漁
夫・或農工伎藝・種作經營・或行兵布陣・或臨產難・或官非撓聒・
諸多惱害・或色身羸弱・疾病纏身不息者・汝等若能一心恭敬稱我名
號・我即應時孚感・悉令所願從心・解諸苦惱・故累代錫命・寵頒襃
旌・迨至清帝敕封天上聖母之號・四海分靈・春秋俎豆連綿不輟。

　　吾常遊化人間・到處現身・學菩薩之精神・悲愍濁世眾生・福善
禍淫・禦災捍患・變化而不可測・凡有淨信男女・竭誠致敬而禱者・
如影隨形・似響隨聲・皆從其願而錫之福・若有違心悖逆之輩・則有
時豈無一二示警・以堅善信之心・其或未然・故于降祥降災之中・安
知彰善癉惡之驗。

　　我今重宣偈曰：

　　天降通賢女・林家誕默娘・祖先多積德・父善母慈衷・資性超凡
俗・稀有眾稱揚・經書勤讀誦・聰明出異常・純孝為第一・少時好用
功・窺井得符籙・遂得運神通・駕雲飛大海・救險護舟舡・功果圓滿
日・飛昇上湄峰・爾後常顯跡・隱現乎江中・出神能入化・庇民護國
邦・孚婆心如大士・隨處駕慈帆・神咒收二將・輔吾殄魔障・威靈昭
四海・孚濟惠津梁・孚累代功彌著・孚襃旌德愈彰・清帝封聖母・解

旱降瓊漿・凡勸男女輩・勤勉學典章・陰騭須多造・孚作孽惹是非・談仁與說義・古聖必效之・孚行孝為百善・正念勿邪思・有過能知改・孚彼岸尚可期・禍福由一念・善惡巧報施・因從果招感・苦樂自相隨・天堂及地府・孚只在汝心為・光陰元迅速・道德急修持・人身非易得・蹉過實難追・勸君休曖昧・我語信無疑。

是故・世人朝夕焚香虔誠奉誦此經者・我即隨其音聲・於怖畏急難之中・示大威神之力・祛除險難・殄滅魔軍・裨獲安泰・清淨身心。或有見聞是經・能轉念受持讀誦者・當知是人其功德力・莫可稱量・若有正信男女・曉悟宿因・知福德感・應當一心修習正法・捨離慳貪・喜結眾善・勤行布施・修齋作福・諸如精進不懈者・豈惟只是此世善根深厚・來生智慧自然增長・令彼內魔不起・外患無侵・安閒自在修學一切法門・斷除煩惱雜念・同登覺路・捨業報身・得解脫樂・生生世世・行菩薩道・利益一切有情・庶幾善果周隆・妙利無窮・世人信受聽我語・神光照耀護汝身。

（八）完經讚（略）

（九）回向偈（略）

參考資料：無明顯引用資料。

內容評估：

媽祖信仰是中國古代政府神道政策下的產物，本身是中性的，一方面是非佛非道，另一方面則亦佛亦道。因此，媽祖廟的住持，有的為俗人，有的是道士，也有的是僧侶。在臺灣，媽祖廟大部分由僧人住持，僧侶常把媽祖當做觀世音菩薩化身，一般大型媽祖廟後殿即為觀音殿，僧侶在念誦經文時，即以《觀世音菩薩普門品》、《阿彌陀經》為主經，不再有創作經典的需要。但當社會對媽祖經典有需求時，佛教界人士亦不得不思考此問題。

傳妙是受過佛學教育的僧人，他所撰的《天上聖母經》自與前述扶乩造出的《天上聖母經》，在內容上有明顯不同；本書雖也不脫傳統善書教人誨改的氣息，但佛經的氣息更濃厚。

流傳情形：

本書距賴玄海編著《湄洲慈濟經》已79年，距李開章編撰的《天上聖母經》也已51年，是臺灣人編著的第三本有關天上聖母媽祖的經

典。從理論上說，純正佛教系統之寺院，自有其重要經典，《天上聖母經》在佛教並無發展餘地；至於統合三教思想的，則李開章的《天上聖母經》已在民間廣泛流傳，傳妙的《天上聖母經》實際上已無太大發展空間，其功能側重在為各廟宇誦經時提供一種範本。然以本書為北港朝天宮所發行，朝天宮在臺灣媽祖信仰居於領導地位，故也有許多信徒主動加以翻印流傳。如北港鎮民黃友恭，即將《天上聖母經》全文加以翻印，並在文後加列李開章《天上聖母經》書中的復初道人及淨土寺乩筆時聖母題七言律詩各一首，以《天上聖母經》為名，鉛印加以流傳。

五、結語

臺灣與中國大陸一衣帶水，關係密切，居民又大部分是明清二代自閩粵二省移民的後裔，因此臺灣的祠祀制度，都源自中國，媽祖信仰，即是其一，並在臺灣發展成民間最主要信仰之一。

清朝末年，因社會動盪及西方宗教在中國傳教的刺激，民間逐漸興起扶乩請神降鸞，編印成書以教化社會的風氣；臺灣民間自光緒年以後，也有賴玄海的《湄洲慈濟經》、李開章的《天上聖母經》及僧傳妙的《天上聖母經》被創造出來。這三種經典創作的年代，涵蓋清末、日據及民國三個時代。賴玄海的《湄洲慈濟經》編造於光緒18年，其經文內容不出傳統的《天后志》，復以3年後臺灣即淪於日本統治，致此書流傳不廣。

李開章的《天上聖母經》則造於日人統治時期，其經文內容係以中國傳統倫理道德為主軸，文字編排則採三字經格式，與一般善書的著作格式完全不同。日人統治臺灣的最終目標是要同化臺灣，消滅中國文化，所以這本書在日本統治時期並未大量流傳。但因本書內容符合臺灣人的道德需求，臺灣光復後，有心藉宗教從事社會教化者，紛紛予以翻印流傳，至今不休。

上述二種經典編印的目的是藉神道設教，希望讓一般百姓拿來閱讀，或拿來讓兒童諷誦，但三字一句的結構，卻不符合在媽祖廟住持的僧侶在早晚課時，拿來當誦經的範本，因此乃有傳妙為北港朝天宮

編造《天上聖母經》之事。這本《天上聖母經》雖非善書,但民間仍自動為其翻印流傳。

　　從百餘年來臺灣地區有關天上聖母媽祖經典的編印,可以反映出在政府教育體制之外,臺灣民間已自然形成一套輔助社會教化的體系;這個體系包含了三個部分,第一個部分是中國傳統的廟宇神,第二個部分是受過漢學教育,並扶鸞造書的善心社會人士,第三個部分是捐款贊助印刷費用者及讀者。至於這種社會教育方式,因無法掌握這些書的發行量及流程,所以很難估算其影響的廣度及深度,但它們在社會教育中扮演建設性的功能是值得肯定的。

第十二章　媽祖信仰的宗教本質

一、前言

　　媽祖林默是五代莆田湄洲人，自北宋徽宗宣和5年（1123）朝廷賜「順濟」廟額，官民得公開崇祀迄今已將九百年，信仰者遍佈世界各地有華人之所在，是華人信仰人口最多的神祇。歷代政府對其誥封，自南宋高宗紹興26年（1156）郊典，封靈惠夫人，迄清朝咸豐7年（1857）累積封號為：「護國庇民、妙靈昭應、宏仁普濟、福佑群生、誠感咸孚、顯神贊順、垂慈篤祐、安瀾利運、澤覃海宇、恬波宣惠、導流衍慶、靖洋錫祉、恩周德溥、衛漕保泰、振武綏疆天后」，共62字，一般簡稱天后或天上聖母。

北港朝天宮鎮殿媽祖及司香司花女

從官方的角度看，媽祖是政府祀典體系的一環，對其信仰的認同與支持是毫無疑問的。但是除了地方官員主祭的春、秋二祭外，媽祖廟還有僧侶住持，有各種遶境、進香、刈火等宗教儀式，媽祖信仰的宗教本質是什麼？有許多人弄不清礎，尤其近年從事地區性媽祖研究的學者常問筆者，為何臺灣大型媽祖廟正殿後的寢殿會奉祀觀音？為何媽祖廟中會有臨濟宗僧侶的神主牌位？這個現象，在臺南大天后宮、北港朝天宮、宜蘭昭應宮等媽祖廟皆可看到，足證媽祖信仰的內涵尚有佛教的因素存在。本文希望從媽祖相關史料及媽祖信仰實況來解析媽祖信仰的宗教本質。

二、媽祖與觀音大士

（一）媽祖是龍女

《天妃顯聖錄》從明朝天啟年間開始編輯，至康熙19年間鄭經佔領莆田期間定稿刊印，是後世論述媽祖史傳的主要依據。該書目次刻有：「住持僧照乘發心刊佈，徒普日，徒孫通峻薰沐重脩。」等字，因湄洲天妃宮文革時被毀，照乘等僧人的神位、史料均已亡失，無從瞭解其詳細事蹟，但從《莆田縣志》記載照乘在康熙20年（1681）重修莆田九峰寺[1]，可知其雖為天妃宮住持，但仍虔信佛教。九峰寺雖為曹洞宗開山祖本寂[2]（840-901）創

《天妃顯聖錄》

建，但照乘及其徒弟普日，徒孫通峻三人法號字輩則與臨濟宗智廣（於仙游創九座寺）所傳臨濟法脈的第14、15、16代字輩相同[3]，所

---

[1]　見《莆田縣志》，卷四，寺觀，九峰寺。筆者於民國94年7月間，在蔣維錟、周金琰二位先生引領下前往訪查，見該寺早已荒廢，僅留部分基址，有一女尼維持香火。

[2]　本寂俗姓黃，名崇精，莆田涵江黃巷（今國歡黃霞村）人，唐文宗開成5年（840年）生，其兄名文矩，法號妙應，於莆田創建國歡寺、囊山寺，為一神僧。

[3]　該派前三十二輩法號字韻為：「智．慧．清．靜，道．德．圓．明，真．如．性．海，

宋代文獻說媽祖是龍女

以湄洲天妃宮應是臨濟宗法脈的僧侶在護持。

《天妃顯聖錄》篇首，由明熹宗朝禮部尚書林堯俞（莆田籍）所撰
序文談到媽祖的宗教淵源，云：「天妃，吾宗都巡愿公之女也。……
相傳謂大士轉身，其救世利人，扶危濟險之靈，與慈航寶筏，度一切
苦厄，均屬慈悲至性，得無大士之遞變遞現於人間乎？」[4]林堯俞直
指媽祖是大士轉身。同書，〈天妃誕降本傳〉記載媽祖降生背景謂：

> 二人（媽祖父母）陰行善、樂施濟，敬祀觀音大士。父年
> 四旬餘，每念一子單弱，朝夕焚香祝天，願得哲胤為宗支慶。
> 歲己未夏六月望日，齋戒慶讚大士，當空禱拜曰：「某夫婦兢
> 兢自持，修德好施，非敢有妄求，惟冀上天鑒茲至誠，早錫佳
> 兒以光宗祧。」是夜，王氏夢大士告之曰：「爾家世敦善行，
> 上帝式佑。」乃出丸藥示之，云：「服此，當得慈濟之貺。」

寂．照．普．通，悟．本．正．覺，繼．祖．紹．宗，廣．開．心．運，宏．定．寬．融。」
參見羅炤，《天地會溯源》。
[4] 林堯俞，《天妃顯聖錄》，序。

媽祖降生背景

　　既寤,歆歆然如有所感,遂娠。二人私喜曰:「天必錫我賢嗣矣。」[5]

　　這篇記載媽祖誕生因緣的短文,竟三次提到觀音大士,一敘媽祖父母敬祀大士,一敘6月15日齋戒慶讚大士,一敘媽祖母親王氏夢大士賜丸藥而娠;可確認媽祖家族是大士的虔誠信仰者。觀音大士是佛教臨濟宗、華嚴宗二派主要信仰神,易言之,《天妃顯聖錄》直指媽祖信仰的宗教源頭溯及佛教的二大支派。

(二)觀音與阿彌陀佛是媽祖的上游神

　　湄洲為媽祖誕生地,理應保留有最原始媽祖信仰實況,但因文革期間嚴重破壞,現廟宇雖已恢復宏偉格局,但宗教傳承卻為現代人的回憶拼湊而成,媽祖信仰的傳承反而由臺灣繼承主流,臺灣廟宇則以北港朝天宮最具代表性。以朝天宮建築格局及祀神配置為例,朝天宮

---

[5] 《天妃顯聖錄》〈誕降本傳〉。

為七門五進格局，第一進為三川殿，為香客進出，鑾轎停駐之所，其次拜殿，為春秋二祭典禮舉行之所，第三進為正殿，與拜殿相連，中祀媽祖及其配祀神，正殿後第四進為寢殿，通稱為觀音殿，祀觀音及三寶佛（釋迦牟尼、阿彌陀佛、彌勒佛）十八羅漢，第五進為聖父母殿，祀媽祖父母及兄、姐，各殿間均有天井置放香爐。主軸線拜殿左側祀註生娘娘，右側祀福德正神及境主公。寢殿左側為三官殿，祀天、地、水三官，右側為五文昌殿，祀五文昌夫子；從建築格局看，觀音殿適在整體建築中心點，三官殿及五文昌殿在其兩側，可知觀音在朝天宮祀神中的重要性超過三官大帝。

《天妃顯聖錄》謂王氏夢食大士所授丸藥而生林默

　　類似朝天宮，臺灣許多媽祖廟都有正殿奉祀媽祖，寢殿奉祀觀音的祀神布局，如彰化南瑤宮、宜蘭昭應宮（白衣大士）、新竹長和宮、八里天后宮（清水觀音）等；至於建築布局無寢殿者，則會在側殿奉祀觀音，如臺北關渡宮等皆是。在福建媽祖的家鄉湄洲，明版《天妃顯聖錄》湄洲圖在天后宮旁繪有「觀音堂」，當前湄洲嶼媽祖故鄉的上林宮（一進單殿式）則在正殿神龕奉祀白衣大士（觀音），可見媽祖與觀音共祀一廟是媽祖廟普遍的現象。

　　媽祖遶境行列，也可以反映背後的宗教意涵，朝天宮每年農曆正月15及3月19、20日分別舉行的遶境行列，也可看出媽祖與觀音及阿彌陀佛的關連性。朝天宮遶境行列除了前導的陣頭外，神輦行列排列次序如下：

　　　　1聖震聲（哨角）、2震威團、3靜肅牌、4鑾駕牌、5閭山堂神童團、6太子爺、7虎爺、8笨港境主、土地公、9註生娘娘、10、金精將軍（千里眼）、水精將軍（順風耳）、11六

湄洲天后宮（1990年代建）

媽、12五媽、13四媽、14三媽、15二媽、16祖媽、17觀音佛祖
（碧水寺）、18阿彌陀公（彌陀寺）。[6]

　　從朝天宮的遶境行列表，其遶境神輿的安排非常特殊，並非所有
朝天宮的祀神全被安排遶境，如三官殿的三官大帝、五文昌殿的五文
昌夫子、聖父母殿的聖父母均是。其次，北港街區非與佛教相關廟宇
也不得參加遶境行列。如位於公民里乾隆年間創建的陳聖王廟，賜福
里、西勢里二座王爺廟並未參加，僅阿彌陀街的阿彌陀公及新街里北
壇碧水寺觀音佛祖加入，顯示媽祖信仰的親佛不親道特性。

　　朝天宮的遶境行列先後次序是以神格高低依次排序，神格越高，
行列次序越後，故二尊護衛將軍步行開路，其後依序由輩分最低的六
媽、五媽至最後的祖媽（開基媽）。祖媽神輿之後則為觀音佛祖與阿
彌陀公。在佛教中，阿彌陀佛是西方極樂世界的主宰，觀音則為渡人
至極樂世界的菩薩，故祀阿彌陀佛的寺院主尊為阿彌陀佛，其脅士則

---

[6]　見民國 77 年（1988 戊辰）北港朝天宮天上聖母遶境行列順序表。

阿彌陀佛坐鎮的極樂世界

左至右：彌勒佛（大勢至）、阿彌陀佛、觀世音

為觀世音與大勢至菩薩。如果沒有錯誤，可推測朝天宮的媽祖遶境活
動是早年朝天宮住持僧侶們規劃創造出來的宗教活動，藉媽祖的慶

典，讓信徒進一步親近媽祖上游神的觀音、彌勒及阿彌陀佛。

（三）媽祖與龍女

　　媽祖是觀音大士轉身，但其生存時究竟扮演何種角色？莆田籍
進士丁伯桂在南宋臨安府知府任內曾重建艮山順濟廟，宋理宗紹定
元年（1228）廟成，他撰寫了一篇〈順濟聖妃廟記〉，提到媽祖其
人，謂：

> 　　神莆陽湄洲林氏女，少能言人禍福，歿，廟祀之，號通賢
> 神女，或曰龍女也。
> 　　莆寧海有堆。元佑丙寅，夜現光氣，環堆之人，一夕同
> 夢，曰：「我湄洲神女也，宜館我。」於是有祠，曰：聖堆。[7]

　　南宋莆田籍讀書人信媽祖者頗多，尤其陳俊卿以宰相之尊建白
湖廟後，更將媽祖信仰提升至國家層級，丁伯桂年代雖較陳俊卿晚，
但卻出身莆田望族，其祖父丁彥先進士出身，丁家書香綿延，故其文
章不但具體指出媽祖是湄洲林氏女，其墳墓在莆田寧海，並稱媽祖為
通賢（玄）神女，或龍女，即媽祖生前是一個宗教人物。龍女，是觀
音大士二位脅士（侍）之一，另一為善財。也就是說在宋代文獻即可
找到媽祖與觀音大士的連結。元初太學博士黃四如在莆田白塘順濟祖
廟重建落成時撰寫了一篇〈聖墩祖廟新建蕃釐殿記〉，提到媽祖成年
後的形象，謂：「他所謂神者，以死生禍福恐嚇人，唯妃（媽祖）生
人、福人，不以死與禍恐之，故人人事妃，愛敬如母。」[8]說明媽祖
同時代的宗教人物常以死生、禍福恐嚇人，只有媽祖能生人（指點信
徒新的生命道路），能造福信徒，故深受信徒敬愛，事之如母。這段
文字不但印證媽祖真有其人，她更是一個慈悲的宗教家。

　　《華嚴經》中，善財是一個好學的宗教家，知道那裡有大菩薩善
知識即前往參訪請益；龍女則是佛講經時布放法雲的使者，是一個引
導眾生接受佛法開示的中介者。但民間祠祀的善財、龍女，則是觀音

---

[7]　　潛說友，《咸淳臨安志》，卷七三，外郡行祠，丁伯桂〈順濟聖妃廟記〉。
[8]　　黃仲元，《莆陽黃仲元四如先生文稿》，商務四部叢刊三編集部。

菩薩的二個脅士，丁伯桂指媽祖為龍女，應是指媽祖生前曾扮演類似龍女的角色，也就是為觀音散布法雲接引眾生的使者。

（四）媽祖上游神觀音大士

1.觀音大士名象多變

　　媽祖信仰源頭是觀音大士，但觀音名目眾多，到底是那位觀音是媽祖的上游神，必須先釐清。觀音普遍被稱為觀世音，或觀自在。佛教經典所見觀音，有：六觀音、七觀音、三十三觀音等類，而最常見的六觀音，一說是：大悲觀音、大慈觀音、獅子無畏觀音、大光普照觀音、天人丈夫觀音、大梵深遠觀音；另一說是：千手觀音、聖觀音、馬頭觀音、十一面觀音、准胝觀音、如意輪觀音。

　　觀音在佛教扮演之角色，顯教謂：觀音乃阿彌陀佛之弟子；密教說觀音為阿彌陀佛之化身。而佛教寺院之塑像或繪像，多把觀音菩薩與大勢至菩薩列在阿彌陀佛左右，觀音居左，大勢至居右，謂為阿彌陀佛之二脅士，襄贊阿彌陀佛宣揚教化。不論顯教或密教，觀音上層高一級的上游神，均為阿彌陀佛。

　　觀音造像原為男性，宋代蔣之奇曾撰〈大悲菩薩傳〉略謂：觀音為妙莊王第三公主妙善者，因不願遵父命嫁人，離家修行，後妙莊王病，需取無嗔心的人的眼、手為藥始能治癒。而妙善為全國唯一無嗔心的人，當國王使者找到妙善，說明來意；妙善毫不猶豫將眼、手奉獻給妙莊王。此時神蹟顯現，妙善的眼與手都重生出來。

　　這個故事被元人改編為《觀音得道》一書，增補為：慈航尊者（觀音），在大羅天宮，逍遙自在，一日在八寶金蓮展開慧眼遙望東土，見眾生耽溺酒色，爭名奪利，過著罪惡生活，乃大發慈悲，並獲瑤池金母、無極天尊之恩許，降生為興林國妙莊王第三公主。妙莊王育有三女，大公主妙音愛文，而招一文駙馬。二公主妙元愛武，而招一武駙馬。獨三公主妙善，酷愛修行學佛，立志不婚，至白雀寺出家，致犯父怒，將其處死。其魂周遊地府，不久回陽，潛至大香山苦心修煉而成正果，回去濟度父母。書中情節動人，深入民間，以致後世將妙善當作觀音，觀音也就被女性化。

2.湄洲「八百年元朝媽祖元始金身」也是觀音

觀音在佛教信仰中居於崇高地位，但觀音給人的印象卻是模糊的，是不是真有其人？是什麼時代的人？其生時經歷又如何？這些問題困擾學界，一直無具體答案，直至西元1990年代兩岸開放宗教交流以後，筆者才偶然發現媽祖上游觀音的線索。民國86年（1997）1月，湄洲媽祖廟迎「八百年元朝媽祖元始金身」石像到臺灣巡遊，因其造型類似蒙古婦女，而引發真、假媽祖爭議。主辦單位於印行《湄洲媽祖游臺灣紀念專刊》中〈湄洲媽祖游臺三大寶物亮相〉的單元中，對「元朝石雕媽祖元始金身」描述謂：

> 湄洲祖廟珍藏的這一尊媽祖石雕像，高29釐米，寬22釐米，青石質，圓雕，型制古樸，碩巾帕首，大襟廣袖，垂拱趺坐，頰額豐實，具有唐宋婦女典型風格。它是80年代初祖廟寢殿修復時出土的，同時出土的還有一些宋代陶筒瓦、瓦當、青瓷片、石避邪等。……湄洲媽祖元始金身是元朝石雕，迄今已逾八百年歷史，大陸列為國家保護級文物，連一般前往湄洲媽祖廟進香的信徒都不易見到；此次是在大陸當局特准下，才得以出遊臺灣，可謂媽祖成道千年來之創舉。[9]

另吳鈴嬌撰〈湄洲媽祖廟牽動兩岸情〉「石頭媽圓臉蒜鼻」一文，也談到這尊「石頭媽」說：

> 媽祖是真人真事，塑像卻永遠是工藝師們心中的影像，因此，祖廟謁靈時，宮庭樓閣里的神像，造型大大不同於分靈的臺灣媽祖。不過，一位福建的對臺辦官員說，媽祖是莆田人，大圓臉、蒜頭鼻比較接近典型，那尊『石頭媽』可信度自然高，只是，臺灣客烙在心頭的媽祖早已定型，要修改，難啊！[10]

---

[9]　《湄洲媽祖游臺灣紀念專刊》，〈湄洲媽祖游臺三大寶物亮相〉。
[10]　同上註，吳鈴嬌，〈湄洲媽祖廟牽動兩岸情〉。

由於學術界尚未研究出媽祖在各朝代、不同爵位的基本造型，所以無法說明來臺石像是「元朝湄洲媽祖元始金身石雕」的理由，僅以石像是在湄洲掘出，其臉型與莆田人典型相同，即斷定為元代媽祖元始金身，而引發真假媽祖爭議。

　　事後，筆者數度赴福建莆田地區作田野調查，始發現湄洲出土「八百年元朝媽祖元始金身」石像是莆田民間普遍信仰的泗洲文佛，也就是宋元時代湄洲媽祖廟也奉祀有泗洲文佛，但其造型為較元始型，而非後世美化過的觀音。而泗洲文佛是唐朝由中亞何國來華傳教的僧侶「僧伽」（628～709），他來中國傳播觀音信仰，建立白衣大士信仰系統，他也是後世認知的觀音化身。

　　宋太宗朝僧贊甯撰《高僧傳》卷十八〈唐泗洲普光王寺僧伽傳〉謂：

　　　　僧伽，蔥嶺北何國人，自言俗姓何氏，亦猶僧會本康居國人，時人因命名曰康僧會。然名乃梵音，姓為華語。考何國在碎葉國東北，當是碎葉附庸耳。伽在本土，少而出家，為僧後誓志游方，始至西涼府，次歷江淮，當龍朔初年也，登即隸名山陽龍興寺。初將弟子慧儼同至臨淮，就信義坊居人乞地。下標誌之，言決於此處建立伽藍。遂穴土，獲古碑，乃齊國香積寺也。得金像，衣葉刻普照王佛字。嘗臥賀跋氏家，身忽長其床榻各三尺許，莫不驚怪。次現十一（二）面觀音形，其家舉族欣慶，倍加信重，遂舍宅焉。……中宗孝和帝景龍二年，遣使詔赴內道場，帝御法筵，言談造膝，占對休咎契若合符，乃褒飾其寺曰「普光王」。四年庚戌示疾，敕自內中往薦福寺安置，三月二日儼然坐亡，神彩猶生止瞑目耳。俗齡八十三，法臘罔知，在本國三十年，化唐土五十三載。中宗敕恩度弟子三人：慧岸、慧儼、木叉，各賜衣盂令嗣香火。……帝以仰慕不忘，因問萬回曰：「彼僧伽何人也？」對曰：「觀音菩薩化身也。經可不云乎：『應以比丘身得渡者，即現沙門相

也。』」[11]

　　僧伽為中亞何國人，晚年為唐中宗迎入宮中奉為國師，死後被唐朝政俯視為觀音化身。另明朝人李元嗣所刊《泗洲大聖明覺普照國師（僧伽）傳》也謂「僧伽大聖觀音化身」「白衣之開山」。僧伽就是「泗洲大聖」、「觀音化身」，是「白衣大士」的開山。

3.白衣大士的教旨《六度經》

　　僧伽死後被視為觀音的化身及「白衣大士」的開山，是一位高僧，彼於去世前將其傳教宗旨濃縮為《僧伽和尚欲入涅盤說六度經》。英人斯坦因（Stein）攜回英國的敦煌經卷中即有一卷，後被編入日本《大正大藏經》中。其經文首段講他與彌勒尊佛同時下生救渡善緣，云：

　　　　吾自生閻浮，為大慈父教化眾生，輪迴世間。經今無始曠劫分身萬億，救度眾生。為見閻浮提眾生多造惡業，不信佛法。惡業者多，吾不忍見，吾身便入涅盤。舍利形像遍於閻浮，引化眾生。以後像法世界滿，正法興時，吾與彌勒尊佛同時下生，共坐化城，救度善緣。

　　接著描述他輪迴東西方救渡善緣的過程，云：

　　　　元居本宅在於東海，是過去先世淨土緣。為眾生頑愚難化，不信佛法，多造惡業。吾離本處，身至西方，教化眾生，號為釋迦牟尼佛。東國遂被五百毒龍陷為大海，一切眾生沈在海中，化為黿鼉魚鱉。吾身已後卻從西方胡國中來生於閻浮，救度善緣、佛性種子。吾見閻浮眾生，遍境兇惡，自相吞食，不可開化。吾今遂入涅盤，舍利本骨願住泗州。已後若有善男子善女人，慈心孝順，敬吾形像，長齋菜食，念吾名字。如是

---

[11] 《大正新修大藏經》，贊寧，《宋高僧傳》，卷十八〈唐泗洲普光王寺僧伽傳〉。

之人散在閻浮，吾潛見惡世力兵競起，一切諸惡逼身，不得自在。

接著描述他與彌勒佛在中國建立化城救渡善緣云：

> 吾後與彌勒尊佛下生本國，足踏海水枯竭，遂使諸天龍神八部聖眾在於東海中心，修造化城，金銀為壁，琉璃為地，七寶為殿。吾後至閻浮，興流佛法，唯傳此經，教化善緣。六度弟子歸我化城，免在閻浮受其苦難，悉得安穩。衣食自然，長受極樂，天魔外道弱水隔之，不來為害。

接著描述他與彌勒佛要救渡的六種人，云：

> 吾當度六種之人：第一度者，孝順父母敬重三寶；第二度者，不殺眾生；第三度者，不飲酒食肉；第四度者，平等好心不為偷盜；第五度者，頭陀苦行，好修橋樑並諸功德；第六度者，憐貧念病，佈施衣食，極濟窮無。
>
> 如此善道六度之人，吾先使百童子領上寶船，載過弱水，免使沈溺，得入化城。

最後描述不信的人會受報應，傳書此經者得福報，云：

> 若不是吾六度之人，見吾此經，心不信受，誹謗正法，當知此人宿世罪根，身受惡報，或逢盜賊兵瘴而死，或被水火焚漂，或被時行惡病，遭官落獄。不善眾生皆受無量苦惱，死入地獄，無有出期，萬劫不復人道。
>
> 善男子善女人，書寫此經，志意受持，若逢劫水劫火，黑風天暗，吾放無量光明照汝，因緣俱來佛國，同歸化城。悉得解脫。[12]

---

[12] 同上註，《大正新修大藏經》，《僧伽和尚欲入涅盤說六度經》。

福建泉州晉江草庵的摩尼光佛像

　　《僧伽和尚欲入涅槃說六度經》與一般佛經不同，並未用「如是我聞」的正統佛經方式來演繹釋迦牟尼理論，其特異點有：

　　（一）僧伽傳教，其上還有一「大慈父」。

　　（二）僧伽有輪迴轉世的觀念。他原居東方（中國），後轉世西
　　　　　　方為釋迦牟尼佛，後又從西方胡國（中亞）降生人間，與
　　　　　　彌勒佛同時來中國。

　　（三）提出化城（天堂）觀念。他與彌勒佛足踏海水使東海乾
　　　　　　枯，並使諸天龍神八部聖眾於其中心造化城，金銀為壁，
　　　　　　琉璃為地，七寶為殿，居期間，悉得安穩。衣食自然，
　　　　　　長受極樂，天魔外道弱水隔之，不來為害，免在閻浮受其
　　　　　　苦難。

　　（四）六度之人欲入化城，亦需由童子領上寶船，載過弱水，個
　　　　　　人無法自渡。

　　（五）提到地獄觀。對於不信受，或譭謗正法者，會身受惡報，
　　　　　　死入地獄，無有出期，萬劫不復人道。

　　原始佛教是追求涅槃，不入六道輪迴，但佛教傳入中亞後與當地
祆教（拜火教）溶合，教義已經有所轉變，西晉更有糅合基督教、佛

教、祆教教義產生的摩尼教產生，至唐初傳入中國。該教以佛教自稱，以太上李老君、釋迦牟尼佛、摩尼光佛為主神。崇尚光明，信徒白衣、白帽，與白衣大士頗相似。但佛教徒以外道視之，至武則天為帝，要求該教教士剃髮圓顱，與一般佛教教士相同，致後人不易辨識。

唐太宗時，玄奘、辯機合撰《大唐西域記》卷三，「僧訶補羅國」有一段描述白衣外道的記載：

> 有白衣外道本師悟所求理初說法處，今有封記。傍建天（祆）祠。其徒苦行，晝夜精勤，不遑寧息。本師所說之法，多竊佛經之義，隨類設法，擬則軌儀，大者為苾芻（比丘），小者稱沙彌，威儀律行頗同僧法。惟留少髮，加之露形，或有所服，白色為異。據斯流別，稍用區分。其天師像竊類如來，衣服為差，相好為異。[13]

僧訶補羅國位於印度西北，犍陀羅地方之東北、喜馬拉雅山山麓之古國，即漢朝時之罽賓，西元1至3世紀間，罽賓被貴霜帝國征服，發展成佛教中心之一。西元4世紀中葉至7世紀末，粟特人卡菲里斯坦重建罽賓王朝，唐顯慶3年（658），其王曷擷支稱臣於唐，唐以其地置修鮮都督府，其國人來唐者絡繹不絕，僧伽提婆、僧伽跋澄、佛陀耶舍、求那跋摩、佛陀多羅等來華譯經的名僧均出此國。《大集經》、《華嚴經》、《涅槃經》等大乘經典中皆可見到此地名，為大乘佛教之一大根據地。

唐貞觀年間（627-650），康國大首領康豔典來到隋末廢棄的蒲昌海（羅布泊）石城鎮開創摩尼教徒居住區，建築新城三座，已有許多粟特族人信仰摩尼教。僧伽亦為粟特人，玄奘至迦濕彌羅時（約西元630年）為僧伽（628~709）出生後2年，《大唐西域記》描述白衣外道：著白衣、蓄短髮的特徵都可在僧伽身上發現，晝夜精勤、不遑寧息，則為僧伽《六度經》要求信眾奉行的戒律之一，僧伽所傳的白

---

[13] 玄奘、辯機合撰，《大唐西域記》，民國44年（1955），上海，文學古籍刊行社出版。

衣大士或許就是這個派別。僧伽弟子慧嚴曾在武周朝翻譯《華嚴經》時擔任審義重責，華嚴三祖法藏亦為粟特族人，華嚴宗也都奉祀觀音及僧伽。

三、媽祖信仰與道教

（一）宋代

媽祖誕生的時代，是一個南北軍事對峙，北方政府壓抑佛教的時代，媽祖降生的建隆元年（960），也是後周世宗的顯德7年，當時福建地區尚在留從效統治之下。後周世宗是中國佛教史上「三武一宗」法難的一宗。周世宗在位期間致力國家統一，向江南各國發動戰爭，需款孔急。大乘佛教因信眾長期財施供養，累積龐大財產，佛寺造像多為金屬鑄造，周世宗因而下令僧尼還俗，熔佛像以鑄兵器。福建則因主政者信佛，素有佛國之稱，成為不願還俗僧尼避難天堂，湄洲嶼更在莆田數十里外交通不便，人蹟罕至的海上，當時會避居其間的宗教人士，可能就是被北周政府迫害不願還俗而變裝的僧人，並挑選媽祖為其傳人。

〈誕降本傳〉描述媽祖習法過程：

> 幼而聰穎，不類諸女。甫八歲，從塾師訓讀，悉解文義。十餘歲，喜淨几焚香誦經禮佛，旦暮未嘗稍懈，婉變季女，儼然窈窕儀型。十三歲時，有老道士玄通者往來其家，妃樂捨之。道士曰：『若具佛性，應得渡人正果。』乃授妃玄微秘法，妃受之，悉悟諸要典。十六歲窺井得符，遂靈通變化，驅邪救世，屢顯神異，常駕雲飛渡大海，眾號曰通賢靈女。

指媽祖13歲時被老道士選為徒並授以秘法，媽祖13歲時值北宋太祖開寶5年（972），宋太祖率兵攻打後蜀，位於江浙的南唐同時感受到戰爭威脅，遣使赴宋貢獻珍寶，上表請去南唐國號，印文改為江南國。〈降誕本傳〉中跑到湄洲傳授媽祖秘法的老道士玄通者，可能即為變裝的僧侶，才會說媽祖「若具佛性」的話，而且挑選傳人的做

法，與華嚴宗初起的習慣相似。

《華嚴經傳記》〈唐終南山至相寺釋智儼〉傳云：

> 釋智儼，姓趙氏，天水人也。……母初夢梵僧執錫而謂
> 曰：「速宜齊戒淨爾身心。」遂驚覺，又聞異香有娠焉。及儼
> 生數歲，卓異凡童，或累塊為塔，或緝華成蓋，或率同輩為聽
> 眾，而自作法師。生智宿殖皆此類也。年十二，有神僧杜順，
> 無何而輒入其舍，撫儼頂，謂景曰：「此我兒，可還我來。」
> 父母知其有道，欣然不悋。順即以儼付上足達法師，令其順
> 誨。曉夜誦持，曾無再問。後屬二梵僧來遊至相，見儼精爽非
> 常，遂授以梵文，不日便熟。梵僧謂諸僧曰：「此童子當為弘
> 法之匠也。」年甫十四，即預緇衣。[14]

智儼是甘肅人，年12，神僧杜順輒入其舍，徵得其父母同意，將
智儼引入佛教境界，再由二位梵僧授以梵文經典；14歲，梵僧即期許
為弘法之匠。媽祖13歲，老道士往來其家，授玄微秘法，謂媽祖若具
佛性得渡人正果，3年後道成。兩位傳主幼年的習法過程如出一轍，
唯一差別者，授智儼梵文者為外國胡僧，而媽祖因生長在反佛的氣氛
中，故需先從塾師訓讀經書，以象徵媽祖信仰包含儒家道統在內。

其次，媽祖被推上歷史舞臺，也與宋代政府強制佛教道教化有
關。宋代開國君王本已崇道抑佛，仁宗朝以後更是外患頻仍，入侵的
遼、金、西夏都是信佛教，國內也有浙江方臘藉摩尼教建國等事件，
政府嚴禁非法宗教。宋徽宗政和元年（1111）即嚴厲查禁淫祠，《宋
史》〈徽宗本紀〉，云：「政和元年春，壬申，毀京師淫祠一千三十
八區。」[15] 政和7年（1117）4月庚申，由道籙院上章，徽宗冊封自己
為「教主道君皇帝」，後因大臣直諫僅止於教門章疏使用，但其偏執
道教於此可見一斑，宣和元年更強迫佛教道教化，《宋史》徽宗本
紀，云：「宣和元年（一一一九）春乙卯，詔：佛改號大覺金僊，餘
為僊人、大士，僧為德士，易服飾，稱姓氏，寺為宮，院為觀，改女

---

[14] 《華嚴經傳記》，〈唐終南山至相寺釋智儼〉傳。
[15] 《宋史》，本紀第二十，〈徽宗本紀〉。

冠為女道，尼為女德。」[16]宋人趙彥衛《雲麓漫抄》詳載其事云：

> 宣和元年（一一一九）佛寺改為宮，僧寺為觀，諸陵佛寺
> 改為陵名明真宮，臣庶墳等改兩字。合掌和尚不審，改作擎拳
> 稽首，佛賜天尊服，改塑菩薩、羅漢作道服冠簪，佛號大覺金
> 仙，文殊封安慧文靜大士，普賢封安樂妙靜大士，泗州大聖封
> 巨濟大士……菩薩稱仙人，羅漢稱無漏，金剛稱力士，僧伽稱
> 修善。[17]

這波道教化運動中，釋迦牟尼佛被改稱大覺金仙，著天尊服；
菩薩稱仙人，羅漢稱無漏，著道服冠簪。趙彥衛《雲麓漫抄》並未提
及觀音菩薩被改名的事，但被視為觀音化身的泗洲大聖僧伽卻被易名
「巨濟大士」。

媽祖及佛教信仰都陷入政府壓迫的困境，適宣和4年（1122）路
允迪奉命使高麗，於福建徵募客舟隨行，莆田白塘李氏家族經營海
運，應募參與其事，旅途中遭遇颶風，桅斷柁折，危急萬分，經李振
向媽祖禱祈始轉危為安。丁伯桂〈順濟聖妃廟記〉記其事云：

> 宣和壬寅（一一二二），給事路公允迪載書使高麗，中流
> 震風，八舟沈溺，獨公所乘，神降於檣，獲安濟。明年，奏於
> 朝，錫廟額曰順濟。[18]

路允迪返國後向朝廷陳奏媽祖事蹟，奏請朝廷賜「順濟」廟額。
但當時正是宋朝下令佛教道教化的時期，為不牴觸政府法令，故於
媽祖降生故事稱觀音為「大士」，稱傳授媽祖法術者為「老道玄通
者」。

---

[16] 同註15。
[17] 趙彥衛，《雲麓漫抄》，卷十四，欽定四庫全書。
[18] 同註3，丁伯桂廟記。

（二）明代

明朝君王崇信道教，特重玄天上帝（真武大帝）。《明史》卷五十，禮四，〈南京神廟〉，將真武之祀列為十廟之首，同卷〈諸神祠〉引《國朝禦制碑文》，謂：「太祖平定天下，陰佑為多，嘗建廟南京崇祀。」[19]〈諸神祠〉又云：

> 北極佑聖真君者，乃元武七宿。後人以為真君，作龜蛇於其下。宋真宗避諱，改為真武；靖康初加號佑聖助順靈應真君。圖志云真武為淨樂王太子，修煉武當山，功成飛升，奉上帝命鎮北方，被髮跣足，建皂纛元旗，此道家附會之說。

元武即玄武，本為天文上之斗、牛、女、虛、危、室、壁等七星宿之總稱，《史記》卷二七天官書所稱北宮玄武，後被視為北方之神或水神，其形為龜蛇合體。《後漢書》，〈王梁傳〉云：「赤伏符曰：王梁主衛作玄武。……玄武，水神之名。」[20]至正23年（1363）朱元璋與陳友諒都陽湖之戰，為雙方興亡成敗關鍵戰役，朱元璋《御制西征記》，即提及真武神的龜、蛇默佑事，謂：

> 洪武癸卯（一三六三）秋，以巨舟千艘，載甲士十萬。是日天風東發，揚帆沂流，西征荊楚禰祺之後。纜解舟行，時兩岸諸山，墨雲靉靆，左雷右電，江湖洶湧，群鳥萬數，挾舟翅焉。少頃，有蛇自西北浮江趨柁，朕親視之。斯非神龍之化若是歟？果天不我舍。……次日，舟師抵采石，泊牛渚磯。未幾，一龜、一蛇浮擬柁後，略不畏人。[21]

明成祖靖難之役，真武神亦扮演了重要角色。《明史》〈諸神祠〉云：「成祖靖難，以神有顯相功，又於京城艮隅並武當山重建廟

---

[19] 《明史》，卷五十，禮四，〈諸神祠〉。
[20] 《後漢書》，列傳卷十二，〈王梁傳〉。
[21] 朱元璋，《御制西征記》。

宇。兩京歲時朔望各遣官致祭，而武當山又專官督祀事。」燕王（成
祖）靖難之役，都城陷，宮中火起，惠帝不知所終。中官雖曾出帝、
后屍於火中，葬之，但或謂惠帝由地道出亡。成祖即位後遂分遣人員
訪查，海路方面，永樂3年（1405）6月，派中官鄭和率舟師下西洋諸
國，一以宣揚國威，同時暗訪惠帝下落。《明史》鄭和傳云：

> 鄭和，雲南人，世所謂三保太監者也。初事燕王於藩
> 邸，從起兵，有功，累擢太監。成祖疑惠帝亡海外，欲蹤跡，
> 且欲耀兵異域，示中國富強，永樂三年六月命和及其儕王景弘
> 等通使西洋，將士卒二萬七千八百餘人，多齎金幣，造大舶，
> 修四十四丈廣十八丈者六十二，自蘇州劉家港泛海至福建，復
> 自福建五虎門揚帆首達占城，以次遍歷諸番國，宣天子詔，因給
> 賜其君長，不服則以武懾之。[22]

　　鄭和於永樂3年（1405）6月出國，5年9月返國，返國後奏上媽
祖護航神跡，成祖因於永樂7年（1409）封為護國庇民妙靈昭應宏仁
普濟天妃，並於都城外建廟崇奉。明成祖〈御製弘仁普濟天妃宮之
碑〉云：

> 朕承鴻基，勉紹先志，罔敢或怠，撫輯內外，悉俾生
> 遂，夙夜兢惕，惟恐弗逮，恒遣使敷教化於海外諸番國，導以
> 禮義，變其夷習。其初，使者涉海洋，經浩渺，颶風黑雨，晦
> 暝黯慘，雷電交作，洪濤巨浪，摧山倒岳，龍魚變怪，詭形異
> 狀，紛雜出沒，驚心駭目，莫不錯愕。乃有神人飄飄雲際，隱
> 顯揮霍，上下左右，乍有忽無，以孚以侑。旋有紅光如日，煜
> 煜流動，飛來舟，凝輝騰耀，遍燭諸舟，熇熇有聲。已而煙消
> 霾霽，風浪貼息，海波澄鏡，萬里一碧，龍魚遁藏，百怪潛
> 匿。張帆蕩艣，悠然順適，倏忽千里，雲駛星疾。咸曰：此天
> 妃神顯靈應，默加佑相。歸日以聞，朕嘉乃績，特加封號「護

---

22 《明史》，卷三〇四，〈宦官，鄭和〉。

國庇民靈應弘仁普濟天妃」，建廟於都城之外，龍江之上，祀神報貺。[23]

媽祖神威如此靈應，永樂14年（1416）太監張國祥等新修《道藏》，即將天妃納入道教神仙譜系。經文內容謂：

> 太上老君於無極境，見大洋溟渤，四海九江五湖水澤，蛟蜃魚龍出沒變化，翻覆舟船，損人性命，危及商賈、使節、行人，捉生代死，怨怒上衝，合應救免。於是廣救真人白太上老君：妙行玉女修諸妙行，誓揚教化，廣救眾生，普令安樂。
>
> 太上老君乃令妙行玉女降生人間，於功果圓滿後，勅封為：輔斗昭孝純正靈應孚濟護國庇民妙靈昭應弘仁普濟天妃。天妃受勅後即發十五誓願：凡行商坐賈，農工伎藝，種作經營，行兵佈陣，產難不分等，只要誦持其經，即袪除災難。太上老君並賜天妃珠冠雲履，玉珮金圭，佩劍持印，前後導從，及千里眼，順風耳，宴公等部眾救護眾生。[24]

《太上老君說天妃救苦靈驗經》將媽祖說成是神仙虛構人物妙行玉女，雖曾降生人間修成正果，但全未提及媽祖父母家世及媽祖生平事蹟，可見道教人士對媽祖是陌生的，也就是此前道教並未經營過媽祖信仰。

同年12月鄭和再度奉命出使西洋，朝廷為祈求海程順利，欽差太監及道士赴湄洲修設開洋清醮。《天妃顯聖錄》〈歷朝顯聖褒封致祭詔誥〉載：

> 永樂十五年，欽差內官王貴通、莫信、周福率領千戶彭佑、百戶韓翊並道士詣廟，修設開洋清醮。[25]

---

[23] 轉引自蔣維錟，《媽祖文獻資料》。
[24] 見《道藏》，〈洞神部，本文類〉，《太上老君說天妃救苦靈驗經》一卷。
[25] 同註3，〈歷朝顯聖褒封致祭詔誥〉。

道士到湄洲舉行開洋清醮過程如何不得而知，但洪武年間湄洲天妃宮即已建立觀音堂，天妃宮是臨濟宗僧侶的地盤，道士在此舉辦大型祀典，過程可能不盡人意。認清了此事實，道教因而退出媽祖信仰的經營，永樂以後二百餘年間，朝廷即不再誥封媽祖，媽祖廟也繼續由臨濟宗僧人住持。

四、從政府祀典到民間信仰

明朝崇信道教，吳真人、關羽等道教扶持的神不斷受誥封，媽祖信仰相對冷淡，清朝入主中原後，因滿洲人信奉佛教，加上媽祖信仰在清朝平定臺灣過程中發揮極大功用，讓媽祖信仰達到歷史高峰。康熙13年（1674），駐福建的耿精忠反清復明，邀在臺灣的鄭經率兵西征，康熙19年（1680）清廷有效壓制復明軍，鄭經率水師撤回臺灣。撤軍之際，清將萬正色策動莆田籍水師副總督朱天貴率艦三百艘，軍士二萬餘人降清。因莆田水師都奉祀媽祖，清廷勅封媽祖為護國庇民妙靈昭應弘仁普濟天妃。次年鄭經去世，康熙22年（1683）清朝派降將施琅率這支降清水師逼降鄭克塽，清朝進一步勅封媽祖為天后。

康熙23年（1684）清朝在臺灣設一府三縣，施琅在臺灣建立天妃宮，並通令水師建立媽祖廟，廟宇都由僧侶住持。康熙60年（1721）臺灣發生朱一貴建立中興王國，施琅六子施世驃率兵來臺平亂，也運用媽祖靈佑傳說鼓舞士氣，事定後雍正皇帝賜「神昭海表」匾額給湄洲廈門及臺灣媽祖廟宇。雍正11年（1733）清廷令沿江沿海各省建祠，此後乾隆、嘉慶、道光、咸豐、同治各朝都有誥封，同治11年（1872）以後，以封誥全銜太長，遂不再誥封，改以賜匾取代。媽祖信仰為國家主要祀典後，春、秋二祭時地方文武官員親臨致祭，祭典展現媽祖之威儀，讓人心生敬仰，加上媽祖的各項靈應事蹟的一再傳播，媽祖就成為沿江沿海全民敬仰全能的神。

民國以後，政府祀典不再，媽祖信仰轉成民間信仰建立管理委員會組織，住持僧侶退出管理行列，佛、道教也在政府輔導下轉化成現代宗教組織，民國46年政府為方便管理民間信仰，通令各廟宇加入道

教會，僧尼住持之寺院則加入佛教會，許多媽祖廟都加入道教會為會員，對原來媽祖信仰的本質漸行漸遠。

五、結語

考察媽祖信仰的文獻與信仰實況，可以發現媽祖為觀音的轉世或化身，即其背後宗教淵源為白衣大士（觀音）信仰，後世住持媽祖廟宇的僧侶皆為佛教臨濟宗或華嚴宗的僧侶，可知媽祖信仰的宗教本質是接近佛教的。媽祖本身因護國庇民而被歷代政府誥封，成為國家祀典，但就媽祖本身而言，我們在文獻上找不到她的教化宗旨，但其上游神觀音卻有《六度經》流傳教化眾生，所以媽祖的表象是政府祠祀，但內涵卻是佛教精義。

媽祖文獻中也可見與道教有關術語，究其因，乃是媽祖生於佛教被壓迫的時代，媽祖信仰被推進政府祠祀體系時更是宋徽宗強迫佛教道教化的年代，難免有些道教化痕蹟留存。明朝時政府因鄭和下西洋媽祖靈應而予以誥封，此舉振奮了道教徒，太監張國祥等在新修《道藏》時，增編《太上老君說天妃救苦靈驗經》一卷，將天妃納入道教神仙譜系。其後派太監及道士至湄洲舉辦開洋清醮，發現媽祖信仰已是佛教的禁臠，遂放棄對媽祖信仰的經營。

民國以後，政府已無諸神祀典，媽祖信仰轉成民間宗教團體組織，住持僧侶退出管理行列，民國46年政府為方便管理民間信仰，通令各廟宇加入道教會，僧尼住持之寺院則加入佛教會，但徒具其名而無宗教教化之實，與媽祖信仰本質漸行漸遠。

附錄

附錄一：《天妃顯聖錄》天妃林默史事年表

宋朝

太祖

建隆元年（960年）

天妃林默誕生。時泉州（含莆田）為留從效割據，奉北漢正朔。

乾德8年（967年）

天妃8歲，從塾師訓讀。

開寶3年（970年）

天妃10餘歲，喜淨几焚香誦經禮佛。

開寶5年（972年）

天妃13歲，有老道玄通者往來其家，謂妃若具佛性應得渡人正果，授妃玄微秘法。

開寶8年（975年）

天妃16歲，在家與群女閒遊窺井得符，遂能通靈變化。

秋9月，父兄渡海北上，遇狂濤，天妃於織機上神遊救親。父存兄亡。

太宗

太平興國1至4年（976-979年）

在莆田門夾（今文甲）化草救商。

在湄洲荒烟斷沁間開闢菜仔嶼供鄉人自由採擷食用或供佛。

欲渡江，演掛蓆泛槎神通。

欲渡江，演鐵馬渡江神通。

林默20歲。宋太宗平北漢，宋朝統一南方，於莆田置興化軍。

太平興國5年（980年）

天妃21歲。應莆田縣尹之請禱雨濟民。

太平興國7年（982年）

天妃23歲。降伏西北金水二精，收為神將。

太平興國8年（983年）

天妃誕日，東海龍王來朝，此後凡遇妃誕辰，水族會洲前慶賀。

收伏東溟海怪晏公，命為部下總管。

雍熙元年（984年）

靈符回生救莆田縣尹一家

雍熙2年（985年）

收伏莆田高里木精。

天妃26歲。閩浙霪雨，奏請上帝派金甲神鎖龍。

雍熙3年（986年）

於莆田吉了城演神通驅走風怪二悖。

收伏嘉應、嘉祐二魔為將，列水闕18仙班。

雍熙4年（987年）

9月9日天妃於湄嶼高峰升天，年28。

哲宗

元祐元年（1086年）

枯楂顯聖，莆田寧海聖堆祖廟建立。

元符元年（1098年）

銅爐溯江，仙遊縣楓亭建祠。

徽宗

宣和4年（1122年）

路允迪使高麗，天妃顯應救護。

宣和5年（1123年）

路允迪奏請賜「順濟」廟額，天妃成為政府認可祀神。

莆田江口建祠。

高宗

紹興26年（1156年）

宋南政府首度舉辦郊天大典，天妃首度受封靈惠夫人。

紹興30年（1160年）

宰相陳俊卿於家鄉白湖建祠。

靈泉救疫，封靈惠昭應夫人。

孝宗

乾道3年（1167年）

封靈惠昭應崇福夫人。

淳熙12年（1185年）

封靈惠昭應崇福善利夫人。

光宗

紹熙3年（1192年）

以救旱大功，晉封靈惠妃。

寧宗

慶元4年（1198年）

封靈惠助順妃。

嘉定元年（1208年）

以淮甸退敵奇功，加封顯衛，全銜靈惠助順顯衛妃。

嘉定10年（1217年）

封靈惠助順顯衛英烈妃。

理宗

嘉熙3年（1239年）

封靈惠助順嘉應英烈妃。

寶祐2年（1254年）

封助順嘉應英烈協正妃。

寶祐3年（1255年）

封靈惠助順嘉應慈濟妃。

寶祐4年（1256年）

封靈惠協正嘉應慈濟妃。

封靈惠嘉應協正善慶妃並封林默父母及女兄、諸佐神。

景定3年（1262年）

封靈惠顯濟嘉應善慶妃。

元朝

世祖

至元18年（1281年）

封護國明著天妃。

至元26年（1289年）

封護國明著顯佑天妃。

成宗

大德3年（1299年）

封護國明著顯佑輔聖庇民天妃。

仁宗

延祐元年（1314年）

封護國明著顯佑輔聖庇民廣濟天妃。

文宗

天曆2年（1329年）

封護國庇民廣濟福惠明著天妃，賜廟額曰靈慈。

順帝

至正9年（1349年）

加封天妃父種德積慶侯，母育聖顯慶夫人。

至元15年（1278年）

封護國明著靈惠協正善慶顯濟天妃。

至元25年（1288年）

封為廣祐天妃。

明朝

太祖

洪武5年（1372年）

封昭孝德正靈應孚濟聖妃。

成祖

永樂7年（1409年）

封護國庇民妙靈昭應弘仁普濟天妃。

永樂14年（1416年）

道藏編《太上老君說天妃救苦靈驗經》，將天妃納入道教神仙譜系。

永樂15年（1417年）

欽差內官王貴通、千戶彭祐並道士於湄洲設開洋清醮。

清朝

聖祖

康熙19年（1680年）

萬正色征剿廈門得神陰助，敕封護國庇民妙靈昭應弘仁普濟天妃。

康熙23年（1684年）

平定臺灣、護冊封琉球使節，勅封天后。

世宗

雍正4年（1726年）

平定臺灣朱一貴事件，頒「神昭海表」匾額。

雍正11年（1733年）

令各省省城舊有天后祠宇，皆一體致祭。未有祠宇者，以所屬府州縣原建天后祠宇，擇規模宏敞者春秋致祭。

高宗

乾隆2年（1737年）

封護國庇民妙靈昭應宏仁普濟福佑群生天后。

乾隆22年（1757年）

封護國庇民妙靈昭應宏仁普濟福佑群生誠感咸孚天后。

乾隆53年（1788年）

平臺灣林爽文事件，賜「海國安瀾」匾額，加增封顯神贊順四字。

仁宗

嘉慶5年（1800年）

封護國庇民妙靈昭應宏仁普濟福佑群生誠感咸孚顯神贊順垂慈篤祜
　　天后。

嘉慶6年（1801年）

敕封天后之父為積慶公，母為積慶公夫人。

嘉慶17年（1812年）

於御園建蓋祠宇，摹繪封號、神像，隨時瞻禮，為民祈福。

宣宗

道光6年（1826年）

封護國庇民妙靈昭應宏仁普濟福佑群生誠感咸孚顯神贊順垂慈篤祜安
　　瀾利運天后。

道光19年（1839年）

封護國庇民妙靈昭應宏仁普濟福佑群生誠感咸孚顯神贊順垂慈篤祜安
　　瀾利運澤覃海宇天后。

道光21年（1841年）

加封天后父為衍澤積慶公，母為衍澤積慶公夫人。

道光28年（1848年）

封護國庇民妙靈昭應宏仁普濟福佑群生誠感咸孚顯神贊順垂慈篤祜安
　　瀾利運澤覃海宇恬波宣惠天后。

文宗

咸豐2年（1852年）

封護國庇民妙靈昭應宏仁普濟福佑群生誠感咸孚顯神贊順垂慈篤祜安
　　瀾利運澤覃海宇恬波宣惠導流衍慶天后。

咸豐3年（1853年）

封護國庇民妙靈昭應宏仁普濟福佑群生誠感咸孚顯神贊順垂慈篤祜安
　　瀾利運澤覃海宇恬波宣惠導流衍慶靖洋錫祉天后。

咸豐5年（1855年）

封護國庇民妙靈昭應宏仁普濟福佑群生誠感咸孚顯神贊順垂慈篤祜安
　　瀾利運澤覃海宇恬波宣惠導流衍慶靖洋錫祉恩周德溥天后。

封護國庇民妙靈昭應宏仁普濟福佑群生誠感咸孚顯神贊順垂慈篤祜安
　　瀾利運澤覃海宇恬波宣惠導流衍慶靖洋錫祉恩周德溥衛漕保泰
　　天后。

咸豐7年（1857年）

封護國庇民妙靈昭應宏仁普濟福佑群生誠感咸孚顯神贊順垂慈篤祜安
　　瀾利運澤覃海宇恬波宣惠導流衍慶靖洋錫祉恩周德溥衛漕保泰振
　　武綏疆天后。

穆宗

同治8年（1869年）

封天后右二神將為金將軍、柳將軍。

同治11年（1872年）

以天后封號字數過多，定為40字，以昭慎重。

附錄二：清代臺灣主要媽祖廟表

臺北市

1. 關渡宮，北投區關渡里，康熙51年（1712）通事賴科建。臨濟宗綿遠開山。康熙《諸羅縣志》
2. 新興宮，萬華區成都路，乾隆11年（1746）商民合建，原在艋舺渡西園路，日據時期拓路被拆移至今址。
3. 慈諴宮，士林區，嘉慶元年（1796），業戶何錦堂捐地建，原址在文林路、福國路西北側，同治年間遷至現址。
4. 錫口街天后宮，嘉慶8年（1803），莊民捐建，僧人衡真建。《淡水廳志》

新北市

1. 慈佑宮，新莊區中正路，雍正9年（1731）淡水巡檢曾應蔚建。臨濟宗志修。《淡水廳志》
2. 慈惠宮，板橋區府中路，同治13年（1874）金浦會七十二會員倡建。
3. 天后宮，八里區米倉村渡船頭，乾隆25年（1760）士民合建。《淡水廳志》
4. 滬尾天后宮，淡水區，嘉慶元年，商民合建。
5. 金包里天后宮，嘉慶14年，黃天進等建。《淡水廳志》
6. 後街天后宮，乾隆33年（1768），林進興建《淡水廳志》，建有望高樓頂，入夜長燃燈火，僧人住持。

桃園市

1. 中壢仁海宮，同治6年（1867），王國華等紳民公建。
2. 桃園慈護宮，光緒5年（1879），居民合建。

臺中市

1. 大墩街天后聖母廟，乾隆52年以後，居民合建。《彰化縣志》
2. 大甲街天后宮，乾隆35年（1770），林對丹建，媽祖由北港分

香，每年回北港進香。《大甲鄉土概觀》

3. 苑裡街天后宮，乾隆37年（1772）陳詔盛等建。

4. 浩天宮，梧棲鎮中央路，居民合建。《彰化縣志》

5. 犁頭店街天后聖母廟，道光15年（1835）以前，居民合建，《彰化縣志》

6. 葫蘆墩街天后聖母廟，嘉慶19年（1814）以前，居民合建。《彰化縣志》

7. 大里杙街天后聖母廟，道光15年以前，居民合建。《彰化縣志》

8. 旱街天后聖母廟，道光15年以前，居民合建，《彰化縣志》

臺南市

1. 西定坊小媽祖廟，臺南市水仔尾，康熙22年底（1683）鄉人建。《臺灣府志》

2. 鎮北坊天妃廟，臺南市天后里民族五巷，康熙23年（1684）施琅建。臨濟宗戒法標和尚。《臺灣府志》

3. 安平天妃宮，臺南市安平區國勝路，康熙23年（1684）水師建。《臺灣府志》

4. 鹿耳門天后，安南區土城，康熙58年（1719）臺灣府文武官員全建。《臺灣縣志》

5. 海安宮，臺南市西區長樂街，乾隆53年（1788）嘉勇公福康安建。《臺灣縣志》

6. 臺灣府船廠天后廟，乾隆10年（1745）前建。嘉慶12年《臺灣縣志》

7. 䘵米街天后廟，乾隆10年（1745）以前，居民合建。嘉慶12年《臺灣縣志》

8. 磚仔橋天后廟，乾隆10年（1745）前建。嘉慶12年《臺灣縣志》

9. 武定里洲仔尾天后廟，乾隆10年（1745）前建。近臺江內海。《臺灣縣志》

10. 新昌里瀨北場天后廟，乾隆10年（1745）前建。近瀨北鹽埕。《臺灣縣志》

11. 臺灣縣天后宮，在縣署內，乾隆15年知縣魯鼎梅建。《臺灣縣志》

12. 護庇宮，鹽水區，康熙55年（1716）居民合建。《諸羅縣志》

13. 鐵線橋通濟宮,乾隆年間,居民合建,嘉慶14年劉得昌重修, 《臺灣南部碑文集成》

14. 下茄苳泰安宮,乾隆44年(1779)韓高陽建,《臺南州祠廟名鑑》

15. 寧南坊上橫街溫陵祖廟,嘉慶12年以前,泉州籍人建,嘉慶《臺 灣縣志》

16. 鎮北坊媽祖樓,嘉慶12年以前,造船廠及相關行號建。《臺灣縣志》

17. 銀同祖廟,道光13年(1833),同安籍兵民商號公建。《臺灣南 部碑文集成》

18. 朝興宮,咸豐8年(1858),張二爺及街民公建,北港朝天宮分 香。《臺南州祠廟名鑑》

高雄市

1. 鳳山縣治龜山頂,康熙23年(1684)水師建。今左營區。《鳳山 縣志》

2. 旗后媽祖宮,康熙30年(1691),莆田籍徐阿華、蔡月等人合建。

3. 南仔坑街天后廟,乾隆10年(1745)以前,居民合建。今楠梓 區。《臺灣南部碑文集成》

4. 埤頭街天后廟,乾隆29年(1764)以前,居民合建。今鳳山區。 《臺灣南部碑文集成》

5. 阿里港天后廟,乾隆29年(1764)以前,居民合建。今里港區。 《臺灣南部碑文集成》

6. 內埔天后宮,嘉慶8年(1803),內埔客莊居民。《臺灣南部碑文 集成》

7. 旗山天后宮,道光4年(1824)以前,商民公建。《臺灣南部碑文 集成》

基隆市

1. 大雞籠城天后宮,道光22年(1842),何士蘭獻地。《淡水廳志》

2. 大雞籠港口天后宮,同治2年(1862)以前,居民合建。《淡水 廳志》

新竹縣

1. 長和宮，新竹市北門街，乾隆7年（1742），同知莊年守備陳士挺建。《淡水廳志》
2. 內天后宮，新竹市西門街，乾隆13年（1748）同知陳玉友建。《淡水廳志》

苗栗縣

1. 貓裏街天后宮，嘉慶16年（1811）林璇璣等建。《淡水廳志》
2. 中港街天后宮，嘉慶21年（1816），甘騰駒等建。俗稱內媽祖廟，《淡水廳志》
3. 吞宵街天后宮，道光13年，鄭媽觀等建，今苗栗縣通宵鎮，其對聯有：靈分北港等字。《苗栗縣志》
4. 房裏街天后宮，咸豐6年（1856），郭德先等建。《苗栗縣志》
5. 三湖莊天后宮，光緒5年（1879），犁彬南、張鵬漢等建。《苗栗縣志》
6. 白沙屯拱天宮，同治2年（1863），鄉民同建。《新竹縣志初稿》

南投縣

1. 竹山鎮連興宮，乾隆初年（1736）里人公建。《彰化縣志》。
2. 南投市南投街天后聖母廟，道光15年以前，居民合建。
3. 草屯鎮北投新街天后聖母廟，道光15年以前，居民合建。《彰化縣志》。

彰化縣

1. 彰化縣東門內天后聖母宮，乾隆13年（1748），彰化縣令陸廣霖建。乾隆《臺灣府志》
2. 彰化縣北門內天后聖母廟，乾隆3年（1738），北路協副將勒光瀚建。乾隆《臺灣府志》
3. 南瑤宮，乾隆中，士民公建。《彰化縣志》
4. 新祖宮，乾隆53年（1788）嘉勇公福康安建。《彰化縣志》

5. 舊祖宮，乾隆初士民公建。施長齡獻廟地。《彰化縣志》
6. 興安宮，乾隆53年（1788），閩安弁兵公建。《彰化縣志》
7. 芳苑鄉福海宮，嘉慶17年（1812）彰化縣令楊桂森建。《彰化縣志》
8. 東螺街天后聖母廟，嘉慶11年，（1806）以前，陳聯登、楊啟元等捐建，道光二年移至北斗，名奠安宮。《彰化縣志》、《中部碑文集成》
9. 二林街仁和宮，嘉慶12年（1806）以前，陳聯登、楊啟元等建，《彰化縣志》
10. 田中央乾德宮，嘉慶15年（1810）紳民合建，聯語：乾象鐘靈聖母香煙傳北港，德星耀秀湄洲寶婺煥東螺。《臺灣省通志》
11. 大肚頂街天后聖母廟，道光15年（1835）以前居民合建。《彰化縣志》
12. 大肚下街天后聖母廟，道光15年以前居民合建。《彰化縣志》
13. 小埔心街天后聖母廟，道光15年以前居民合建。《彰化縣志》
14. 二八水街天后聖母廟，道光15年以前居民合建。《彰化縣志》
15. 悅興街天后聖母廟，道光15年以前。《彰化縣志》
16. 員林街天后宮，道光28年（1848）以前，北路中營燕霧汛防黃青桂獻祀田。《臺灣中部碑文集成》
17. 枋橋頭天后宮，道光28年以前。《臺灣中部碑文集成》

雲林縣

1. 北港朝天宮，康熙39年（1700）居民合建。臨濟宗樹璧開山。《諸羅縣志》
2. 順安宮，乾隆元年（1736）街眾公建。僧人住持。《雲林縣采訪冊》
3. 西螺廣福宮，乾隆25年（1770），紳董捐建。《雲林縣采訪冊》
4. 麥寮拱範宮，嘉慶5年（1800），士民公建，開山住持純真禪師。《雲林縣采訪冊》
5. 西螺福興宮，嘉慶5年，舖民捐建，北港朝天宮第十五代僧惟參住持，《雲林縣采訪冊》
6. 土庫順天宮，道光14年（1834），吳克己、陳必湖捐建，《雲林

縣采訪冊》

7. 崁頂莊天上聖母廟，光緒20年（1894）以前，莊民公建。《雲林縣采訪冊》

8. 崙背莊聖母廟，光緒20年以前，《雲林縣采訪冊》

9. 斗六受天宮，道光28年，沈長盛等建，每年農曆2月迎北港朝天宮媽祖供奉十餘日，並至他堡巡歷而返。《雲林縣采訪冊》

10. 斗六新興宮，咸豐元年（1851）以前，士民公建，《雲林縣采訪冊》

嘉義市

1. 諸羅縣天妃廟，康熙56年（1717），縣令周鍾瑄建，在縣署內。《諸羅縣志》

2. 朝天宮，嘉義市延平街，乾隆25年（1760）泉州民募建。臨濟宗岐衍

3. 蘭井南勢天后廟，乾隆27年（1762）平和縣民建，乾隆39年續修《臺灣府志》

嘉義縣

1. 打貓街慶成宮，嘉慶14年（1809）以前，居民合建。《嘉義管內采訪冊打貓南堡》

2. 新南港街奉天宮，嘉慶23年（1818），紳民公建。《嘉義管內采訪冊打貓西堡》

3. 甘蔗崙聖母廟，道光2年（1822），鄉民捐建。《嘉義管內采訪冊打貓北堡》

屏東縣

1. 猴洞天后宮，光緒年間，恒春營官兵建。《恒春縣志》

2. 慈鳳宮，屏東市中山路，乾隆2年（1737）居民合建。

3. 阿里港天后廟，乾隆29年（1764）以前，居民合建。《恒春縣志》

4. 萬丹街天后廟，乾隆29年（1764）以前，居民合建。《恒春縣志》

5. 新園街天后廟，乾隆29年（1764）以前，居民合建。《恒春縣志》

宜蘭縣

1. 葛瑪蘭廳天后宮，嘉慶13年（1807），居民合建。《葛瑪蘭廳志》
2. 葛瑪蘭天后廟，嘉慶22年（1816），通判范邦幹建，後併入昭應宮合祀。《葛瑪蘭廳志》
3. 羅東街天后廟，咸豐2年（1852）以前，居民合建。《葛瑪蘭廳志》

臺東縣

1. 卑南天后宮，光緒17年（1891），總兵張兆連建。《臺灣南部碑文集成》

澎湖縣

1. 東衛天后宮，媽宮市東衛澳，康熙23年（1683）建。《福建通志》
2. 媽宮天后宮，媽宮市媽宮澳，明萬曆年間建，康熙23年（1683）水師重建。《福建通志》

Do歷史83　PA0082

臺灣的媽祖信仰

作　　者／蔡相煇
責任編輯／鄭夏華
圖文排版／楊家齊
封面設計／楊廣榕

出版策劃／獨立作家
發 行 人／宋政坤
法律顧問／毛國樑　律師
製作發行／秀威資訊科技股份有限公司
　　　　　地址：114 台北市內湖區瑞光路76巷65號1樓
　　　　　電話：+886-2-2796-3638　傳真：+886-2-2796-1377
　　　　　服務信箱：service@showwe.com.tw
展售門市／國家書店【松江門市】
　　　　　地址：104 台北市中山區松江路209號1樓
　　　　　電話：+886-2-2518-0207　傳真：+886-2-2518-0778
網路訂購／秀威網路書店：https://store.showwe.tw
　　　　　國家網路書店：https://www.govbooks.com.tw

出版日期／2018年11月　BOD一版　定價／480元

|獨立|作家|
Independent Author

寫自己的故事，唱自己的歌

臺灣的媽祖信仰 / 蔡相煇著. -- 一版. -- 臺北
市：獨立作家, 2018.11
　　面；　公分. -- (Do歷史；83)
BOD版
ISBN 978-986-95918-6-7(平裝)

1. 媽祖　2. 民間信仰　3. 臺灣

272.71　　　　　　　　　　107012596

國家圖書館出版品預行編目

讀者回函卡

感謝您購買本書，為提升服務品質，請填妥以下資料，將讀者回函卡直接寄回或傳真本公司，收到您的寶貴意見後，我們會收藏記錄及檢討，謝謝！
如您需要了解本公司最新出版書目、購書優惠或企劃活動，歡迎您上網查詢或下載相關資料：http:// www.showwe.com.tw

您購買的書名：＿＿＿＿＿＿＿＿＿＿＿＿＿＿＿＿＿＿＿＿＿＿＿

出生日期：＿＿＿＿＿＿年＿＿＿＿＿＿月＿＿＿＿＿＿日

學歷：□高中 (含) 以下　　□大專　　□研究所 (含) 以上

職業：□製造業　□金融業　□資訊業　□軍警　□傳播業　□自由業
　　　□服務業　□公務員　□教職　　□學生　□家管　　□其它＿＿＿

購書地點：□網路書店　□實體書店　□書展　□郵購　□贈閱　□其他

您從何得知本書的消息？

　□網路書店　□實體書店　□網路搜尋　□電子報　□書訊　□雜誌
　□傳播媒體　□親友推薦　□網站推薦　□部落格　□其他＿＿＿＿＿＿

您對本書的評價：（請填代號　1.非常滿意　2.滿意　3.尚可　4.再改進）

　封面設計＿＿＿　版面編排＿＿＿　內容＿＿＿　文／譯筆＿＿＿　價格＿＿＿

讀完書後您覺得：

　□很有收穫　□有收穫　□收穫不多　□沒收穫

對我們的建議：＿＿＿＿＿＿＿＿＿＿＿＿＿＿＿＿＿＿＿＿＿＿＿

＿＿＿＿＿＿＿＿＿＿＿＿＿＿＿＿＿＿＿＿＿＿＿＿＿＿＿＿＿＿＿

＿＿＿＿＿＿＿＿＿＿＿＿＿＿＿＿＿＿＿＿＿＿＿＿＿＿＿＿＿＿＿

＿＿＿＿＿＿＿＿＿＿＿＿＿＿＿＿＿＿＿＿＿＿＿＿＿＿＿＿＿＿＿

11466
台北市內湖區瑞光路 76 巷 65 號 1 樓

獨立作家讀者服務部　　　　收

....

（請沿線對折寄回，謝謝！）

姓　　名：_____　年齡：_____　性別：□女　□男

郵遞區號：□□□□□

地　　址：_____

聯絡電話：(日) _____　(夜) _____

E-mail：_____